福祉国家と教育

比較教育社会史の新たな展開に向けて

広田照幸
橋本伸也
岩下誠
編

昭和堂

序

広田照幸

本書は、「福祉国家と教育」という観点から、近現代世界における国家・社会と教育との関係を読み解こうとする、分野を超えた研究者による共同作業である。ここでは、本書のねらいと、本書の成り立ちおよび構成について、簡単に説明しておきたい。

現代のグローバリゼーションの進展、とくに新自由主義的なイデオロギーで理論武装したグローバル資本主義の新たな展開は、個々の国の社会全体を大きく揺さぶってきている。先進諸国では財政削減や規制緩和の圧力が強まり、福祉国家としてのあり方の見直しが迫られている。急速に台頭する新興国では中産階級が成長する一方で、豊かさから取り残される膨大な人びととの間での格差問題が浮上している。経済発展の波から取り残されたり、新自由主義的なグローバリゼーションによって雇用や産業を奪われたりした地域や国では、多くの人びとが深刻な貧困や生活危機の問題に直面している。

このような変容が進むなかで、世界史的なレベルで福祉国家（ないしは福祉社会）の形成と変容をたどり直してみることは重要である。

その際、本書が注目するのは、福祉国家の形成・変容と教育（ないし学校）とがどういう関係にあったのか、という問題である。福祉国家と教育との関係は、理論的にも実証的にも十分検討されてきているとはいえない状況にある。社会政策と教育政策とは共通の目標を持つと考えることもできるけれども、相互の関係は薄いものとして見ることもできるし、むしろ背反する側面がある（教育が福祉を代替する）とも見ることすらできる。この点の議論はまだ十分整理されてきていない。しかしながら、現代の福祉国家の形成や維持を下支えしてきたものとして、教育が果たしてきた役割は少なくないはずである。また、さまざまな社会政策の展開が、それまで教育に手の届かなかった広い層に教育を受けるだけの余裕を作り出してきた側面もあるはずである。そうした点から歴史を整理し直してみることは、研究上も実際上も重要だと思われる。

新自由主義的な教育改革のアイデアが、どこの国や地域でも教育政策をめぐる議論のなかでヘゲモニーを握っているのが現状である。福祉不要論を導くために教育改革がなされるような事態は、福祉にとっても教育にとっても好ましいとは思われない。だから、「福祉国家と教育」という主題を歴史的にさかのぼって探求し、世界史的なレベルで再構成してみることは、福祉国家の変容のなかでの教育をめぐる現代の論争に新しい局面を開くための挑戦のつもりである。新自由主義的なグローバリゼーションの狭い想像力を超えて、グローバルな公正に向けた教育を構想していくための有益な足がかりになれば、という思いが、本書を通した編者たちに共通するねらいである。

本書の成り立ちと構成について説明しておきたい。本書は、二〇〇二年に誕生して一〇年間活動を続けてきている比較教育社会史研究会の研究活動の成果である。西洋教育史や日本教育史などの教育史研究者のほか、社会史の分野から教育に目を向けるようになった歴史研究者、教育社会学の分野で歴史的アプローチをとる研究者など、多様なディシプリンの研究者が年二回の研究会合を持ちながら、さまざまな主題をめぐって一緒に研究を進めてきた。研究会の成果は、『叢書・比較教育社会史』（昭和堂、全七巻）としてまとめられてきた。

これまでの『叢書・比較教育社会史』では、特定の主題をめぐって、多様な地域・アプローチの研究者が執筆メンバーとなって、相互の議論や検討を重ねながら論考をまとめていくことで、その主題についての大きな見取り図を得る、という本の編み方をしてきた。しかしながら、正直にいうと、そこでは十分描ききれないものが残ってきていた。

一つは、個別の国民国家史およびその単純な比較、という視点を超える必要である。この研究会の代表である橋本伸也氏は次のように論じている。

「一国史的な教育社会史から比較史へと展開してきた研究史は、目下のグローバル化のなかでさらなる展開を求められている。というのも、個々の国民国家を単位とした歴史分析の想定しないグローバルな規定要因が作動し、もはや個別国家を排他的な教育政策主体として想定しえないほどの変化が生じてきているからである」（橋本伸也「歴史のなかの教育と社会――教育社会史研究の到達と課題」『歴史学研究』第八三〇号、二〇〇七年）。

確かにそうである。対象地域や対象時期を限定して深く掘り下げる研究者が集まった比較教育社会史研究会の議論は、ややもすると一国史の寄せ集めになってしまいがちであった。それを超えるために研究会合では、「比較」という視点を強調することで、より広い視野へと発展させる努力を続けてきた。しかしながら、国民国家を超える現代のグローバルな動きを考えると、国民国家を分析の単位とする研究を超える視点が求められているように思われる。

もう一つは、特定の時期を超える長い時間軸の必要である。歴史をぶつ切りにして特定の時代のみを切り出して考察することによって見えなくなってしまうものが、きっとあるはずである。研究対象として扱っている時期がちがう研究者同士のコミュニケーションがうまくいかない場面を、研究会合でときどき見かけてきた。それは、長期の時間的射程で研究をしていくべき社会史的な研究にとって大きな弱点である。

これまでの比較教育社会史研究会のこれら二つの問題点をもっとも意識していたのが、研究会代表者の橋本伸也氏であった。研究会合の後のくつろいだ呑み会で、橋本氏からグチのようにこぼされるこれら二つの問題点を聞くたび、同意しつつも、研究対象が日本に限られ、一九世紀半ば以降しかわからない自分の狭さに恥じ入るばかりであった。

二〇一〇年頃に橋本氏と懇談した際、「比較教育社会史研究会の一〇周年を記念する何かをやりたい」と相談を受け、「対象とする地域や時代を超えて議論できるような企画をやったらどうか」と私は無責任に提案した。「それはいい」という話にはなったが、では誰が何をどうするのかで行き詰まってしまった。地域や時期のバラバラな報告者を決めて点描のようにならべて研究会をやってもろくな議論にはならない。考えた末に私が提案したのは、「橋本さん、全体をカバーする問題提起の報告をあなたが独りでやってくださいよ」というものだった。「あなたはこの研究会のいろいろな時期・対象の報告全部にきちんと向き合ってきている。全体に向けて発題できるのはあなただけだ。一貫した論理の問題提起をあなたが独りで準備して、議論のたたき台として提示することだ」と。「それは無謀だ」といやがる橋本氏を説き伏せて用意してもらったのが、本書の第I部「提議」の草稿である。

二〇一二年一月末に橋本氏の草稿ができ上がった。同年三月の研究会合に向けて、橋本氏の草稿の四つの時代に沿ってそれぞれ二人の報告者を立て（計八人）、橋本氏の草稿をあらかじめ読んだうえでそれに応答する報告を準備してもらった（私もその一人）。八人の応答的な報告は、いくつかの条件を課してそれを念頭に置いて準備してもらった。①個別の事例や地域を中心的に扱った報告でもよいし、個別事例を含まない論点提起でもよい、②しかし、どちらであれ、橋本氏の問題提起への応答性を意識してほしい、③特定の論点や事項にではなく、橋本氏の提起の全体にできるだけ関わらせたものにすること、などである。

三月二四日の研究会合での四つのセッションは、それぞれ充実した議論になった。四つのセッションで出された議論は、それぞれ若手の方に論点の紹介を兼ねた論文の形でまとめてもらい、八人の報告を加筆したものとともに本書に収録した（第Ⅱ部）。そして、何人かの方に、橋本氏の草稿と当日の報告と議論とを踏まえた論考を書いていただいた（第Ⅲ部）。

以上のような成り立ちであるため、本書の第Ⅰ部２「遠い淵源」への応答が第Ⅱ部１・２でなされており、第Ⅰ部３「ナショナリズム・世俗化・リベラリズム」への応答が第Ⅱ部３・４でなされている、……、というふうな構造になっている。第Ⅲ部は、それら全部を踏まえて書かれている。

「福祉国家と教育」の歴史という主題を、一国史を機械的に並列したものとしてではなく、第Ⅰ部の巨視的な問題提起を足場にして本書全体でトータルに考察するというのが、編者たちの意図であった。この主題についての新しい成果として読まれるとともに、比較教育史社会史研究の新しい可能性を提示したものとして読まれることを望んでいるが、それがどこまで実現しているかの判断は読者に委ねるしかない。期待と不安とを抱いて、本書を世に送り出したい。

■目次■

第Ⅱ部　応答と対論

遠い淵源

2 日本近世公権力による人口と「いのち」への介入……98

沢山美果子

福祉国家／社会国家への転轍

福祉国家・社会主義・新自由主義

8　福祉国家と教育の関係をどう考えるか……230

広田照幸

第Ⅲ部 討議

第Ⅰ部

提議

近現代世界における国家・社会・教育

――「福祉国家と教育」という観点から

橋本伸也

はじめに　比較教育社会史の居場所――観点と争点

教育社会史と比較教育社会史研究会

二〇〇二年に発足した比較教育社会史研究会は、以来一〇年間にわたってほぼ年二回の研究集会の開催と『叢書・比較教育社会史』[1]の出版を中核とした活動を展開してきた。後半期には「「子ども」の保護・養育と遺棄をめぐる学際的比較史研究」と題した共同研究（二〇〇九～二〇一一年度日本学術振興会科学研究費補助金・挑戦的萌芽研究、「保護遺棄科研」）の組織化、若い世代の自発的創意による「若手部会」の発足と独自の共同研究への着手といった新たな試みにも踏み出した。本書の目的は、多分野にまたがる幾世代もの研究者を結集した一〇年間の研究会活動の成果を総括しつつ、現時点で描出可能な試論的・暫定的なものとして、近現代世界における国家・社会・教育の織りなす関係構造をめぐる歴史像を提示することにある。その際に、あまりに広大なこの主題に迫るための方略として、対象を主として現代教育システムの基層を形成したヨーロッパに限定し、かつ「保護遺棄科研」のなかで蓄積してきた「福祉国家と教育」という観点を一つの補助線として設定する。かつ、個別事例を踏まえた全体像の提示よりは、むしろそうした像を得ようとするにあたって考慮されるべき論点の提示に力点を置いた叙述となるであろう。

本題に入るのに先だって、比較教育社会史研究会がこれまで緩やかに共有してきた研究上の観点を確認しておきたい。むろん緩やかなネットワークとしての同研究会はなんらかの明示的な「綱領」や「指針」の類を持つわけではないから、そうした観点もごく端的かつささやかに表現されているにすぎない。すなわち、『叢書・比較研究社会史』のカバー袖に掲載した以下のごく短いフレーズがそれである。

> この叢書は、学校と教育という窓を介して社会と国家を捉え、国家と社会のあり方から教育の構造と機能を把握しようとする学際的協働のなかから生まれた。伝統的シェマにとらわれることなく、ひろく多彩な問題群を取り上げ、一国・一地域を越えた視点からアプローチを試みる新たな教育史叙述のシリーズである。

ここで標榜された教育社会史と呼ばれる研究潮流は、世界的な学生反乱の後、一九七〇年に前後して欧米の歴史学、とりわけ近現代史における社会史の興隆のなかで開拓され、一九八〇年代以降に日本でも教育史学の一部、教育社会学、西洋史学などのさまざまの分野で欧米の動向に注目した結果として形成されたものであり、すでに数十年に及ぶ蓄積を有している。上で示した観点は、そうしたなかで最大公約数的に共有されたものである。ここで確認しておくべきことは、かつて教育史学界の一部で見られたように、教育社会史をたとえばフランスのアナール派、とりわけアナール派でも異色のフィリップ・アリエスのそれに代表される単一の課題と方法を備えた学問分野として語るならば[2]、それは実相を捉えたものとは言い難く生産的ではないという点である。社会史自体がイギリスの労働史、フランスの長期波動論、ドイツの全体史や構造史というように地域によって異なる問題関心と方法論を備えていたように、教育社会史はむしろ伝統的教育史学の一面性ないし限界を踏まえて、従来にない問題関心と学問的方法のもとに教育史の刷新を意図した複数の運動を総称したものとして捉えられるべきなのである[3]。また、教育社会史という呼称にもかかわらず、いわゆる社会史の後退以降の文化史の波が教育社会史研究に多大の影響を及ぼしている点も留意しておきたい。多様な意味の重なり合いのなかで教育社会史は理解されなければならないであろう。

とはいえ、比較教育社会史研究会の活動では、あるいは『叢書・比較教育社会史』の出版に際しても、以下のような三つの関心が研究会参加者や執筆者間に共有されていたことは確かであろう。以下それらについて、簡単に触れておきたい。

教育学批判

第一は、既存の教育学への批判である。広田照幸は「思想の言葉」のなかで、従来の教育学と他の社会諸科学との対話可能性が小さく、実際の政策展開への批判を超えた応答が希薄であることを戦後教育学の問題性として摘出したが[4]、この指摘と通ずるような問題関心と言い換えることもできる。

広田も言うとおり、おそらく日本の戦後教育学主流派の一つの特徴は、「教育実践」を旗印に教員組合運動や多様な教育運動と密接に結びつきつつ、教育と学校を発達への助成という内在的目的に導かれた自己完結的領域として描くことを通じて、政治介入や経済的利害への従属を阻止するという、多分に政治的な戦略を意図的に選択してきたところにあろう。他方、これと対立する潮流の場合も、党派的に中立的な「国家理性」を体現するものとしての教育政策に忠実に、あるいは教育本質論などを隠れ蓑に政策への態度を明示的に語ることを避けながら、教員組合と左派政治勢力による「偏向教育」を批判して、教育の「非政治性」を堅持しようとした。世界的な冷戦構造と国内的な政治的構図を背景としたこれら二つの立場は、理念的には対極的で角逐し合うものと捉えうるが、それにもかかわらず、体制批判的な教育学と「官製」教育学は互いに教育の本来的な非政治性（非党派性）をもって相手の政治性（党派性）を糾弾し、自己の正当化をはかるという話法を共有した。

しかし、一九八〇年に前後して前者のあり方は、政治の舞台における「革新」勢力の凋落と軌を一にしながら、行き詰まりを見せ始めた。教育学の有力潮流に見られた教育と政治的なもの、経済的なものとの遮断は、「教育固有の論理」をスローガンとした教育過程の方法化・心理学化の契機も交えつつ、ある意味で歴史的・社会的な具体性を捨象されて抽象化された「人間発達」を目的に掲げた理論化につながった(5)、その裏面では、実際の人間発達を規定する社会的諸関係のきめ細やかな具体的分析が弱体化させられた。その圏外の諸潮流では、些末な技術主義化が進行し、政策に追随しつつミクロな単位の有効性を競う風潮が溢れかえっている。そうした教育学内部の窮状とは無関係に、現実社会の展開は、世界的な新自由主義的転回の影響を受けた中曽根内閣による臨時教育審議会の発足（一九八四年）を契機に、あからさまな政治・経済主導の「教育改革の時代」へと突入した。これ以降、教育政策官庁としての文部省の権能に陰りが生じたことにも留意が必要だが、教員組合の弱体化とともに教育学主流の想定した方向は荒々しい力で封じ込められるようになった。教育機会の拡大とともに肥大化した学校と教育をめぐる人びとの欲望は、教育要求主体としてのそれではなくむしろ消費者的志向を強めながら想定とは相反するベクトルで驀進した。明治以来の伝統を持つ教育産業は、より多くの顧客を得ていっそう巨大化するとともに、寡占的規制力を備えた全国系列化やグローバル展開も進行した。「教育固有の価値」を擁護する教育学者の涙ぐましい努力にもかかわらず、社会科学における実用的政策科学志向の強まりのなかでは、教育の手段的対象化も進んだ。従来の教育投資論などよりはるかに「洗練された」形で投資効果を計量的に測定する教育経済学なる分野が本格的に登場するのは、一九九〇年に前後する時期のことである。思想の世界では、戦後教育学が自明の前提とした啓蒙主義的人間観に退場宣告するポストモダニズムの潮流が著しい強まりを見せ、教育思想研究にも影響を与えるようになった。歴史学における教育史への着目は、必ずしもこれらと同様の動機のみからなされたわけではなかったが、教育的価値を自明視することなく、社会変動の要因であり帰結でもある教育の機能と構造に焦点化した研究を前進させた。現実の変容にどのような態度をとるのかは選択的であるにせよ、学校と教育をめぐる政治的・経済的・社会的構図の変化を視野に入れた教育学の再編が必要であることは明らかであった。

伝統的教育史学批判

第二に、比較教育社会史の場を通じて、教育学の一分科としての伝統的教育史学への批判が共有されてきた。批判の対象とされた伝統的教育史学は、しばしば指摘されているように、偉大な教育家あるいは教育学者の言説や、「公教育」に関わる立法過程に焦点化した歴史研究を蓄積したが、そのあり方は基本的には戦後教育学の問題意識と路線に規定されていた。

伝統的教育史学は、むろんそれとして重要な知見を蓄積し提示してきた。全四〇巻からなる梅根悟監修『世界教育史大系』（講談社、一九七四～一九七七年）という壮大な成果が示した包括性は、なお欠落部分を多々残したとは言え、なによりも特筆されるべきものであった。これに比肩しうる対象的広がりを備えた試みはこれ以降登場していない。しかしその一方で、教育思想史研究において、たとえばフス派以来の伝統を受け継ぐ宗教改革運動家であったコメニウスをもっぱら教育思想家のごとくに描出して実像を隠蔽ないし歪曲したように（チェコ中近世史家によると、日本の教育学者によるコメニウス研究とチェコやヨーロッパのコメニウス研究との間には、落差以上のものがあるという）、対象の脱文脈化と理念的一元化が深刻な錯誤をもたらしたことを否定できない。他方、制度史がもっぱら立法過程に回収されて制度の「理念化」がはかられたために実際の制度の運動過程が後景に退き、制度史としても不十分なものにとどまった。そこには、教育をめぐる特異な歴史像が構築されてきたというわけである。第二次大戦後の比較的早い段階では、その成否はともかく講座派や大塚史学の影響を濃厚に受けた社会構造史的な近代教育史の試みもあったが[6]、そこで示された像は、たとえば資本主義化をめぐる教条化された言説の断片が一部で引き継がれたとはいえ、教育と社会構造との歴史的な一体的把握という問題意識は希薄化した。これに対して、一九七〇年代末から八〇年代にかけて教育史学（とりわけ西洋教育史分野）で流行化したのは国際的な新教育運動の再評価であった。そこに顕著に現れた子どもの「自発性」や「個性」への着目は、主唱者たちの意図とは裏腹に、「自己責任」と一体的に自律的個人の主体化を掲げる新自由主義的転回へのとば口に立った時代の気分にみごとに適合したものであったが、教育史像の根幹をなす教育の構造と社会的機能への着目をいっそう弱体化させるものでもあった。そうした教育史学の閉塞化・隘路化に対して、空隙を襲うかのように登場したのが歴史社会学的な教育史研究であり、歴史学からの教育史への接近であった。

一九八〇年代以降の日本の西洋史学における教育史の主題化については別稿（注3参照）で示したので再論は控えるが、既存の教育史学に対して歴史学者から寄せられた歴史研究としての「未熟さ」という指摘は、比較教育社会史研究会が歴史学者と教育学者との協働の場として結成されるにあたって十分留意されるべき点であった。たとえば、教育史学の最重要概念であった「公教育」は、日本の戦後教育学の前提とした「公教育」概念に規定された偏りを有しただけでなく、歴史的実相から乖離して作られてきた抽象性ゆえの曖昧さを露呈している。また、昨今の人文社会諸科学における公共性論の展開や、それに触発された教育哲学的な再審を踏まえた見直しもはかられないまま長く放置されてきた気配もある。後に公教育概念の見直しについて言及するが、そこにある問題意識は、教育史叙述を歴史学や社会諸科学の問題関心と対話可能なものとして再編する必要性である。

このことは、単に教育史を「歴史学並みに引き上げる」ということにとどまらず、目下、われわれが直面している世界史的転換に対応した教育学の刷新にとって必要な歴史像・概念装置を提議する責務という意味も有している。一例を挙げよう。

たとえば、経済・政治・文化の多方面に及ぶ包括的なグローバル化が進むなか、個別国家が教育行政主体としての自立性を衰弱させ、国際的規制力が強まっていることを確認できる。経済政策に関わる国際機関であるＯＥＣＤのおこなう学力調査であるＰＩＳＡがあれほど注目され（「競争しないで世界一」という明らかに的外れな形容辞を添えた事例紹介とともに）、世界銀行や国際通貨基金の掲げる教育政策が国際的な教育改革の推力となったこと、あるいはヨーロッパにおける「ボローニャ・プロセス」や「エラスムス」といった国際的教育プログラムの展開を想起したとき、このことは明らかである。(7)ところが、教育をめぐる言説群では、たとえば比較教育学による諸外国の動向紹介という形でこれらの動向を伝える試みがあるとはいえ、既存の個別国民国家ごとの制度を前提としたナショナルな枠組みによる議論が支配的である。「学力テスト体制」が批判される際にも、アメリカ・イギリスの先行経験への追随として語られるにとどまり、(8)そこに貫通するポスト国民国家時代の教育支配に関わる「世界システム」論的な考察の枠組みはなかなか提示されずにいる。そのことの克服は急務である。同時に、国民国家を超えた広域的展開は、既存の国境線に必ずしも制約されない地域主義の高まりをもたらし、たとえば前世紀末頃から地域的な少数言語の学校教育における復権という従来にない動きをもたらすにいたっているが、そうした観点もまた既存の教育史学の枠組みのなかでは後景に退かざるをえない。

しかるに国際政治や地域研究のなかで提示されている現状を直視したとき、教育史研究でも個別国民国家を単位とした分析枠組みを本格的に乗り越えて、かかるグローバル展開の史的起源とその変遷を把捉し、そこから翻って国民国家的な事業としての学校教育の内包する歴史性を捉えるような議論を提供することが期待されるはずだし、そうした認識は今後の教育改革動向を展望する際にも必須のものだと思われる。だが、実際にはそうはなしえていないというのが実情であり、この点では『叢書・比較教育社会史』所収の論考の多くも同断である。(9)一九世紀のある時期から二〇世紀にかけて優勢であった国民国家的な教育モデルの生成・展開・変容・衰亡過程の解明と、それにかわりうるモデルへの想像力は、グローバルなガヴァナンスの高度化に対応した教育政策や教育学にとって不可避のものである。

このように、教育史研究が教育学の刷新に必要な世界認識の枠組みの提示や、歴史的変動に対応した概念系の批判的な鍛え直しをなしえないとすれば、極端に専門分化しつつ狭量な「実践」志向のなかで視野狭窄の度を強めている教育学による教育史の無用視がますます進行しかねない。(10)むろん、この種の窮状は社会工学的発想と計量化の跋扈する経済学部における経済史、専門職大学院体制下で司法実践への対応を迫られる法学部における法制史などの諸分野でも程度の差こそあれ同様に見られる趨勢であって、教育学－教育史に固有の問題というわけではない。その意味では、日本の人文社会系の学問総体に関わる「歴史意識の喪失」とでも称するべき深刻な事態の一つの現れとして位置づけるのが正当であり、独自の議論が求められるところである。同時に、諸学問分野における歴史研究の衰退は、人文・社会にまたがる学としての歴史学への知的資源供給源の枯渇も生起させている。この点への論究は本報告の射程を超えるが、現代の高等教育改革とその背後で進行する知や学問の組み替えに関わって、検討すべき大きな問題を孕んでいる。

世界（史）認識における教育史の位置

第三の観点は、歴史認識あるいは総体としての社会認識にとって、教育に関わる歴史研究のもたらしうる貢献を考えるということである。イヴァン・イリイチが「学校化社会」を論じた際に念頭にあったのは、あるいはミシェル・フーコーやピエール・ブルデューが教育と学校を論じる際に想定していたのは、それぞれの議論の当否と功罪は脇に置くとして、教育固有の論理と価値に迫ることなどではけっしてなく、教育や学校によって体現された近現代世界の秩序や支配の様態と本質的傾性を捉えることであったはずである。そのことは、専門的な教育学者が登場する以前のロックやスミス、あるいはルソーがそれぞれの総体としての社会思想・社会理論のなかに教育をビルドインした構想を提示していたことと鏡像体的な関係をなす。学校その他の形式をとって意図的に組織化された教育のシステムは、実は近代化過程を通じて全体社会の構造と諸機能のなかに不可欠な要因として遍在的に埋め込まれるとともに、相対的自律性を備えたサブシステムとして自己増殖的に発展し、さらに他のサブシステムとの相互作用を通じて社会全体の変容を促しているのであり、そのような動的な関係構造の把握が焦点となる。世界（史）像の提示として問われるのはこの局面である。

かつて教育史にほとんど関心を寄せず、教育学の一分科としての教育史学とのみごとなまでの棲み分けを許してきた歴史学が一九八〇年代以来、雪崩をうったかのように教育史に関心を寄せるとともに、教育史を専門とする若手・中堅の歴史研究者が台頭したのは、歴史学自体の刷新と展開のなかで、近現代社会史像の構築に際して教育という要因を無視することが不可能であり、それを導入することで生産的な議論の展開が可能になることに気づいたからであった。同時に、全体社会に遍在的に埋め込まれた教育機能、あるいは他のサブシステムとの力動的な相互作用を取り結ぶ教育システムといった観点からは、政治・経済・宗教・言語・芸術・科学・民俗等々の諸分野の知見を動員するような研究上の視野と方法の拡大も要請されることとなった。さらに世界の多様性という観点は、ナショナルな関心に基づく日本、規範視された欧米という二極化された対象設定を問い直し、より多元化された視野の必要性を突きつけてきた。このような趨勢を踏まえたとき、目下、世界を覆っている行方の知れない変動の渦への透徹した洞察を得るための共同の事業のなかに教育史研究も参入して貢献しうるはずなのである。比較教育社会史研究会と『叢書・比較教育社会史』が端緒的な試みとして目指してきたのは、このような視界を得るために必要とされる超領域的ネットワークの形成と対話の技能の形成をはかることであった。

1　福祉国家と教育——問題構成と論点

課題設定

まず本書の主題である近現代世界における国家・社会・教育の構造把握に際して、「福祉国家と教育」という補助線を引くことの意味について簡単に説明しておくこととしよう。それは、設定された課題に迫るための前提として、国家の性格とその歴史的変容をどのように把捉するのかに関係する。すなわち、学校や教育に関わる圧倒的に有力な主体として国家が登場するのは歴史的には比較的最近のことであるが、このことは、近現代に生じた国家の性格や機能の変容と深く関わっていたのであり、そうした変化を捉えようとする際に、「福祉国家」ないしそれに連なる概念系を使用するのが有益ではないかというのがここでの提起である。

本書を通じて使用する「福祉国家」という概念は、社会保障や狭義の福祉サービスの提供主体としての国家に加えて、広義の福祉概念が内包する教育的契機にも注目して意味づけられたものである。これは、後掲のカウフマンの言葉を借りるならば、「人々の生活の質の保障に積極的にかかわろうとする国家」ということになるが、二〇世紀のドイツにおける憲法上の規定に示唆を得つつ「福祉・文化国家」あるいは「社会・文化国家」と称することも可能かもしれない。それはともかく、人間の生に「助成的」に介入する家族や共同体をはじめとした多様な集団や政治体《ポラティー》による社会的・政治的行為としての教育とその一つの組織形態としての学校が、「人々の生活の質の保障に積極的にかかわる」介入的国家としての福祉国家への国家の変容過程とどのように結びつき、いかなる機能を果たしてきたのか、このことを考えてみたい。

現代福祉国家にとって教育が手段的価値（たとえば、完全雇用の前提としての就学や職業訓練）を有することはほとんど自明視され、いくつかの国や地域では広義の福祉概念のなかに教育を含めて考えているとはいえ、ここで示した問いは実はこれまで必ずしも自覚的に考えられてこなかった。ドイツ社会国家（とヨーロッパ福祉国家）の歴史を国家像の変遷過程として包括的に描いたリッターは次のように述べて、教育と福祉国家との関係が未解決であることを指摘しているのである。

福祉国家を定義するあれこれの試みにもかかわらず、この概念は、研究のうえでも、また、日常の使用では、もっとひどく多義的かつ曖昧に使われている。だが、どの場合でも、それは国家が個人の社会的安全を守ることを通じてなされる市場競争原理の修正を含んでいる。一方、例えば労働者保護立法、争議権や団結権、労働権、公共住宅建設や国の教育制度といったものが、どこまで福祉国家の構成要素と見なされるべきかも決して明らかではない。(11)

確かに、新自由主義改革が世界中を席巻して福祉国家の後退ないし変容が進行し、社会保障や医療とともに公教育費の削減を含む教育制度の再編がはかられて市場原理が前景に押し出されてきた昨今の事態は、福祉国家的施策の一環としての教育の性格を逆説的に裏書きするものとなっている。他方で、「卓越性」を掲げた教育改革におけるエリート主義的志向の強まりは、福祉国家的平等原則に収まりきらず、むしろこれと対立する教育の属性をも示唆している。したがって、「福祉国家と教育」という枠組みは、けっして必然的な論理的連関のもとにあるわけではなく、なんらかの歴史的経緯のなかで選び取られたものと見なすことができる。そこで本書では、福祉国家と教育との連関が形成された歴史的展開について、ヨーロッパ近世に始まる起点ないし前史と、一九世紀から二〇世紀にまたがる形成史に焦点づけながら仮説的に考えることを試みたい。その狙いは、初期近代ないし近世から現代にかけての国家機能の変容過程と教育システムの構造変動を相互媒介的に把握する枠組みを提供することにある。同時に、そこから翻って、伝統的教育史学のなかで語られてきた近代公教育あるいは近代学校の成立に関わる通説的理解を、むしろ、国家や社会の近代的システムから現代的システム（二〇世紀末以降の展開を現代的とするならば、福祉国家興隆期は「初期現代」的システムとして把捉されるのだろうが）への移行に対応した教育と学校の構造変動として読み替えてみたい。

その際に念頭にある国家・社会像の変容とは以下のようなところにある。

ドイツ社会国家論について独自の立場から精力的に研究を組織している川越修は、カウフマンの言葉を引いて次のような指摘をおこなっている。

> 現代のヨーロッパ型国家の正当性の根拠は、実際のところ、それが持つ法治国家的な規範・秩序を作り出し、維持する機能にのみ求められるわけではない。それは自らの正当性を、弱者を保護し、根源的な生命リスクを集団化し、さらには人間的・社会的発展を促進させるという社会・文化国家的な機能からも得ているのである。(12)

近代から現代にかけてヨーロッパの国家や社会は、資本主義体制のもとでの階級対立の構図を内に孕みながら、国民の政治的参加権に基づく大衆民主主義を作り上げていったのだが、このことを与件とした国家は、国民の社会権・生存権を承認し、保険制度などによって社会的連帯を組織しながら弱者の保護やリスクの管理をはかることで、自らの正当性を調達するようになってきたというのである。このような、福祉国家ないし社会国家と呼ばれる国家のあり方は、かつて「危険な階級」と観念された人びとを社会的に包摂する介入主義的行政国家と言い換えることも可能だが、そのような社会的・文化的な国家機能のなかに、主として年少期の人間の成長・発達に対する意図的介入としての学校や教育の仕組みがどのように組み込まれてきたのかを考えることは教育史の認識にとって重要な課題である。

国家・社会の変容と関連づけながら教育のあり方を問うことを通じてもう一つ明らかにしたいのは、近代「公教育」という概念の妥当性という問題である。

日本の西洋教育史研究の枠組みを構築した梅根悟には『中世ドイツ都市における公教育制度の成立過程』(誠文堂新光社、一九五七年)という著作があるが、ここでいわれる「公教育」は、中世自治都市のそれであって、むろんのこと近代国家によるそれとしての意味を有さない。他方、教育学の一般的(教科書的)理解において「公教育」ないし近代学校制度を確立させた歴史的契機は一七八九年のフランス革命期の教育改革論であり、一七九四年のプロイセン一般ラント法であり、あるいはイングランド一八七〇年教育法制定や第三共和政期フランスによる教育改革であるが、いずれも世俗国家による教育支配に力点を置いたこれらの把握において、前二者と後二者との間には一世紀近い時間的隔たりがある。これら複数の「公教育」は、はたしていかなる次元で共約可能(あるいは不可能)な概念なのだろうか、問い直されるべき問題はここにある。

「公」ないし「公共性」の概念それ自体が非常に理解し難い概念であるうえに、「国家が「公共性」を独占する事態」(13)の長く続いた日本の精神風土のなかで彫琢された「(近代)公教育」という用語が使われる際の「公」概念がいったい何を指すのかはきわめてわかりにくい。(14)しばらく前から多方面で論じられてきたユルゲン・ハーバーマスやハンナ・アレントを踏まえた公共性論のいう「公」と、教育史学が語ってきた「公教育」の「公」にはいったいいかなる接点があるのかも重要な論点である。教育哲学などではこの点が理念的に論じられているとはいえ、歴史的実態に即しつつ教育の「公共性」を論ずる作業はそれほど進んではいない。本書でも直接に思想と実態を媒介させた議論を展開するところにまで踏み込むことはできないが、「福祉国家と教育」という問題構成の背景にはかかる問題意識があることも指摘しておきたい(15)。

関連して、近代「公教育」の原則としてアプリオリに把握されてきた「世俗・義務・無償」という定式、そのなかでもとりわけ世俗性原則についての従来の扱いには重大な瑕疵があるといわなければならない。この定式は、第三共和政期のフランスで確立されたものであるが、後述する通り、ここには一九世紀を通じてフランスで闘われた「十字架と三色旗」の対立に起因する特殊フランス的な性格が刻印されていて、だからこそ今にいたるもイスラーム教徒のスカーフ問題に典型的に現れた宗教との緊張をもたらしているが、これを近代教育の一般原則と見なすことには無理がある。実際、イギリスの場合は、一九四四年教育法で宗教教育の義務化がはかられており(16)、宗教的寛容を前提としつつ学校内で宗教教育を実施する例は多々見られるのである。むろん、近代を通じて宗教的寛容の広がりや国家と教会との分離、人びとの意識や規範における脱宗教化という意味での「世俗化」、さらに教会監督下にあった学校行政の世俗国家による掌握という意味での「教育の世俗化」といった歴史的過程のあったことを見逃すことはできないが、世俗性を「近代公教育のメルクマール」とし、それを基準に「公教育」を定義することは、歴史的な実相を見誤らせるものだといわなければならない。ヨーロッパに即して見た場合、国家と教会、社会が学校と教育をめぐって取り結んでいた関係構造の解明こそが必要な課題なのである。

二〇世紀像の捉え直し

さて、以上のように「福祉国家と教育」という問題構成を補助線に、国家・社会・教育の関係構造の歴史的変遷を捉えるという課題設定をおこなったわけであるが、そのような設定をおこなう背景的な問題意識ないし時代認識について二点にわたって述べたい。

まず、二〇世紀という時代を捉え直すことである。神野直彦は、租税制度の改変がもたらした国民経済中の財政規模の飛躍的膨張を捉えて、一九世紀から二〇世紀の世紀転換期には、「近代システムから現代システムへの転換」が起きたと指摘する。たとえば軍事の一面的肥大化に吸収されてしまう場合もあることから、財政規模の拡大がそのまま政府機能の拡大を意味するわけではないとの留保つきながら、「国家活動の外延的かつ内包的増大」が生じたというのである。そしてその増大は、ワグナーに倣いつつ、それ以前の生活維持装置であった「共同作業と相互扶助の劣化」に対応した「文化または福祉国家目的」のための政府機能の拡大によるものであった。国家財政拡大と並進した市場領域拡大による生活変容への対応が、国家財政構造の変動をもたらしたというわけである[17]。

この時期に進展した変化は、一九世紀の支配的イデオロギーとしての自由主義の変容によっても説明される。小野塚知二は「一九世紀的な公序」から「二〇世紀的な公序」への変化を「古典的自由主義から介入的自由主義への転換」[18]と言い換えて、二〇世紀を「介入的自由主義の時代」として特徴づけるのである。これら両者に共通するのは、資本主義的市場経済の成熟とともに、古典的自由主義のもとで拡大した消費経済と労働問題を中心に深刻化させられた社会問題への対応も含めて、経済・社会に対する国家的な「組織化・介入・誘導・規制・保護」[19]の導入が本格化するとともに、それに伴う支出に耐えうるような国家財政構造が創出されたという観点である。二〇世紀とは、そのような意味での介入国家の時代として位置づけられる。

ドイツを含む西欧で顕著に見られた変化によって成立した体制を「介入的自由主義の時代」として特徴づけることには留保が必要である。というのも、西欧におけるかかる介入的自由主義による国家の性格変容が福祉国家あるいは社会国家と称せられる一群の国家類型に導いたことはいうまでもないが、それと同時に、一九一七年のロシア革命によって極限的なまでに介入的な、しかしおよそ自由主義的ではない国家としての社会主義体制が誕生・拡大し、これら両者の相克が二〇世紀を特徴づけたからである[20]。そうした観点を導入するとき、一九八〇年代以降に顕在化する新自由主義が席巻するグローバル化の時代とは、西欧型の自由主義的福祉国家とソ連・東欧の社会主義国家という近親憎悪的な関係にある「双子」の国家体制がともに後退・収縮と崩壊を経験した後の時代として捉えることも可能になる。

このように福祉国家と社会主義の時代として特徴づけられる二〇世紀に、教育と学校は体制的な差異を超えて、世界的規模でめざましい拡大を遂げることとなった。単なる就学機会の量的拡大にとどまらず、修学年限の延長、教育機関の多様化と児童生徒の社会的構成の変化が進んで、学校の果たす社会的機能に著しい変容がもたらされた。「学校化社会」というメタファーがなんの違和感もなく受けとめられる時代が到来し、私たちには教育がある種の飽和状態に達したかのようなイメージさえ抱くところにいたっている。しかし他方で、世界的規模では「すべての者に教育を《エデュケーション・フォア・オール》」というスローガンがなお未完の国際的アジェンダとして掲げられるような地域が幅広く存在し続けてきた。東西に加えて南北の座標軸を設定した際に見えてくる二〇世紀的な世界構造のなかで学校と教育はいかなる位置に置かれているのか、この問いはわずかの例外を除いて、ほとんど手つかずのままに残されている。朝鮮史などで盛んに議論されている「植民地的近代（性）」論や、「植民地責任」論も視野に入れた植民地における西欧近代型教育の移植の実相と、政治的独立後も続くポストコロニアルな状況を踏まえた考察が必要だろう。叢書中の『帝国と学校』の巻は、そうした観点からの端緒的な試みであった。

グローバル化と新自由主義システムの時代

いま述べたように、二〇世紀を福祉国家と社会主義との双子の介入的国家の時代として把握するならば、その変容と崩壊のいわば「廃墟の後」にある、いま現在我々の生きる世界を覆っているグローバル化と新自由主義的システム改革とをどのように意味づけるのか、そのことが単に現状認識の問題という以上に、歴史的な時代認識にとっても重要な課題としてせり上がってくる。社会主義という対抗体制の消失とともに跋扈する経済的リベラリズムと政治的リバタリアニズムの結合を通じて、国家の福祉機能総体が後退・縮小を迫られ、教育システムも「規制緩和」「市場化」にさらされながら、巨大な変容を遂げつつある。隠蔽されていた格差と貧困が可視化されたどころか遍在的なほどに日常化され、生存をめぐる危機がそこかしこに吹き出すようになっている。他方、高等教育の場では、知識社会論に裏づけられた知的財産権という名のもとに、人類の生み出したまさに公共的なものであったはずの「知識」が私的財産に転置され、大学の有する研究機能・教育機能は経済的財貨の生産として読み替えられている。社会主義からの体制転換を遂げた東中欧地域では、教育機会を「労働市場における競争力」と等値視する言説がごく当然のこととして語られるようになった。そうしたなか教育学の先端部分でも、[21]政治学や経済学の福祉国家研究でも、こうした巨大な変動をどう意味づけ対抗するのかが切実な課題として自覚されて多大の成果をみているが、この問題への取り組みに立ち後れたといわれる歴史学でも自覚的な試みが開始された。[22]教育社会史研究もまた、こうした問題意識を共有した展開をはかる必要がある。

他方で、グローバル化の時代は同時にバックラッシュ的な攻撃的ナショナリズムが跳梁し、諸国家間でしばしば衝突する時代でもあった。東アジアにおける日本と中国・韓国との歴史認識をめぐる衝突、「日の丸・君が代」と教育基本法「改正」、あるいは歴史教科書問題などがそうしたことのきわめて見やすい事例であることは確かだが、これはひとり日本に限った話ではなく、同様のことはヨーロッパ諸国における民族右翼政党の前進や外国人排斥、あるいはロシアと旧ソ連の一部諸国や旧東欧社会主義国との間の衝突としても顕在化させられている[23]。経済のグローバル化は、政治的・文化的な国際協調を自動的に担保するわけではなく、むしろ競争的環境のなかでナショナルな敵対感情を誘発しているのである。そうしたなか、福祉国家的な保護的介入とはおよそ次元を異にした、教育を介したアイデンティティ・ポリティクスによる内面への「介入」が強化され、イデオロギー的統合機能が突出的に表面化している面もある。「日の丸・君が代」や教育基本法「改正」はむろんのこと、「心の教育」がそうした性格を有することはつとに指摘されてきたが、ヨーロッパ由来の「シティズンシップ教育」にそうした側面が内包されていないのか、慎重な判断を要するところであろう。

いま述べたところからも示唆されるように、短絡的にグローバル化のもとで国民国家の機能総体が縮小すると即断することはできないであろう。国家はなおむき出しの暴力装置を維持し、「安心・安全」スローガンのもとでの増強さえいとわないし、経済地理学者のデヴィッド・ハーヴェイが指摘する通り、「ネオリベラル国家は資本蓄積を制限しようとするあらゆる形態の社会的連帯に［中略］敵対」し、「あらゆるリスクは公共部門が担い、利益は私企業が吸い上げる[24]」ような「公共の政策」を打ち出している。破綻金融機関への公的資金注入は、ハーヴェイの指摘の正当性を端的に証明しているように思える。二一世紀の今日において国家はなお「死滅」したり「縮小」したりしているわけではなく、むしろ二〇世紀とは異なる性格と機能へと変容しているのだと把握するのが妥当だろう。

この点と関わって、一九八〇年代前後に広まった「ポストモダニズム」をどう意味づけ直すかも重要な点である。ハーヴェイによれば、「新自由主義化にとって政治的にも経済的にも必要だったのは、差異化された消費主義と個人的リバタリアニズムの新自由主義的ポピュリズム文化を市場ベースで構築する」ことであり、その地点で、ポストモダニズムは新自由主義的なシステム変革と対になる形で出現してきたものであった。ポストモダニズムの語った反権威主義的な自由と国家に関する言説群は、新自由主義的諸改革と「親和性がある」というのである。[25]この点は独自の検討を有する点である。先に述べた教育史学における度を過ごしたほどの新教育の再評価、あるいは啓蒙主義とドイツ観念論を土壌として生起してきたはずの教育哲学・教育思想史によるポストモダニズムの無防備なほどの受容は、こうした観点からの再吟味を求められている。と同時に、そうした局所的な反省以上に、イギリスの現代史家トニー・ジャットの「遺言」の言葉を借りるならば、ポストモダニズムによって大文字の「価値」が脱構築され、新自由主義の説く「暴走する市場への無批判な礼賛や、公共セクターに対する謂われなき侮蔑や、限りなき成長というたわいない妄想」の風靡する「荒廃する世界」のなかで、私たちはもう一度、共通の公正な価値を語りうるのかどうかが鋭く問われている。[26]ポストモダニズムの諸思潮が盛んに論じた、個人の生に介入してその自由を過度に抑圧する国家の傾性には慎重でありつつ、しかし人びとの共同性を組織化する複数のあり方のなかの「一」形態としての国家の可能性と責任を再度探るような思考法が現在求められているはずである。

前提となる視点

以上のような問題意識と時代認識を踏まえて、以下、「福祉国家と教育」という補助線を引きながら、近現代世界における国家・社会・教育の関係構造を歴史的に析出するための前提となる視点を示しておきたい。

まず、さしあたり福祉国家とは別次元のものとして、これに先行して成立してきた学校教育は、近代から現代にいたる福祉国家の形成過程でこれを構成する諸機能に合流ないし収斂化しつつその実体を整えていったと考えられるのだが、このように現代的な福祉国家体系に教育システムが埋め込まれた次元として以下の四点を挙げることができる。

（1）人生の初発時点での格差是正のための装置としての教育：市場競争原理の修正と個人の幸福達成やリスク回避のための介入をはかる福祉国家は、出自や家族の経済的資産によってもたらされる格差を、学校教育を通じて一定程度是正しようとする。「教育機会の平等」を求める根拠はここにあるが、平等に与えられた教育の結果としての能力差は、職業機会をはじめとした社会的機会の不平等を正当化する論理にも転化可能である。

（2）公的な「給付」の一環としての教育：経済的条件による機会格差の是正をはかるために福祉国家は無償の義務教育制度を活用するが、無償の教育はそれ自体が国家的な公的給付としての性格を持つ。学校で提供される保健・衛生サービス（健康診断・予防接種・給食等々）にも同様の性格を確認可能であるし、義務教育段階より上級の教育の無償化や給付型の奨学金制度についても同様の性格を捉えることができるであろう。

（3）福祉諸施策の目的達成の手段としての教育：福祉国家の掲げる政策課題を達成するための手段として教育が活用される場合がある。たとえば、就労機会保障のための「アクティヴェーション」のなかで重視される職業（再）訓練はその一例として位置づけうる。

（4）福祉諸施策を支える理論形成と専門職者の養成：福祉国家は、制度構築と実践を支えるための理論と、そのための知識を備えた理論・実践双方の専門家（研究者と実務家）を必要とする。ドイツで社会政策学会の結成、国家的な社会政策の推進、社会事業学校の創設が継起的に進んだことは偶然ではない。

第二に、新自由主義的なシステム改革が進み貧困や格差の深刻化が進むなかで、再度、国民国家の福祉国家としての復興・再生に期待する向きがないわけではない。「グローバル化した競争によって生じるジレンマに対して、必要な規模で対応できるのは政府だけです」[27]と述べて、市場主義の欠陥に対処する国家の可能性を強調するジャットの議論には説得力がある。しかし、かつて日本の教育学の一部で見られた過度に楽観的で教育主義的な福祉国家への期待は論外として、[28]川越修がつとに指摘してきたように、福祉国家による家族や個人の生き方への介入が、官僚制的な形式性とともに暴力的な抑圧性に転化する可能性を孕んでいる点は軽視できないし、[29]そもそも福祉国家を成立させた歴史的条件が解体していることを抜きにした議論は意味をなさない。福祉国家の基礎となった人口モデルや経済成長モデルの問題、社会主義体制の崩壊、いまなお福祉以前にとどめられたポスト・コロニアルな状況、国民国家レベルを超えたグローバルな統治など、考慮されるべき点は多い。

第三に、教育システムが本来的な機能として知的卓越性を追求する以上、不可避的に反平等主義的性格を帯びざるをえないという問題がある。「すべての者にすべてのことを教える」などということはユートピアとしてしかありえないからである。実際、近代ヨーロッパの複線型教育モデルが端的に示すように、「近代学校」や「教養」は階級・階層的な分断装置として機能し、特定の社会集団を排斥する一方、他の集団には特権的な地位を与えてきた。そうであるならば、福祉国家の平等理念と教育の反平等主義的な性格はどのように和解しうるのであろうか、あるいはこれまで調停させられてきたのであろうか。二〇世紀における複線型から単線型や分岐型、さらに総合制中等学校へのシステム変動はそうした問いへの回答を得るための実験であったともいえるのだが、ピエール・ブルデューらの展開してきた文化的再生産論の議論は、両者間の矛盾を孕んだ関係構造をみごとに析出した試みといえるであろう。高度に複雑化した社会において水平的・垂直的な分断（社会的「分業」）が不可避である以上、問われているのは、公正さと合理性との許容する範囲で平等と差別化を折り合わせた仕組みを作ることであり、それは社会的な「線引き」問題とならざるをえない。教育哲学の古くさい言葉を用いるならば、アガペーとエロスとの組み合わせについていかなる形で社会的合意を調達するのか、と言い換えることもできる。

第四に、教育を支えるエージェントあるいはアクターの複合性である。高田実らの提唱する「福祉の複合体」論[30]

を援用して議論するならば、「公教育」の成立・発展過程も国家による単純な教育独占としてはありえなかった。一九世紀フランスで「教育の国家独占」が論題化したことは、教育権の占有が国家を含む大文字の社会における敵対的関係のなかで争点化したことを示唆している。むしろ、教育は、時代と国家や社会のあり方に対応して多様なエージェント（家族、地域共同体、宗派共同体、身分的社団、教会、信徒団体、都市自治体、領主、名望家、国家、任意団体、営利企業や非営利組織、労働組合と協同組合、私人等々）の複合的関係に支えられて維持展開されてきたのであり、国家はそれ自体が一つのエージェントとして機能する一方で、慈善活動や共同事業に取り組む諸エージェント間の関係を整序・統制するなどの関与ないし介入をおこなってきた。したがって、かつての「公教育」成立史研究がそうであったように、教育供給主体である国家と諸アクターとの相互関係の変移を、もっぱら国家による一元的な制度的掌握として描き出す単純化された像が不適切であることは明らかであり、学校教育を成立させ変容させるプロセスで国家と社会諸集団・諸勢力がどのような関係を取り結んでいたのかが決定的に重要な意味を持つ。

第五に、この観点から導かれることとして、国家の関与や介入についての段階論ないし類型論的把握が必要となる。近世から近代のヨーロッパを見た場合、一言で国家関与といっても、そこには領邦教会・国教会体制下における国家＝教会関係と教会による学校監督、世俗国家による学校監督権の占有、義務教育法制化、租税に基づく教育財政、教育内容統制、憲法上の権利保障等々といった、レベルや性格を異にする諸局面を取り出すことができるからである。君主が王令や布告で領主や教会に学校設置を求め、臣民に就学督励し義務づけるだけの段階と、教育を憲法上の権利として位置づけ、校舎建設・設備備品調達・教員俸給等々への財政支出が制度化された段階との間には、時間的にも理念的にも大きな乖離があろう。「公」に関する多元的把握とともに、国家自体の性格や権能と使用可能な資源の変化が問題になるということである。

最後に、教育に関わるエージェントの複数性との関連で、教育と学校の「市場化」「商品化」問題、あるいはそれと関連する教育エージェントとしての資本ないし教育産業をどう捉えるかという問題がある。この種の議論は、しばしば公教育（国家ないし地方自治団体の管理運営する学校）と私教育（私的に組織された、それゆえ市場化され、時に営利的な性格を備えた学校）との二元論的把握に落とし込まれることになるのだが、歴史的にはこれに解消されない多様なあり方があった。概念的には私教育として括られるにしても、糊口を凌ぐ途を求める「おばさん」たちが「営利」目的で設けたデイム・スクールには、民衆社会の共同性の発露が見え隠れしていたのに対して、[31]全国ネットワークで結ばれた情報量で「公教育」のあり方それ自体を左右するほどに巨大化した進学予備校には、まさに教育情報産業の名にふさわしい権力性がつきまとっている。この落差はおよそ公私の二分法で処理できるようなものではない。国家と市場と家族との間にある多様な形の共同性を含み込んだ、より立体的な像の提示が必要なのである。

ここまで長々と提示してきた予備的考察を踏まえて、以下、時系列的にいくつかの段階を設定して、中世から現代の福祉国家あるいは社会国家段階にいたるまでのヨーロッパにおける国家・社会と教育との関係構造の見取り図を描いていきたい。そこで設定されるのは、①一八世紀までの近世ないし初期近代、②自由主義と国民国家形成の時代としての一九世紀、③一九世紀末から二〇世紀初頭の前世紀転換期における構造変動、という三つの時期である。あわせて、福祉国家と社会主義の時代としての二〇世紀から現在までを考察する際に想起すべきいくつかの論点について「おわりに」で簡単に提示する。

2　遠い淵源――一八世紀の啓蒙絶対主義的紀律国家と学校

前史

いうまでもなく、学校という制度ないし組織の起源は古代文明の時代にまでたどりうる。ここでは、プラトンのアカデメイア、アリストテレスのリュケイオンなどの名を想起すれば足りるであろう。だが、後のヨーロッパにおける展開と現代にいたる連続性という点からは、起点は中世後期以降にとどめるので十分であろう。中世前期にはすでにフランク王国のカール大帝の時代に聖堂参事会学校や修道院学校の存在が確認されているが、より重要なのは、大学とそれに接続する学校の誕生である。

大学は、おおよそ一二ないし一三世紀頃にイタリアのボローニャ、ついでフランスのパリで組織されたのを嚆矢として、教皇権・皇帝権・都市権力に依存しつつも自立した社団組織としてヨーロッパ各地に広がり、学芸学部における教養教育の上に神・法・医の三学部で専門職養成にあたっていたが、そのもっとも重要な特質は、これが教皇権と皇帝権という二つの中世的普遍権力と対応した、ヨーロッパ全体にまたがる「普遍性」を有したことである。そうしたことを根拠に、大学を「最初のヨーロッパ統合」のための知的拠点として捉える見方もある。[32]中世に成立した大学の正確な数は定かではないが、中世末で八〇校に達したとの観測もある。[33]大学以外では、都市、教会や修道院、教師らの手によって慈善的な教育機関として、あるいは私的・営利的な場として学校が設けられ、大学での修学の前提となるラテン語の手ほどきなどにあたっていた。後にイングランドのエリート教育の牙城となるパブリックスクールの起源も中世の慈善学校にたどることができるし、[34]ドイツ諸都市の市参事会学校は一三世紀に姿を見せている。[35]ヨーロッパ東方最果ての辺境であったバルト海南東岸のドイツ騎士団支配地域（現在のエストニアやラトヴィア）でも、すでに一三世紀初頭にラテン語学校が設立されていた。だが、中世の大学と学校は主権国家体制が成立する以前のものであり、社団的組織としての大学というその後長く続いた性格の起源として大きな意味を持つものの、近現代的な国家・社会・教育のトリアーデという問題構成に直接に馴染むものではない。

中世末期以降、こうした事情には変化が生じてくる。緩やかな主権国家体制化と並行して宗教改革による「宗派化」と呼ばれる過程が進行し、ドイツでは領邦教会体制が成立したからである。こうした中世末期から初期近代にいたる変容の過程は、後の学校教育の前提となるさまざまな資源を提供するものであった。聖俗諸権力から自立していたはずの大学は、カトリック・プロテスタント両教派の国教化やアウグスブルク宗教和議で確立された教派属地権によって国家に従属して、中世的普遍性を喪失した。ドイツ諸邦の大学は領邦君主高権下の領邦大学に変質し、教授たちは国家官吏として位置づけられたのである。下級段階の学校群については、ドイツのプロテスタント諸邦や北欧諸国では、義認説と聖書主義に立って義務教育構想を掲げたマルティン・ルターやメランヒトンの影響を受けて学校を国家事務に組み込み、実効性はともかく、義務教育法制化を進める動きも進行した。そうしたなか、ラテン語以外のヴァナキュラーな言語で教授する民衆学校も登場する。スウェーデン統治下に置かれた元ドイツ騎士団領でも、すでに一七世紀に国家および国家教会の手で母語による民衆教育の制度化と学習到達度の査察がおこなわれている[36]。そこでは、すべての教区や村落に通学可能な十全な数の学校を設置することがそもそも困難であることから、家族のおこなう初歩的な識字教育が学校教育への補完として位置づけられ、聖職者による査察対象とされている。「家族の教育」が公的管理下に置かれたのである。他方、カトリック地域でもプロテスタントと対抗しつつ伴走しながら、民衆学校の制度化がはかられるようになった。ナントの勅令廃止（一六八五年）後のフランスでは、カトリック信仰の定着を狙った学校設置を求める国王宣言が出され、教区を単位とした「小さな学校」の設立が進む[37]。イエズス会やラサール会、ピアル会をはじめとした数多くのカトリック系修道会や諸教派の信徒団体である兄弟団も、ヨーロッパ各地で種々の学校経営に乗り出していた。とくにイエズス会は、今日でいうところの中等・高等段階の学校設置に主として取り組みながら、戦闘的な宣教活動のなかで東欧の奥深くロシアにまで影響を及ぼしたのにとどまらず、遠く新大陸やアジアにまでヨーロッパ型学校教育を伝えた。仮にそのように呼びうるものがあるのだとしたら、「学校と教育の世界システム」の先鞭を切ったのはイエズス会であった[38]。

啓蒙絶対君主による「紀律化」と「ポリツァイ[39]」

宗教改革期、とりわけ一七世紀以降に進展した国家や諸教派・修道会その他の多様なエージェントによる学校設立と教育普及の試みは、一八世紀の啓蒙の時代にさらに新たな展開を見せることになる。そうした時代の雰囲気についてフィリップ・アリエスは、以下のように端的に定式化する。

ある時代から出発して［中略］、いずれにせよ十七世紀末葉以来から最終的かつ決定的な仕方でそうなのであるが、……かなり重大な変化が生じた。……教育の手段として学校が徒弟修業にとって代った。つまり、子供は大人たちのなかにまざり、大人と接触するうちで直接に人生について学ぶことをやめたのである。多くの看過や遅滞にもかかわらず、子供は大人から分離されていき、世間に放り出されるに先立って一種の隔離状態のもとにひきはなされた。この隔離状態とは学校であり、学院である。

子供たちを隔離することは、カトリックとプロテスタントの改革者たち、教会、法曹界、為政者のうちの改革者たち

によって推進されていった大掛かりな人間の道徳化の一つの側面として説明されなければならない。(40)

アリエスが指摘するように、一七世紀末から一八世紀の啓蒙主義の時代に進んだ子どもの学校への「隔離」、いま少し穏便な表現を用いるならば「学校化」による子どもの道徳化は、彼が「モラリスト」と呼んだ社会改革者や思想家たちが創出し、公共圏の諸媒体を介して流布されたイデオロギーに触発されて、家族に始まり教会関係者や国家にいたる多種多様な主体がそれぞれ独自にあるいは手を携えながら進めた事業であった。なかでも、国家セクターでこの事業にひときわ積極的に取り組んだのは、啓蒙専制君主あるいは啓蒙絶対主義君主と呼ばれる、プロイセンのフリードリヒ大王やハプスブルクのヨーゼフ二世らによって代表される改革志向の一群の君主たちである。彼らの取り組んだ諸改革を貫通する理念は、しばしば「社会的紀律化」と称せられるが、絶対主義時代の趨勢として「合理化」を捉えるマックス・ウェーバーの所論に対置して、絶対主義期のより根底的な変化を捉えたものとしてこの概念を提唱したドイツの歴史家ゲルハルト・エストライヒは、次のような説明を与えている。

人間は、内部における意志の面でも、外に現れた行為の面でも紀律化された。人間は克己の実現を最高の目標として掲げた。そのうえ人間は、バロック様式の御苑や庭園の精巧に剪定された生垣や樹木にみられるように、自然さえも紀律化した。社会の（紀律化）過程は、都市条例、領邦条例、帝国行政条例《ポリツァイオルドヌング》として具体化された。行政《ポリツァイ》という概念自体が社会の紀律化過程の表現なのであり、一七・一八世紀の国内生活に関する学問として登場するのちの行政学《ポリツァイヴィッセンシャフト》なるものは、ますます範囲の拡大する公的生活の紀律と秩序とを全般的に整序化することを目的としていた。……それ［領邦条例と行政条例］は最初のうち、旧来のキリスト教的躾けと品行の維持ないし復活のみを目的とするかに見えたが、やがて私生活の奥にまで立ち入り、およそ考えうるすべての領域にわたって、いちいち条規や教育的指図を掲げるようになった。公共の福祉と良きポリツァイ〔＝行政〕という観念が、紀律の理念と混然と結びついたのである。(41)

オーストリアのヨーゼフ二世が一七八〇年から一七九〇年に行った諸改革は、ヨーロッパ絶対主義におけるかかる根底的紀律化への志向の最終かつ最高の段階であると同時に、いささか荒けずりの極端な形態であった。国家と経済、教会と学校の領域において彼がとった措置はすべて、勤勉かつ誠実、有能にして紀律正しい臣民を育てることをねらいとしたものであり、社会的紀律化という表題のもとに一括してよいものであった。いや、むしろ、この概念を用いてはじめて、彼の全改革を貫く共通の基礎が解明できるのである。(42)

ここに示されたような、良き人間の形象として啓蒙に導かれた「紀律」を掲げ、その福祉・幸福のために人間の生への介入を厭わない啓蒙絶対君主の率いる国家のあり方を指して、ゲルハルト・A・リッターは、「家父長的で規則づくめの福祉国家」(43)と称しているが、君主の掲げる「臣民の福祉と幸福」をなんらかの形で実践しようとする国家は、近現代に立ち現われる福祉国家の「遠い淵源」ないし原型の一つとして位置づけうる。かかる時代における国家・社会と学校との関係を見たときに、以下のような特徴的な動向を確認することができる。

啓蒙絶対主義時代の学校と教育をめぐるいくつかの論点

まず第一に、「臣民の福祉」を実現する「国家第一の僕」を自認した啓蒙絶対君主は、臣民の内面を統治し「紀律化」させる主要な手段として学校教育を採用した。(44)民衆教化の一環として就学義務が位置づけられ、統治エリート（官僚）を養成するための大学改革も進展した。ポリツァイ条例の一つとして一般ラント学事通則（一七六三

～六五年）を発布したプロイセンのフリードリヒ大王の時代をめぐって屋敷二郎は、「国民教育は、啓蒙的理性に基づいた紀律ある秩序の形成という理念のゆえに、それゆえ紀律と啓蒙との協働のゆえに、啓蒙絶対主義の段階において初めて意識的かつ有機的に国政の要目となった」と主張する。[45]

第二に、臣民の教導と福祉の達成が「国政の要目」となったのに対応して、社会を紀律化し統治するための学知と技法も開発された。エストライヒのいうところの「行政学」や、統計・財政・行政にまたがる「官房学」と呼ばれる学問が生まれ、法学とならんで大学のカリキュラム中に取り入れられた。[46]付言すると、同様の統治の学として、古典的自由主義を奉じるイギリスでは政治算術が編み出され、人口統計の技法も開発された。これらの発想と手法に基づきながら、教育普及の度合いを測定する試みもなされている。[47]公衆衛生、都市計画など、民衆の福祉を達成するさまざまな制度構想のための学問的枠組みが作られ始めるのは、こうしたなかでのことであった。教育学は、学問としてはいまだ成立を見ることはなかったが、政治算術や経済学、官房学にとって学校と教育を扱うことは自然なことであった。アダム・スミスの『国富論』が大学と学校について紙幅を割いて論じているのは偶然ではない。[48]

第三に、啓蒙絶対主義体制下では官僚機構の整備・拡大が進展する一方で、君主に対して自立的な社団的特権を有した等族、都市、教会などの諸集団が臣民として君主権のもとに従属するようになった。貴族身分は、体制を支える官僚集団を主体とした「新貴族」の流入によって再編された。ドイツでは、彼らを主たる顧客としながら官房学によって官僚を陶冶・養成する場としての大学の機能が拡大し、それに適合的な新大学の創設や既存大学の改革が開始された。プロイセンのハレ大学、ハノーファーのゲッティンゲン大学がその中核をなす。近代大学への転成はここに開始されたのであって、ベルリン大学創設のみを画期とするわけではない。

第四に、啓蒙精神の横溢とともに成長した官僚・貴族を軸に、その裾野を拡大させながら形成された教養層は、都市を中心としたコミュニケーション文化を発展させた。ハーバーマスのいう市民的公共圏[49]の発展であり、啓蒙の都市文化の成長である[50]。図書や雑誌といった印刷媒体と読書の普及、あるいはサロンなどでの討議の場を介して情報と問題関心を共有し、君主とともに合理的社会改革への意志を培った教養市民の成長のなかでは、むろん民衆の陶冶にも大きな関心が払われた。そうした関心が実際の学校網の形成にどれほどの貢献をなしえたのかは測定困難だが、プロイセンで民衆学校向けの読本『子どもの友』（初版、一七七六年）を刊行したロホウの例を待つまでもなく、民衆啓蒙に尽力する知識人がこのような精神的磁場から誕生したことは間違いない[51]。

第五に、プロテスタント地域で顕著に見られた以上の動向は、カトリック諸国でも共有されたのにとどまらず、遠く東方の正教圏にまで変化をもたらした。プロイセンのフリードリヒ大王と並び称されるハプスブルクのマリア・テレジアやヨーゼフ二世の志向した徹底した啓蒙改革については贅言を要さないが[52]、分割の脅威にさらされるなか、ルソーら啓蒙思想家の支援を仰ぎつつ国制改革を急いだポーランド＝リトアニア「共和国」における国民教育委員会（「世界最初の文部省」と呼ばれる場合がある）創設と国家主導下の教会・修道会系学校網の再編、階梯的な学校体系の構築も、改革の精神と方向性は共通した[53]。ポルトガルやスペインで見られた「カトリック啓蒙改革」も同様であった[54]。これらカトリック諸国の改革は、絶対主義的統治を志向する君主らとの軋轢から、君主とその意を受けた教皇の決定によってイエズス会が解散させられ（一七七三年）、その管下にあった幾多の学校・大学の管理運営責任が国家に接収されたことと密接に関連したが、国家が地方レベルの教育行政機構を持たない以上、接収された学校の実際の管理運営はイエズス会以外の教団に委ねられる場合も多かった。

こうした啓蒙改革の精神はさらに正教圏のロシアにまで及んだ。一八世紀後半のエカテリーナ二世の宮廷には、ディドロやヴォルテールらの啓蒙思想家が招聘や文通によって影響を与え、君主主導の教育実験につながった[55]。ハプスブルクやポーランドの教育改革案もいち早く紹介され、これら先進的な隣接地域との人的交流を支えに民衆教育レベルまでを想定した計画案の策定も進んだ。ただし、民衆教化への志向が脆弱でそれまで民衆学校創設の経験を正教会がほとんど持たなかった以上、その内実は乏しかった。計画案は、一部の開明的貴族による実験的試みをもたらし、帝国西部辺境のカトリック・プロテスタント地域で一定の制度化を見たとはいえ、多くは机上の議論の域を出るものでなかった。[56]

以上論じてきたように、臣民の福祉と紀律化を強く志向し「国家第一の僕」としての責務を自認した啓蒙絶対主義君主たちは、生活の隅々にいたる規制を目的としたポリツァイ条例を盛んに発するとともに、かかる施策の核としての学校の役割に自覚的であった。彼らのもとでさまざまの教育・学校に関わる計画案が策定され、法令が発布された。こうした動きは、ヨーロッパの多くの地域・国家に広く普及した。啓蒙絶対主義的統治を正当化し技法化する学知も創造され、改革された大学で教授された。同様の精神は、啓蒙精神で陶冶された官僚とともに広く教養市民の間に流布され、民衆教化の必要への合意のごときものも形成された。先に掲げた子どもの隔離化をめぐるアリエスの言及は、かかる磁場の存在を言い当てたものだったのである。

しかし、ここでいったん立ち止まって考えるべきことは、はたして啓蒙絶対主義的な国家は学校の設立・維持・管理を自らの手で十全になしうるだけの、全国規模で合理的に編成された権限・財源・人員・組織を擁したのかどうか、という点である。増井三夫が詳細に論じたように、集権的官僚制度に依拠する紀律国家を目指したプロイセンといえども、実際の地方統治は、国家とともに近世以前に由来する領主支配と等族（身分）的中間団体による権力の分有ないし二元性に制約されており、民衆教育をめぐる監督権もその例に漏れなかった。[57] 絶対主義国家は義務教育法制などのポリツァイ条例を濫発し、大学設置や運営では基本財産に依拠したそれから年次ごとの国家財政と学生納付金による維持へと次第に移行したとはいえ、[58] より下位の学校設立や運営は自己完結的な教区を単位とした地域社会や、等族をはじめとした中間団体、あるいは都市の私人らの発意に委ねられており、国家がなしえたことは、国家教会の宗務行政機関を活用しながら、これら所領や教区を単位とした教育を国家的な監督制度のもとに再編することにとどまったのである。その意味では、財政により自立的に学校を設置し供給する主体としての国家像は微弱であり、国家的な教育行財政、あるいはそれを支える地域社会にまで伸びた官僚機構はいまなお未成熟であった。それゆえ、国家的な教育制度の整備状況を指して、ドイツ（プロイセン）の先進性とイギリスの立ち後れを対比的に論ずるものが散見されるが、こうした評価は相対化される必要がある。そこから示唆されるのは、学校教育の制度化過程を解明する際に、もっぱら国家による法制化の次元を問題にするのではなく、家族、共同体、各種中間団体、教会、国家の織りなす複合的関係の構造を読み解く必要性である。

3　ナショナリズム・世俗化・リベラリズム――一九世紀の展開

フランス革命に始まり第一次世界大戦をもって幕を閉じる、ホブズボームがいうところの「長い一九世紀」のうち、本章で扱う時期はおおむね「革命の時代」と「資本の時代」に相当する。[59] 市民革命と産業革命、工業化と資本主義、ナショナリズムと国民国家、リベラリズムの勃興、憲法体制と国民主権、近代家族の形成、フェミニズム、学問の専門分化と専門職化等々、この時代を特徴づけるキーワードは多数挙げることができる。それらは相互に結びつきながら学校と教育のあり方を規定し、以前にも増して複雑な形で社会構造に組み込まれた高度なシステムへの成長を促していった。就労の前提としての就学、職業資格と教育機会、普通選挙と義務教育、等々を想起するだけでも、そうしたことが自ずと理解されるであろう。ここでは、いくつかの指標に即してこの変化の要点を整理したい。

国家の変容と学校

一九世紀は、工業化と都市化が進行し、伝統社会の解体とともに市民社会の形成・発展の促進された時代であった。それはまた、神野直彦に倣っていうならば、「政治・経済・社会という三つのサブ・システムから社会全体が構成」され、「土地」「労働」に加えて第三の生産要素としての「資本」が登場するとともに、生活と生産の分離が進行する時代でもあった。さらに神野は、相互に分離したサブ・システム間の調整をはかるものとしての「政治」、言い換えれば国家の機能拡大を指摘し、そうしたなかで教育分野でもサブ・システム間のつなぎ目としての国家による掌握が進むとする。「国家財政による公教育」の成立である[60]。この像は、一つの理念型的なモデルとして一九世紀ヨーロッパで進行した変化の一面を言い当てている。すでに一八世紀の啓蒙絶対主義君主のもとで志向された国家による教育の掌握は、この世紀を通じていずれの国・地域でも格段に前進するのである。だがここでいう国家は、それ自体が、近世以前とは異なる新たな性格を帯びたものであったし、国家による教育掌握は、一九世紀を通じてそれほど簡単に達成されたわけでもない。以下、国家の性格変容と重ね合わせながら、一九世紀ヨーロッパを特徴づけるナショナリズム・世俗化・リベラリズムという観点から、学校と教育の置かれた状況とその変容を整理してみたい。

まず第一に、一九世紀は、国家存立の正統性の根拠を「国民」の同意に求める国民国家体制の形成される時代であった。国家は、憲法体制、「国民軍」の形成、近代税制の確立とならんで、議会制度の変革と参政権の拡大を通じて民衆を国家の政治主体として意味づけていった。それは同時に、国家への帰属意識と忠誠心を強固に有する「国民」形成のためのアイデンティティ・ポリティクスの始動を意味するものでもあった。『ネイションとナショナリズムの教育社会史』をはじめとした『叢書・比較教育社会史』各巻所載の多くの論考は、学校教育の担ったナショナルな政治的役割を描き出しているが、それらを通じて確認される通り、学校教育は、顕在化する階級的分断にもかかわらず擬制的な「一つの国民」を演出し、実体化させる最重要の装置として位置づけられていた。ただし、教養と財産を基準に幾重にも分断された複線型学校制度のもとでは、そのことの意義は限定的に捉えなければならないだろう。

また国民国家は、経済力や軍事力といった「国力」の支柱としての国民教育という観念に突き動かされた国家でもあった。他国との比較対照を通じて明るみに出された教育上の立ち後れを国家的危機とする眼差しと気分はいたるところで確認される。教育は、国家間競争に必須のアイテムと化したのである。しかもその眼差しはヨーロッパ内部にとどまることなく、ヨーロッパからの軍事的・経済的脅威にさらされた非ヨーロッパ世界にまで拡延された。スローガンとしての「近代化」「西欧化」の達成を急ぐ多くの国・地域で、ヨーロッパ型学校教育の選択的・創造的模倣が始まる。アヘン戦争以降の東アジアにおける西欧型学校教育の移入、オスマン帝国による諸改革などはこうした文脈で理解可能である。

ヨーロッパ内部の国家を持たない諸民族（非／被支配的民族）にとっても、学校教育は抜き差しならぬ意味を持った。支配的民族文化を基調とした同化主義的な学校教育の普及は少数民族にとって危機として観念されるものであったが、それは同時に、これらの集団が、他者とは異なる自立的民族として自己を発見（「覚醒」）する契機ともなった。ロマン主義の影響下で高まりを見せた民族運動のなかで学校教育は人びとを結集させる中核的な位置を占め、エストニアやマケドニアがそうであったように、民衆学校教員が民族知識人として指導的役割を果たす事例も各地に見られたのである[61]。シュレスヴィヒ＝ホルシュタインのデンマーク人による国民高等学校運動、プロイセン領ポーランドの「学校ストライキ」等々、学校を舞台とした民族間の衝突と民族運動高揚の事例は枚挙にいとまがない[62]。

第二に指摘されなければならないのは、国家の世俗化であり政教分離の深化である。

国家と教会との関係の遮断をもっとも劇的に強行したのはフランス革命であるが、革命政権の示した攻撃的な反キリスト教主義はナポレオン体制下の政教協約でひとまず矛が収められることとなった。とはいえ、自由主義者の掲げる反教権主義とローマ教会との熾烈な抗争に確認される通り、教会と国家との分離という趨勢はヨーロッパの広い範囲で不可逆な変化であった。領邦教会・国教会体制は崩壊ないし変容をきたし、宗教上の差別の廃止と寛容がユダヤ教徒も含めて国家的原則として採用された。これらは「信仰の個人主義化」とでも呼ぶべき変化とともに進行したが、国家にとっては、それまで教会聖職者（と領主）に依存してきた行政事務を国家や地方機関が代替し、宗教規範とならんで国家公民のための道徳規範を創造することを要請される事態となった。政教分離が意味したのは、教会に依存しない国家への転生だったのである(63)。ただし、国家の世俗化はつねに教会との対立を意味したわけではなく、政治状況に制約されつつ離反と再接近を繰り返す複雑な道程をたどったことに留意しておきたい。また、先述の通り、かかる「世俗化」がそのまま学校からの宗教の排除をもたらしたわけではないことも指摘しておかなければならない。後述するフランスの急進共和派の教育改革者たちがマイノリティのプロテスタントであったことはフランス的コンテクストにおいて意味深長だが、国家の世俗化は宗教的寛容とともにあり、学校における宗教教育もその線で進められる場合が多かったからである。

近世以前の学校教育が教会との密接な関係のなかにあったことを想起したとき、この変化は決定的に重要な意味を有した。教会の主管した学校監督権を国家が掌握するとともに、それに対応した行政機構を整備することが焦眉の課題となったからである。聖職者や教会奉仕者に依存してきた教職を、国家の認定する有資格専門職者としての教員に置き換えるとともに、養成機関も整備しなければならなかった。スリー・アールズと宗教教育を超える教育内容の高度化に対応しつつ、「国民」形成の場としての学校の機能に腐心することも必要だった。

教会と国家との間で学校教育をめぐる争いがもっとも激烈に闘われたのはフランスであった。よく知られた「十字架と三色旗」との闘争である。これは、国家的に整備される「公教育」と教会・聖職者の手に握られた「私教育」との紛争、あるいは「教育の自由」を掲げたカトリックと、「国家による教育独占」および「ライシテ（世俗性）」を死守しようとする国家との対立としてしばしば描かれてきた。長きにわたって一進一退を繰り返したこの抗争が最終的に決着したのは、第三共和政期の急進共和派政府のもとでのことである。だが、そのプロセスの実相が解明されるなかでは、いま述べたような単純な二項図式だけでは説明困難な地域社会の政治的構図が浮かび上がってきている。[64]「国家による教育独占」のための行政機関として理解されてきた「ユニヴェルシテ」が、そうした中央集権的行政機関としての性格とあわせて、教師という職能集団に属する人びとからなる同業組合＝社団としての中間団体的性格を併せ持っていたとする前田更子の指摘はその一つである。また、地域の実際の学校整備にあたって、国家の機能とあわせて、社会の奥深くに根ざしたアソシアシオンの役割をこそ評価すべきだとする理解もある。[65] 再帰的近代化論の議論を援用するならば、一次的な近代化段階にあったこの時期の学校と教育をめぐっては、国家の政策とならんで、なお前近代的な共同体的紐帯や社団的社会関係が色濃く反映させられていたということになるのであろうか。イギリスにおける初等教育普及の主体となったのが、国家や地方自治体ではなく国教会系・非国教会系の社会団体であったことも、こうした文脈において再度評価されるべきであるように思われる。

ヨーロッパで国家の世俗化に多大の影響を受けた集団がユダヤ人である。啓蒙絶対主義君主の掲げた宗教的寛容政策は理念的にはユダヤ人をもその対象としたし、ユダヤ啓蒙主義運動は、周囲のキリスト教社会から隔絶されたコミュニティに生きてきたユダヤ人の周辺社会への同化や統合を内発的に促進した。実際の厳しい差別や排除にもかかわらず、彼らもまた「一つの国民」としての統合に向き合うことになったのである。改宗、棄教、信仰維持と実生活上の同化などいくつかのオプションがそこには開かれており、ユダヤに伝統的な子育て習俗や教育の場（イェシバやヘデル）と近代的学校との相克という問題もそこには伏在させられていた。ドレフュス事件と反ユダヤ主義の横行にいたるまでのユダヤ人問題の様相についてはすでに多くの研究蓄積があるが、教育に関わる歴史研究上の主題としてはこれまでほとんど論じられてこなかった。克服を要する点である。[66]

第三に、一九世紀は自由主義の時代であり、典型的な自由主義的国家としてのイギリス以外でも多くの地域で、政治的・経済的自由主義を掲げる政治勢力が対抗勢力との間でしのぎを削っていた。とりわけこの世紀の前半は、ウィーン体制下の復古と保守に対抗する政治運動が広がりを見せて、各地で革命的騒乱を引き起こすこととともなった。その際に、本報告の趣旨との関係で重要なのは、ここでいう自由主義的な政体ははたして通念的に語られる「夜警国家」「自由放任国家」であったのかどうかである。

高田実によれば、イギリスで財政軍事国家の後に成立した「レッセ・フェール」国家＝自由主義国家はけっして「自由放任」国家ではなかった。「国家が、中間団体や地方団体に「権限移譲」（devolution）する形で「社会」を十全に活用し、「社会の安定」を図る、自由主義的なガバナンスの体系（公序）が作り上げられた[67]」というのである。この指摘は学校教育に関わっても重要である。というのも、イギリス国家は、工場法の児童労働制限によって就学のための前提条件を創出し、工場内での就学を強制しただけでなく、救貧院でも「矯正教育」に通じるような意味での就学義務化をはかっているからである。別途論ずるが、初等教育機関への補助金もこの点で想起されるべきものであろう。社会のなかで組織された教育は、国家規制と相互に縒り合わされるような展開を見せたのである。さらに、世紀中葉以降、高等教育にいたる各種段階の学校について王立調査委員会が相次いで設けられ、「私的」に組織された学校のあり方に国家が介入し誘導していく局面もあった。こうしたイギリスならではのあり方を指して松塚俊三は、次のように概括する。

イギリスの教育は、国家、地方自治体、任意団体、学校理事者、後援者、親のいずれもが教育の統制権にあずかっているともいえるし、あずかっていないともいえる、きわめてあいまいで複雑な関係を現在まで引き継ぐことになった。あるいは逆説的に、教育における多角的で重層的な「公共性」の可能性を示しているともいえる。(68)

だが、すでに確認したフランスやドイツの地域社会の実相を想起するならば、一九世紀の教育をめぐるより一般的な「公共性」のあり方を言い当てたものとしてこれを読み替えることができる。必要なのは、個別の国家・地域の示した「多角的で重層的な「公共性」」のあり方を、一般性と個別性の次元で問うことである。

社会構造の変容

一九世紀は、社会的成層構造にも大きな変容の生じた時代であった。中世に由来する身分制的で社団的な社会構造は近世を通じて変容し、都市化や工業化のなかで新しい階級関係が発生したのである。なかでも上位のエリート階層では、市民社会に対応した新しい集団が生み出されることとなった。イギリスでは貴族＝上流階級と中産階級上層の一部が合流して「ジェントルマン」の拡大と刷新がはかられ、ドイツでも「教養市民層」と呼ばれる集団が誕生した。彼らはいずれも、古典古代に理想を求める新人文主義の教養理念と教育上の共通体験を通じて集合的アイデンティティを獲得した集団であった。ジェントルマンの場合はパブリックスクール、教養市民層の場合はギムナジウムと大学教育が卓越性の証明とされ、そのことが彼らの高い社会的地位と支配力を正統化するものとなったのである。「血統原理」にかわる「学歴」と「能力」の浮上であり、「メリトクラシー」(69)の浮上である。古典教育による卓越性への志向は、近代にも身分制的社会構造が温存され人文主義的教育の伝統の脆弱であったロシアですら、身分制の弛緩と再編に迫られた時期に教育改革の眼目として強化される。古典古代が、汎ヨーロッパ的な規模で近代エリート教育を規定したのである。[70]

教養と学歴が社会的地位を正統化するという文化的再生産論による社会構造把握は、従来の、生産手段の私的所有を指標とした階級理論で自明視された資本家＝支配階級という像を排除するものであった。資本主義的経済発展のなかで力をつけたはずの工場主や大商人などの資本家＝実業中産階級は、政治支配の場では周縁的地位にとどめられており、上昇を志向する場合には、教養階級の愛好する新人文主義的教養や彼らの階級文化への同化を迫られ、あるいはそれを自ら選び取っていた。資本主義化と教育構造の変動との相関は、経済合理性による単線的な因果関係では説明困難なものだったのである。資本主義的産業経済に適合的に見える自然科学や社会科学、近代外国語からなるカリキュラムは、いずれの国・地域でも中等教育部門において一貫して劣位にあった。

資本主義化と学校教育との関係をめぐる因果的説明の困難は、民衆教育の場合にも確認されよう。かつて、民衆教育拡大の動因として資本主義経済の発展や労働者の階級的成長との因果的連関の強調される傾向があった。労働者階級児童の教育機会拡大の理由について、「工場労働のなかでリテラシーやさらに高度の知識が必要とされるとともに、階級的教育要求が醸成されたから」といった類の素朴な短絡的説明を与える通俗的イメージがそれである。近代公教育制度や教育機会の拡大は、産業革命以降の資本主義経済に適合した労働力を創出するためだった、[71]というわけである。だが、教育拡大への説明を、経済機能主義アプローチと階級要求に一元化させるのは、失当とはいわぬまでも一面的であろう。民衆教育拡大を可能にさせた歴史的条件としては、むしろ工業技術の発展や世帯所得の上昇などによって「児童労働に依存しない」家計や産業構造が生まれたこと、あるいは、叢書中の『識字と読書』で示されたように、出版産業の発展により民衆生活中にも識字への渇望を刺激する情報媒体が流通していたこと、か細いものとはいえ教育による社会移動の可能性が可視化されて欲望を増殖させたことなど、より複合的な説明が求められるはずである。同様のことは、技術教育・実業教育と産業発展との関連にも確認されよう。この世紀を通じて、労働と学校知との間の架橋が少しずつはかられたことは間違いないにせよ、『実業世界の教育社会史』序章で広田照幸が論じた通り、その相関には機能的側面と葛藤的側面が複雑に絡み合っていたはずなのである。

一九世紀の社会構造の変動に関わって指摘しておくべきもう一つの論点は、ジェンダーである。教養と財産によって垂直的に分断された近代の階級社会は、これに加えて人種や民族による分断と性による分断からなる三次元的な統合と排除の構造を形づくっていたと捉えられるが、[72]そのうちの性による分断に関わる次元である。

自由と権利を高らかに謳い上げたフランス人権宣言のいう「人と市民」に想定されたのはあくまで男性であって、女性がそこから排除されていたことは周知のことである。人権宣言に対してオランプ＝ドゥ＝グージュの書いた「女性および女性市民の権利宣言」は、その後ただちに忘却されたのである。このことは、公的世界から女性を排除し、近代家族と呼ばれる親密な私的領域に封じ込めていった近代社会のジェンダー構造を象徴するものとひとまずは考えうる。政治の世界にとどまらず、社会的活動のさまざまの場面で女性が排除されたことは、ジェンダー的分断線が社会の隅々にまで浸透していたことを示している。だが、こうした像には一定の留保と修正が必要である。フェミニズム史の多くが、その起源をオランプ＝ドゥ＝グージュやその同時代人で『女性の権利の擁護』を著したメアリ・ウルストンクラフトから説き起こしているが、このことは、女性の排除と隔離に抵抗し解放を求める社会運動が、「長い一九世紀」の初発にすでに誕生して世紀を貫通する底流となり、時とともに確かな水脈へと成長したことを示しているし、女性たちはけっして家族内のみに息を潜めて生きたわけではなく、社会活動の担い手として地歩を固め、ドメスティック・イデオロギーを換骨奪胎し乗り越える努力を重ねていた。そして、そのような活動の舞台として選び取られたのが、慈善・福祉や医療とならんで教育の世界であった。これらが一九世紀女性の主たる活動場裡であったことには、公的世界への参与という側面とともに、母性を根拠とした「女性固有の世界」「女性の天職」への封じ込めという対立的契機が伏在した。[73] この世紀を通じて進行したのは、ジェンダー的分断線の融解ではなく、その変容であった。[74]

教育をめぐるジェンダー構造とその変容をめぐっては、すでに叢書中の『女性と高等教育』が高等教育と専門職化（とりわけ医業）に関わって多様な像を提供したが、女性の教育経験が男性のそれと同様、階級的垂直的に分断されていたこと、[75] 西欧諸国と異なるジェンダー構造を有する社会の事例、[76] 近代教育がジェンダーを再生産し補強する近代教育学の論理構造、[77] 教職の「女性化」をめぐる国際比較等々、[78] 多様な論点の設定が可能だし、現におびただしい研究蓄積もなされてきた。イギリスの労働者階級の生活世界に自生的な「学校」の主たる担い手が「おばさん」であったことも、民衆世界における女性の地位と役割を示唆するものとして想起しておきたい。とはいえ、これらの知見を総合した、包括的な「ジェンダーの比較教育社会史」がなお書かれていないことを銘記しておく必要があろう。

4 福祉国家／社会国家への転轍——前世紀転換期の変動

前章で粗描してきた変化を総括して現代につながる巨大な変貌を生じさせたのが、前世紀転換期に前後する数十年間であった。たとえば、『ヨーロッパ一〇〇年史』を著したジェイムズ・ジョルはそうした変貌について、ドイツ帝国の成立に伴うヨーロッパ国際秩序の動揺とあわせて、「社会問題」に焦点化して以下のように概括しているのである。

一八七〇年から一九一四年にかけて、諸階級間の勢力均衡はいよいよはっきりと変動した。特権に恵まれぬ人々のための諸権利の承認を求める声が増え、また、この承認獲得の手段についての不断の論争を伴った。もちろん「社会問題」は、産業革命の初期段階には既に提起され、政治哲学者、経済学者たちが一八三〇年代、あるいはそれ以前から議論していた。しかし、西ヨーロッパ大半の急速な都市化、産業未発達諸国（例えばオーストリア－ハンガリー帝国及びロシア）における産業の発達、工業過程全体の大規模化、複雑化、また普通選挙権や代議政体思想の普及、これらすべてが結合して産業社会の諸問題を一層厳しいものにした。同時に、科学的・技術的諸発見によって、以前には不可避と考えられてきた人間生存上の障害の多くが、実際は除去可能ないしは合理的手段によって人間に統御されることが分かったのである。(79)

以下では、ジョルの注目した「社会問題」への対応とその背後にある国家のさらなる性格変容、あるいは階級間関係の変化を意識しながら、前世紀転換期にあってそれらが教育と学校のあり方に触れあった局面を描き出すこととしたい。

福祉国家／社会国家への転轍

まず第一に、国民国家としての成熟を遂げつつ大衆民主主義へと離陸し、階級対立を背景とした社会主義運動や労働運動に対峙することを迫られた近代国家は、この時期に、公序の維持と国家の正統性を調達するために新たな相貌を帯び始めた。先に「二〇世紀像の捉え直し」のなかで論じた介入的国家への変容である。理念的には啓蒙専制君主のもとでの家父長的福祉国家に源泉を有し、一九世紀の古典的自由主義の時代にも局面に応じて問題に対応してきた国家の社会政策は、この時期に質的・量的にまったく新たな局面を迎え、社会保険制度などを皮切りに、介入的な社会国家／福祉国家へと向かう歩みを開始するのである。そうして生み出される社会国家の機能についてリッターは次のように述べる。

社会国家の任務には、老齢、廃疾、疾病、災害や失業に際して所得保障の措置に基づく最低生活水準の確保や、大家族への援助、公衆衛生での扶助、社会住宅の建設を通じて個人の社会的安定の保護が含まれるだけではない。さらに、社会国家を特徴づけるものとして、一人一人の人生のスタートチャンスでの著しい格差の公教育制度による是正、租税体系をとおして《ママ》所得の部分的再配分、さらに、被用者に対するさまざまな保護措置をとおして《ママ》労働市場及び労働条件の調整がある。[80]

保護・介入への意志とともに、科学技術と政策的対応による問題解決への可能性を信じた社会国家が、格差是正の手段として教育を積極的に位置づけたとされることが、ここでの行論にとっては重要である。一九世紀を通じて義務化され拡大させられた教育機会に、新たな意味付与がなされているのである。だが、そのことはただちに教育上の平等が達成され、すべての者に均等に機会が与えられるというようなものではおよそなかった。

実際のところ、この時期に教育システムは巨大な変貌を経験している。新人文主義理念を基調として発展してきた中等教育は、実学主義からの挑戦を受けて妥協的な制度改変を余儀なくされ、高等教育も規模の拡大をはじめとした一連の変化を被っている。そうした変化を捉えることは、一九八〇年代の欧米の教育社会史研究にとって最重要の関心事であったが、そこでは中等・高等教育が高度工業段階の職業システムと密接に相互作用する様態が確認されるとともに（ミュラー[81]）、高等教育における拡大・多様化・社会的開放性・専門職化といった「地殻変動」も析出されている（ヤーラオシュ[82]）。

また、一九世紀を通じて多くの国・地域で達成された普通義務教育化（「後進的」なロシアでさえ、世紀転換期にはこの種の議論が盛んになされており、大戦と革命による混乱がなければより早く実現されたとの観測もある）と学校教育の共通体験化を前提に、それまで完全に分断されてきた初等教育と中等・高等教育との制度的接続も日程に上ってくる。「統一学校」へと向かう動きである。その結果ヨーロッパで選ばれた類型が、共通の初等教育の上に年限や内容、資格を異にする中等学校の分立する分岐型学校システムであった。初等教育の共通化にもかかわらず、教養と学力による分断という一九世紀的構造は、形を大きく変えながらも維持されたのである。

ヤーラオシュのいう高等教育の「地殻変動」という表現もまた、機会の拡大について誇張されたものという側面が強い。アンダーソンは、高等教育人口の飛躍的拡大にもかかわらず、この時期の高等教育就学率が同一世代人口の一パーセント前後にとどまったことを指摘して、かかる表現の「公正さ」を問題にするのである(83)。むしろ上で述べた変化は、初等段階での機会保障にもかかわらず、階級的格差構造を温存したまま教育機会の配分構造に若干の変更をもたらしたものとして理解するのが妥当であろう。そうした事情についてハルトムート・ケルブレは次のように説明する。

一九一四年以前の最後の数十年間には、傾向が逆転したように見える。教育機会の社会的配分は、それほど不平等ではなくなり、他方、教育機会の規模はゆっくりと増加を開始した。しかしながら、こうしたささやかな進歩から利を得たのは下層中産階級に限られた。下層階級は、そこから排除されたのである(84)。

教育機会をめぐるこうした限定的な変化が、教育機会のより平等な配分を目指した政府の直接介入の結果であることを示す指標はあまりない。一九〇二年のイギリス教育改革法を除いて、ヨーロッパの政府の教育政策は、まず第一に、教育機会の不平等を縮小することよりも、むしろ勃興しつつある産業社会のニーズに教育機関を適応させることに結びついていた。いま、政策決定に影響力を行使し、あるいは関与した政党や組織は、一九一四年以前は、平等主義的な考え方よりは、むしろエリート主義的なそれをとっていたというのが通例なのである。(85)

「スタートチャンスでの著しい格差の公教育制度による是正」への本格的な取り込みには、なお時間を要したのである。

だが、そうはいっても前世紀転換期の国家は、教育機会保障にこれまでになく積極的に取り組み始めていた。この点を確認するために、教育行財政構造の転換、すなわち国家財政における比重の高まりに注目しておきたい。一八世紀の紀律国家・啓蒙絶対主義君主は、ポリツァイ条例を盛んに公布して自身の愛好するイデオロギーを流布し、学校教育の効能を宣伝してはいたが、その財を教育に構造的に投入する決意を固めていたわけではなかったし、その能力も乏しかった。他方、一九世紀前半のイギリスは、学校教育の国家的制度化をはかることにはあまり関心を示さなかったが、補助金という形で社会的創意を刺激し、ヴォランタリーな活動を統制した。こうしたことを想起しながら、国家の教育に対する態度を測定する一つの指標として教育財政を取り上げてみようというわけである。先にも述べたように、神野直彦によれば、彼のいうところの「近代システムから現代システムへの移行」期にあたった一九世紀末にドイツの講壇社会主義者アドルフ・ワグナーは「国家活動の膨張の法則」を説き、国家発展とともに文化および福祉目的の領域への給付が継続的に増大すると主張し、それが「文化国家」あるいは「福祉国家」への国家機能の変容を促すと予言したとの由である。(86)はたして、国家財政による教育機会保障を掲げる文化国家・福祉国家化は実現されたのであろうか。

このことを検証するには、各国・地域の経年的な財政支出のデータの系統的比較検討が必要とされるが、残念ながら、財政学の専門家ではない筆者にはそうしたデータへのアクセスは困難であった。他方、こうした観点から教育財政構造に関して系統的分析を加えた教育史学や教育行財政学の論考は管見の限りでは存在しない。さらに、仮にこうしたデータがあったとしても、それぞれの国家における財政制度や地方制度の違い（たとえば、国家と地方公共団体との負担区分や租税制度の差異）が相互の比較対照を至難なものとすることが容易に予想される。それゆえ、以下では断片的事例の提示にとどまらざるをえないが、それらに基づいて、国家財政に占める教育費の比率や総教育費に占める財政負担率の変化を、ざっくりと仮説的に確認してみたい。取り上げるのは、邦語文献から情報を得ることのできたフランス、プロイセンおよびバイエルンに限定されるが、ここでドイツのデータが領邦単位で示された理由は、統一以前からの体制が維持されて教育行政権が領邦権限に残されており、ドイツ帝国の国制と予算中に教育関連事項が設定されていないことによる。プロイセンとバイエルンの事例に確認可能な差異からは、「ドイツ教育史」として想定されたものが、多くの場合プロイセンのそれにとどまり、全体を捉えたものではないことが示唆されていることを付言しておきたい。

これらの断片的データから共通して確認されるのは、程度には差こそあれ、いずれの場合にも前世紀転換期前後に国家（邦）財政中の教育費比率が増大し、そのことの反映として教育費中の国庫負担率が上昇しているということである。フランスにおける国費負担率の上昇は、第三共和政下の「義務・無償・世俗」三原則の実質化が一八八〇年代に進んだものとして把握できる。他方、プロイセン邦の飛躍的上昇は、一八八八年に制定された「民衆学校の負担軽減に関する法律」によるものである。それに対して、バイエルンは時期的な後れをとり、上昇率も比較的小さい。トレンドは共有されているにしても、それぞれの国家や地域独自の条件ゆえに異なる様相を呈していたというわけである。

このような財政分析に依拠した場合、「公教育」制度整備で先進的なドイツに対して立ち後れたイギリス（イングランド）という通俗的な像は大幅な見直しを必要とする。確かに、立法化という点でのイングランドの立ち

表１　フランス初等学校経常支出財源推移（1875-1889：フラン）

	1875	1880	1885	1889
財源総額	64,975,254	86,069,736	118,470,872	124,319,530
国の補助金	10,855,984	20,109,318	77,511,477	78,610,254
補助金比率（%）	16.7	23.4	65.4	63.2

出典：梅根悟監修『世界教育史大系 29 教育財政』講談社、1976 年、162-163 頁。

表２　プロイセン内政費中の文化教育費比率推移（1885-1909：百万マルク）

	1875	1880/81	1885/86	1890/91	1895/96	1900	1905	1910
内政費総額	269.3	278.7	285.1	360.1	422	564.3	685.9	655.2
文化教育費	47.3	57.3	58.7	102.4	113.5	153.5	183.3	276.2
文化教育費比率（%）	17.6	20.6	20.6	28.4	26.9	27.2	26.7	31.3

出典：武田公子『ドイツ政府間財政関係史論』勁草書房、1995 年、29 頁。

表３　プロイセン「公立国民学校」経費調達推移（1886-1911：千マルク）

	1886	1891	1896	1901	1906	1911
経常的学校維持費	100,118	128,999	163,712	227,622	283,413	420,899
国家資金	13,261	45,557	50,261	68,893	77,283	127,334
国家資金比率（%）	13.2	35.3	30.7	30.2	27.2	30.2

出典：藤本建夫『ドイツ帝国財政の社会史』時潮社、1984 年、267 頁。

表４　バイエルンの国家財政支出中の教育費比率推移（1885-1909：千マルク）

	1885	1890	1895	1900	1905	1909
財政支出総計	142,713	163,476	184,886	221,422	221,610	268,919
教育費額	13,411	15,170	17,732	21,482	27,094	33,972
教育費比率（%）	9.4	9.3	9.6	9.7	12.2	12.6

出典：武田『ドイツ政府間財政関係史論』30 頁。

後れは顕著であるが、立法化以外の施策、たとえばいち早く一八三〇年代に民衆学校への国庫補助を開始している点を考慮すると、この評価は一面的であるといわなければならない。同時期の他国での学校教育への国庫支出とイギリスのそれとを比較したときにどのような差異が確認されるのかは、教育における国家の果たした役割を測定するうえで重要な論点であり、それとして独自の解明を要するテーマだと思われる。他方、先進性が信じられてきたプロイセンで国庫負担の飛躍的増大が生じたのは、上記の通り一九世紀後半以降のことであった。プロイセンでは、教育費負担は長くゲマインデ（地方自治体）や学校組合に課せられていたものの、地方制度再編が進むなかで学校事務監督行政はゲマインデに移譲される一方、国家補助による経費負担の占める比重が増大していったのだが、こうした学校行財政体系の転換が完成したのは二〇世紀初頭のことであった。財政的観点からは、国家的な公教育体制が確立されたのはフリードリヒ大王時代の一般ラント法ではなく、一九世紀を通じて続いた変動の果てに、やっと二〇世紀初頭のことであったと考えるのが妥当だと思われる[87]。

このように、国家間比較を交えた財政分析を通じて、そこに広く確認される共通性と個別国家・地域ごとの特殊性をあぶり出すような、より克明な像を描くことが期待されよう。福祉国家の主要な機能の一つが所得の再配分であることを想起したとき、この点の実証的研究の不在の克服は急務である。

社会的・文化的変貌

国家が社会国家／福祉国家的な方向に舵を切った前世紀転換期には、社会の相貌もさらに大きく変化した。以下、いささか羅列的になるが、顕著な動向をいくつか指摘しておきたい。

まず、前章の最後で指摘した家族像やジェンダー構造にも大きな変化が生じている。すでに指摘したように、フェミニズムの発展とともに女性には従来の枠を超えた教育機会や就労機会が与えられ、大学の門戸開放をはじめとして、従来閉め出されていた高等教育・中等教育の場への参入が可能になった。女性の就労という点で突破口となったのは女子教育機関や初等学校の教員（あるいは家庭教師）や各種の医療職であったが、これら以外にもさらに多様な専門職分野が開発され、女性がそこに参入していった。社会福祉職の制度化とその養成を担う社会事業学校の創設は、その好事例である。[88] もっともその度合いは各地域のジェンダー構造によって経路依存的に制約されていて、たとえば一九世紀に拡大した女学校教師の多くが男性によって占められていたドイツの場合、教職の女性化《フェミナイゼーション》に立ち後れる傾向が確認されている。同様の傾向は、ドイツ国外の各地のドイツ人コミュニティにも受け継がれていた。[89] ここでも、トレンドは共有されていても、実勢は個別的な検討を要するというわけである。他方、主として中産階級女性に見られた「社会進出」志向とは対照的に、消費社会化と社会保険による保護のもとで生活を変貌させつつあったドイツの熟練工など労働者階級上層では、家政と育児に専念する「主婦」志向が見られるようになる。[90] 中産階級に典型的に見られた近代家族像の下方展開とでもいえるであろうか。

家族の変貌は、義務教育制度のもとでの就学の一般化や人間の生に関わる経験諸科学の知見の前進と足並みを揃えて、「子ども」期のあり方をも変容させた。岩下誠は、ここで論じている時期にそれまでとは異なる現代的な「子ども」が創出されたと主張するヘンドリックの指摘を紹介している。

およそ一八八〇年から一九一四年のあいだに、子ども期が法的に、立法的に、社会的に、医療的に、心理的に、教育的に、そして政治的にかなりの程度制度化されたという限りにおいて、これらの新しい概念は‘modern childhood’と呼ぶことができるものの始まりを告げるものでもある。[91]

岩下は、ここでいう‘modern childhood’を、アリエス以来の子ども史で論じられた「近代」的な子どもではなく、むしろ現代的な福祉国家時代のそれとして意味づけようとするのである。確かに、初等レベルの学校教育の普遍化に加えて、一九世紀の工場法による児童労働制限を起点に少年司法や児童福祉法制など成人とは異なる子どものための法体系が編み出されて、教育的意図を内包した法制上の「子ども」の明確化も進む。世界最初の少年裁判所は、一八九九年にアメリカのシカゴで設けられたが、フランスの少年裁判所法制定は一九一二年、ドイツは第一次大戦後の一九二三年であった。「子ども」の医学的・生理的・心理的発達過程についての精緻化された科学的認識も進展し、そうした知見を裏付けとした医師の奨励によって、乳幼児保護のための栄養管理施設もつくられている。教育学でも、従来の思弁的・哲学的教育学に加えて、実験教育学と呼ばれる経験科学的なそれが成立して、測定と介入のための「テクノロジー」が飛躍的に発展させられた。そもそも、人口再生産構造上の変容（少産少死化）によって家族内部の子どもの位置が変容していたことも想起しておく必要がある。アリエスやフーコーの論じた子どもの「隔離」は、かつてとは比較にならぬほど合理的に計画化され技法化された保護と管理へと姿を変えているのであり、教育・医療・福祉などの専門職者らを率いた国家が、その主要な担い手として躍り出てくるのである。

人生の独自の一段階としての「青年期」が発見されたのも[92]、そのようななかでのことであった。文明社会の閉塞感と管理の深まりに対して介入を拒否する大学生やギムナジウム生徒によるヴァンダーフォーゲルのような青年運動が生まれる一方[93]、社会問題の発見とともに、「非行」青少年や「触法」青少年と呼ばれる集団に目が向けられることともなった[94]。これらの対極的な像に示唆される通り、青年期は階級的に大きく分断されたものであった。

最後に、近世以来、教会や学校、聖書や暦や絵入り本などの印刷媒体を介して、民衆世界にまでじわじわ浸透してきていた識字能力は[95]、前世紀転換期に前後して大衆的普及の最終段階を迎えていた。デイヴィド・ヴィンセントによれば、「一九世紀末頃ともなると普遍的なリテラシーを熱望する機運が広範に行き渡るようになり、ヨーロッパ北部および西部では、リテラシーの達成度が均質化された」のであり、「……ヨーロッパが戦争［第一次世界大戦］の準備を始める頃には、やがて戦火を交えることになるそれぞれの国の軍隊は、自軍の新兵があてがわれた兵器の取扱説明書を読むことができ、家族に宛てて返事を書けると確信するようになっていた[96]」のである。ヨーロッパの辺境ロシアで「文盲撲滅」が政治課題化するのはボリシェヴィキによる権力掌握後のことであるが、帝制最末期のロシアでも、若年世代の識字率は、年長世代のそれと比して格段の前進を見せていた。

以上述べてきた社会的・文化的相貌の変容とともに、人びとの利用する教育の場と機会は、「公教育」期間の延長とともにその外部へと拡延していった。フレーベル以来の伝統を持つドイツの保育・幼児教育施設（託児所・幼稚園等々）は、一九一〇年には同一年令集団の一〇人に一人以上が利用するところにまで成長し、南部諸邦ではその比率が三〜四割に達した例もある。その圧倒的多数は民間施設であったが、二〇世紀初頭には国家の手で幼稚園に勤務する幼児教育者の養成・資格制度が整備された[97]。そこには、高度な専門教育に基づく資格化と母性主義的フェミニズム運動との結合を確認することができる。

他方、初等教育後の若者や成人を対象とした教育活動も広がりを見せている。国家サイドでは、義務教育期間終了後、徴兵までの時期に若者をどうつなぎとめるかという関心があったが、ことはそれにとどまるものではなかった。イングランドでセツルメント活動や協同組合運動と結合しつつ発展した大学拡張運動は、社会問題の解決に情熱を燃やすオックスフォードやケンブリッジの学生や若手大学人と労働者階級との共同事業として発展し、労働者教育協会によるより高次な教育活動へと発展しただけでなく[98]、アメリカをはじめ広く国外にも影響を及ぼしていった。他方、一九世紀前半のデンマークで、ナショナリズムと敬虔主義とが結合して開始された国民高等学校運動は、二〇世紀初頭には北欧にとどまらずポーランドやハンガリーといった東中欧やバルト諸国にまで広がりを見せている[99]。ロシア帝国でも、下級学校での教育資格を問わずに高等教育レベルの知識を提供する「人民大学」が、私人による巨額の拠金と大学教員たちの協力を得て設立され、その経験はシベリアを含む地方都市にも広がった。ヨーロッパ各地で広まりを見せた体育・合唱・禁酒などの協会運動が成人教育運動的契機を孕むことは再論するまでもないが、そうしたなかで民衆向けの農村読書室を設置する運動もあった[100]。前世紀転換期に前後する数十年間は、国家的に整備された教育の制度的・財政的「完成」と構造変動の時代であっただけでなく、その圏外で、社会的創意に基づく民衆のための多様な学習・教育の場が簇生した時代でもあったのだ。

福祉国家（社会国家）と教育システムとの接合点

以上、前世紀転換期に前後して進行した国家・社会の変動と教育をめぐる諸局面を取り出してきたが、それらを踏まえて福祉国家ないし社会国家と教育システムとの接合点を再度確認しておきたい。

第一に、国家ないし自治体の財政で運営される義務教育制度の完成による教育機会保障は、初等段階における教育の「平等化」を進めるものであった。これは、国家が選挙権拡大による大衆政治状況（主権者の育成）と社会主義運動・労働運動に対応して「国民」の包摂をはかろうとしたものであったという意味で、社会国家／福祉国家的な施策の一翼をなしたものであった。しかし、ここでいう「平等化」はミニマムなものにとどまり、上級学校への進学可能性などの指標からは、平等主義的志向は確認されなかった。むしろ、エリート主義的に「能力による不平等」を正当化した、階級的システムが温存されていたというのが実相であった。しかし他方で、そうしたエリート主義的な枠組みから排除された人びとは、社会的創意と階級的・地域的な連帯を頼みに、国家的な制度の枠外で、より高度の学習と教育の場を確保していった。

第二に、初等段階での平等化を達成するための教育福祉的施策として、就学扶助などが制度化されたことを指摘できる。加えて、学校への「隔離」がそのまま保護機能を意味したというのにとどまらず、学校給食・学校衛生・学校保健など身体的・精神的保護に関わるさまざまの福祉的機能が学校に付加されるようになった。これは、医学などの諸科学の専門的知識・技法が学校に浸透し機能連関したものであったが、その背後には、帝国主義的国家間競争や戦争の場で「身体の劣化」が問題視されたこともあった[101]。

第三に、「社会問題」の発見に伴い社会国家・福祉国家が取り組むさまざまな政策的展開は、それに対応する専門的学問分野の発展とともに、そうした知識や技能を身につけた新たな専門家養成のための機関と資格を誕生させた。すでに触れた社会事業学校、幼児教育専門家の資格化などがその例である。ドイツでは、こうした延長線上で教育と福祉の収斂した教育福祉専門職である「ゾツィアル・ペダゴーゲ（Sozialpädagoge）」といわれる新しい専門職も誕生した[102]。

第四に、「社会問題」への着目とともに保護対象の拡大も生じており、それへの対応のなかに教育が織り込まれていった。すでに述べた乳幼児保護は幼児教育に連動しただけでなく、母性保護として胎児期の保護にまで拡大され、少子化傾向に対抗して児童手当・家族手当による家族の安定化も志向された[103]。「青年期」の発見に対応した青少年保護は、たとえば「非行」青少年の矯正教育や就労のための職業訓練などとして組織化されていった。障害児者への教育的処遇の整備もそうしたなかに含まれよう。この種の活動では、非国家的なセクターの取り組みが大いに貢献した。

補説　福祉国家と教育をめぐる類型化の試み

ここで、福祉国家と教育との関係構造を類型論的に把握する糸口を得るために、いささか古い議論ではあるが、福祉国家の危機が盛んに議論された一九八〇年頃にドイツ型モデルとアメリカ型モデルの対比によって、この問題に接近したハイデンハイマーの議論に簡単に触れておきたい[104]。

彼の議論においてドイツ型として取り出されるのは、初等教育については義務教育を通じて機会保障をはかりつつ、中等教育・高等教育については閉鎖性を維持し機会拡大を限定的なものにとどめるというものである。そこでは、ケルブレが指摘した通り、平等主義的な機会が用意されたわけではけっしてなく、その限りでは、抑制的教育政策が採用されているのである。しかし、このような教育政策と対になる形で、ビスマルク社会保険をはじめとした公的社会保障制度が整備されていく。ドイツでは、この両者をつなぎ合わせることにより、社会的流動性を阻止する仕組みが作られたというのがハイデンハイマーの議論の第一の要点である。「教育システムと労働市場システムと社会保障システムの間の堅い結合関係《タイト・カップリング》」を通じて、流動性を阻止する仕組みが採用されたというのである。

それに対してアメリカ型では、ドイツ同様に初等教育機会が全般化されるだけでなく、中等・高等教育などの初等後教育機会も著しく拡大させて個人の移動機会を広げ、教育機会平等という形で平等要求に対応する。その一方、アメリカは、よく知られている通り、社会保険をはじめとした公的社会保障制度が十分な発展を必ずしも遂げていない。人生のリスクへの対応はむしろ自己責任に帰されるのである。ハイデンハイマーは、教育機会の保障と福祉システムの未発達のなかに「個々人のさまざまな能力主義的蓄積を調節する緩やかな結合関係《ルーズ・カップリング》」があると捉えている。

この両者の対立的な差異を類型論的に把握できるかどうかがハイデンハイマーの問題である。二〇世紀初頭以降に進展する福祉と教育との関係を、ある意味トレードオフ的な関係で見なすことが可能かどうか、あるいはそのような図式に基づくモデル化が可能かどうか、このことが問われているのである。

おわりに　福祉国家・社会主義・新自由主義――二〇世紀的展開と二一世紀への見通し

以上、前世紀転換期までのヨーロッパにおける国家・社会・教育の関係構造について大雑把な見取り図を描いてきたが、第Ⅰ部での「提議」を閉じるにあたり、それらを踏まえつつ社会主義と福祉国家が併存した「短い二〇世紀」と、新自由主義が席巻し社会主義が崩壊して以降の「現在」を把握する際に留意が必要と思われるいくつかの観点を提示しておきたい。一部、ここまでの議論と重複することとなろうし、各国・地域の経験的事実を踏まえた分析的記述には及ばず、しかも羅列的な論点提示の域にとどまらざるをえないが、その点についてもご寛恕を乞いたい。

憲法規範化と国際規範化

第一に指摘すべきことは、憲法論と国際規範化の次元である。すでに縷々論じてきたように、近世以来の国家は教育への関与を深め、国・地域間のさまざまの偏差を伴いつつ社会との協調・反目・補完・分業をはかりながら学校制度の発展に寄与してきたのだが、二〇世紀には、社会権・生存権規定とともに教育権が憲法上の権利としての位置を与えられ、国家がその義務として国民の教育に対して責任を負うことが明示的に規定された。ドイツのヴァイマル憲法、ソ連のスターリン憲法がそうした流れを生む契機となるが、これらを通じて教育は、文化国家・福祉国家的な法構造のなかに有機的に組み込まれたのである。

各国で憲法上の位置を付与された教育権は、第二次世界大戦を経て、世界人権宣言や国際人権規約、子どもの権利条約といった一連の国際法のなかで基本的人権の一つに位置づけられることで、個別国家を超えた国際的規範として定着し、各国の立法や行政を制約するようになった。国連には、教育・文化・児童保護に責任を負う複数の国際機関が設置され、国民国家を超えた国際的な政治体が教育や福祉の担い手として登場した。ヨーロッパに限っては、東方へと大きく拡大された欧州連合よりもさらに広範囲を加盟国とする欧州審議会が、ヨーロッパ・レベルの国際的な教育政策推進主体として活動してきた。

国民国家を超えた次元の政治体による活動は、二〇世紀末以降、さらに新たな次元への進展を見ている。「人間の安全保障」論のなかで基礎教育の重要性が謳われて、国際紛争や内戦の阻止、平和構築と格差是正、「グローバル市民社会」構築の不可欠の環として教育が位置づけられるにいたったのはその一例であろう。[105] また、欧州統合を通じて進んだ国境を超えた地域間協力は、たとえば学校教育の場での地域的少数言語使用の許容のように、国民国家による国民教育体系とは非親和的な展開可能性をも生み出しつつある。普遍的な教育権保障が一国的な政策の枠を超えた国際的責務として捉えられ、それが国民国家的に編成されてきた地域社会の組み替えへの途をも開いているというわけである。ここには、経済的なグローバル化によってもたらされる改革路線とは異なる次元の国際化の可能性を確認することができる。グローバル化が単一の論理で覆い尽くされているわけではなく、しばしば対立的契機を孕んだ異なる価値のせめぎ合う場となっていることを確認しておきたい。

総力戦体制

第二に、これはいま述べたような国際的な人権保障の枠組みをもたらすための反省的な契機でもあったのだが、二〇世紀が総力戦体制の時代であったということを指摘できる。[106] 総力戦体制と戦後福祉国家体制との連続性は近年では多方面で支持された有力な議論となっているが、このことに関わって、さしあたり、以下のような諸点を想起することができよう。

まず、国民国家形成のなかで教育はすでに「愛国心」教育や軍事教練などを通じて軍事体制と深く結合されていたが、総力戦体制は、これを戦い抜くための精神的・身体的動員をいっそう高度に制度化して、教育と学校の国家的軍事機能への包摂が昂進した。その過程では、軍事・科学・高等教育の結合関係も高度化する。そうした変容は第一次世界大戦期にすでにはっきりと現れている[107]。

また、総力戦を戦い抜くための国民的同意の調達には、国民の主体化とともにその保護が必須の課題となる。学童疎開、難民や戦争障碍者、戦災孤児の保護や再統合のための職業訓練などに対する政策的対応が求められただけでなく、銃後のみならず前線における医療職などの労働力不足に起因する女性の就労拡大は、教育要求増大と教育機会拡大の要因となった。かつて公民としての地位から排除された人びとにも、国家への有用性が期待され「包摂」が進むというわけである。

最後に、すでにしばしば論じられてきたことだが、イギリスのベヴァリッジ・リポートに典型的に確認されるように、現代の福祉国家形成を加速させた原動力は、第二次世界大戦期の総力戦体制のなかで追求された社会改革の延長線上で戦後構想が練り上げられたところにあった。日本における総力戦体制下の教育改革構想と戦後の連続／非連続問題はすでに日本教育史では一定程度語られているけれども[108]、ナチズム的な「過去の克服」に焦点化されたヨーロッパ現代教育史では、占領政策における「再教育」や反ナチス運動抵抗運動と西独における戦後改革との連続性に着目されることはあれ[109]、その他の諸地域も含めた体制的な連続／非連続は後景に退かされ、あるいはほとんど関心の埒外にあるように見える。第二次世界大戦後の汎ヨーロッパ的な教育構造の変動を総力戦体制との関連で捉える作業は、なお未開拓の分野なのだろうか。

社会主義の問題

第三に、「短い二〇世紀」は社会主義の時代でもあった。一九七〇年代までの教育学の世界ではユートピア的な神話のなかで社会主義を語ることができたのだが、「ベルリンの壁」の崩壊とソ連の解体から二〇年余を経た現時点では、それとは別の語りが必要となる[110]。

まず、社会主義は現実の体制化以前の運動の時代から、福祉国家／社会国家と対抗関係にあった。ビスマルク社会保険と社会主義者鎮圧法が一体的なものであったことは、その点で象徴的な出来事であった。言い古されたことではあるが、福祉国家／社会国家化は社会主義の勢力拡大への対抗と階級融和への志向のなかで誕生したともいえるのである。

ロシア革命によってソ連が誕生し、さらに第二次大戦を経て社会主義の世界体制下が進むとともに東西冷戦構造が構築されると、社会主義と福祉国家問題は前世紀転換期とは異なる新たな様相を孕むようになる。北欧諸国の推進した福祉国家路線が地政学的位置によって規定された「共産主義と自由市場資本主義との間の「中庸の道[111]」」であったとする政治学上の常識は、北欧型福祉国家モデルを考察する際に必ず配慮されるべき論点であるし、他方、ヨーロッパにおける社会主義国家崩壊後の政治学や経済学の体制転換論のなかでは、ソ連型社会主義を後進国型福祉国家モデルとして捉え直す議論もなされている。最近出されたソ連史概説書は、「ソ連や社会主義を擁護する気はまったくない」と断ったうえで、事態のリアルな認識に関わることとして、ソ連が国家への人びとの忠誠を調達していく必要に迫られる以上「一九五〇年代以降のソ連が福祉国家的な性格を備えていったことは当然」であり、「質的に十分とは言えない面もあったが、就業の機会と収入の保証、公教育、医療、公衆衛生などの点でソ連は大きな成果を挙げたのであり、福祉国家としての性格を備えていた。ソ連は国力に見合わないほどの過剰な福祉国家だった[112]」と結論づけている。ここでは、社会主義への対抗としての福祉国家という古い像は逆転させられているが、社会主義国家と福祉国家が双子の現代国家であったことはおそらく間違いない。そのような観点を採用するとき、社会主義体制下の教育機会の拡大は福祉国家体制下のそれと相同的なものとしての理解が可能となる。

社会主義体制下の教育に関して、とりわけ興味深い事例としてフルシチョフ期ソ連の教育改革がある。革命期の熱狂は既存の学校システムを解体して大胆な「統一労働学校」制度を構築し、大学も完全に解体されて専門分野ごとの機関に分割されたうえ、入学に際しては階級優先制度がとられて、学力要件はまったく無視するという、すぐれてユートピア的な「改革」が強行された。しかしその後、体制の安定化とともにソ連でも、アメリカ型の単線型学校制度ではなくむしろヨーロッパ型に似た分岐型の採用された点が注目される。さらにフルシチョフ期の改革では、エリート教育の抜本的強化策がはかられ、超エリート養成のための「特別学校《スペッツシコーラ》」と呼ばれる学校が作られ、数学や物理学、外国語、芸術などの諸分野にわたって学区を超えた入学が認められていた。モスクワ大学附属で大学教授が直接授業をおこなう学校が有名だが、このようにして養成されたエリートたちは、ソ連のテクノクラート集団を形成することとなった。社会主義的な言説で粉飾されていたとはいえ、ヨーロッパの西側諸国と相同的なエリート形成の仕組みがひそかに再建されていたのである。こうしてメリトクラシー的原理の作動し始めたなかで養成されたテクノクラートは、表面上の社会主義・マルクス主義的レトリックにもかかわらず、メンタリティではかなりの程度、脱イデオロギー化されていたという。この世代が共産党や国家・社会中枢に進出し始めた時期がペレストロイカ期にあたり、その後ほどなくして体制の終焉を迎えるのはおそらく偶然ではない[113]。

現代福祉国家と教育改革

第四に、二〇世紀後半のヨーロッパの西側では、社会保障と完全雇用を標榜するベヴァリッジ型福祉国家の形成とともに、教育上の平等を民主主義的社会の基礎として擁護するとともに、この時期以降の顕著な傾向として、経済発展のための高等教育にまで及ぶ教育機会拡大を目指した制度改革を徹底する動きが強められる。そうしたなか、イギリスで世紀中葉までに確立された三分岐制は、「イレブン・プラス」試験で試された知的到達度の差異の背後にある階級的性格への批判とともに、総合制中等学校《コンプリヘンシヴ・スクール》に席を譲っていった[114]。ドイツでも同様に総合制学校《ゲザムトシューレ》への移行が目指された[115]。フランスでは、ベルトワン改革以降の一連の改革を通じて類似の方向が目指されている[116]。ブルデューが『遺産相続者たち』（一九六四年）や『再生産』（一九七〇年[117]）を著し、家族の文化資本が学校教育を介して「相続」されるメカニズムについて精緻な解明をおこなったのは、まさにこの時期のことであった。平等化を志向するかのような政策動向と、実際の機能とのズレがそこには浮き彫りになる。

皮肉なことに、平等化を目指したはずのこれらの施策には、基本的には失敗したという評価がなされている。エスピン-アンデルセンは、次のように述べるのである。

> 戦後の改革者たちは、教育の拡大と民主化によって、生産性の向上と本人の出自からの影響を減らすことを同時に達成できるであろうと確信していた。しかし、二〇世紀末には、教育の普遍化と無償化は、機会の平等という使命を果たせなかったことが徐々に明らかになった。信頼できる比較調査の蓄積からは、次のような結果が導き出せる。すなわち、出自と子どもに与えられるチャンスの間には、我々の祖父母の時代と同様に、今日でも強いつながりが存在する。よって、ほとんどの先進国では、機会平等は達成されていない[118]。

現代福祉国家による教育改革は、すべての者により長期にわたる学校教育の機会を提供して経済的な生産性向上と社会的平等を実現しようとし、実際、二〇世紀最後の数十年間には、かつてない規模の中等・高等教育人口が達成された。だが、それにもかかわらず、平等化は達成されなかったというのである。他方、より根本的な平等を志向したはずの社会主義は、メリトクラシー的要素を忍び込ませた「延命」策にもかかわらず、あえなく崩壊した。こうした二つの「失敗」(「失われた世紀」!?)の先に到来したのが、新自由主義的な規制緩和と市場化と競争に基づく教育改革の時代であり、福祉国家の変容のもとでの教育戦略の変更、すなわち労働力の不断の質的更新のための教育と訓練の制度化＝「生涯学習」の時代であった。それはまた、「卓越性」の名のもとにあからさまなエリート主義的教育の「再建」に向かう動きが顕在化する時代であり、消費としての教育がいっそう蔓延する時代でもあった。再び再帰的近代化論の発想を借りるならば、一度目の近代化に際して存在した伝統的な共同性(と拘束)の契機を喪失させられたなかで、一人ひとりがグローバルな競争に勝ち抜くために、自由な選択により自己責任として自らの労働力価値を高め、そのために高価な教育財を購入しなければならないという、そのような時代に突入しつつあるかのようにも見える。そうだとしたら、なんとも殺伐とした光景である。

とはいえ、こうした像はいまなお理念型としての性格が濃厚であって、現実がそのような極端なところにまで進みきったと断定するのは拙速に過ぎる。世界の教育の場の現況と展望についての具体的見取り図を描くことは、本書の射程と筆者の能力を大きく超えたものであり、この点について何事かを述べられるだけの準備があるわけではない。ただ、過去数百年の歴史的展開の回顧をおこなってきたいま、ここまで歴史に貫通することを確認してきた諸力の多重性とせめぎ合いの構図が、いまこの瞬間にも貫いているのだということを確認し、そこに作動する諸要因について歴史的洞察を踏まえた透徹した認識の進むことを期待したい。

注

（1）望田幸男・田村栄子編『身体と医療の教育社会史』二〇〇三年。望田幸男・橋本伸也編『ネイションとナショナリズムの教育社会史』二〇〇四年。望田幸男・広田照幸編『実業世界の教育社会史』二〇〇四年。松塚俊三・安原義仁編『国家・共同体・教師の戦略――教師の比較社会史』二〇〇六年。駒込武・橋本伸也編『帝国と学校』二〇〇七年。香川せつ子・河村貞枝編『女性と高等教育――機会拡張と社会的相克』二〇〇八年。松塚俊三・八鍬友広編『識字と読書――リテラシーの比較社会史』二〇一〇年。いずれも昭和堂より刊行。

（2）中内敏夫『改訂増補・新しい教育史――制度史から社会史への試み』新評論、一九九二年。

（3）教育社会史研究の到達点について、すでに拙稿（橋本伸也「歴史のなかの教育と社会――教育社会史研究の到達と課題」『歴史学研究』第八三〇号、青木書店、二〇〇七年）で言及している。また、比較教育社会史研究会の活動についての「自己評価」的な試みとしては、『比較教育社会史研究会通信』第一〇号、二〇一一年（この『通信』は以下で閲覧可能である。http://kgur.kwansei.ac.jp/dspace/handle/10236/7243）に掲載された諸論考を参照のこと。

（4）広田照幸「思想の言葉・教育学の混迷」『思想』第三号、岩波書店、二〇〇七年。

（5）たとえば、『岩波講座・子どもの発達と教育』（全八巻）岩波書店、一九七九～一九八〇年。堀尾輝久『人間形成と教育――発達教育学への道』岩波書店、一九九一年。

（6）海後勝雄・広岡亮蔵編『近代教育史』（全三巻）誠文堂新光社、一九五一～一九五六年。

（7）ヨーロッパにおけるEUなどの国際機関主体の教育計画については、久野弘幸『ヨーロッパ教育　歴史と展望』玉川大学出版部、二〇〇四年、ウルリッヒ・タイヒラー（馬越徹他監訳）『ヨーロッパの高等教育改革』玉川大学出版部、二〇〇六年、などを参照。

（8）山本由美『学力テスト体制とは何か――学力テスト・学校統廃合・小中一貫教育』花伝社、二〇〇九年。佐貫浩・世取山洋介編『新自由主義と教育改革――その理論・実態と対抗軸』大月書店、二〇〇八年、も参照。

（9）ナショナルな次元を超えたヨーロッパ単位の体系を語ることの困難については、第二次大戦を中心とした現代史と歴史的記憶をめぐる紛争を論じた次の論集の序章が示唆的である。Konrad H. Jarausch and Thomas Lindenberger eds., *Conflicted Memories: Europeanizing Contemporary History*, Berghahn Books, 2007.

（10）そうした傾向は現に進行し危機的水域に達している。教員養成制度改革と教育学部再編のなかで西洋教育史教員ポストは純減による不補充や他分野振替が進められ、壊滅に向かうかのような惨状を呈している。日本教育史もなんとか命脈を保っているとはいえ、些末実証主義とも見えるような傾向を強めながら、説得的な「教育の歴史像」を提示する活力を少しずつ後退させているように見える。

（11）G・A・リッター（木谷勤他訳）『社会国家——その成立と発展』晃洋書房、一九九三年、八頁。

（12）川越修・辻英史編『社会国家を生きる——二〇世紀ドイツにおける国家・共同性・個人』法政大学出版局、二〇〇八年、七頁。

（13）齋藤純一『公共性』岩波書店、二〇〇〇年、二頁。

（14）最近出た憲法学者・杉原泰雄による『憲法と公教育——「教育権の独立」を求めて』勁草書房、二〇一一年は、新旧教育基本法がともに「「国又は地方公共団体の設立学校」だけでなく、「法律に定める学校」における教育をも「公教育」といっているようである」にもかかわらず、「「公教育」の文言は原則として、「国公立学校の普通教育」を念頭におく」とする（同書、三〜四頁）。日本の教育システムにおける比重の高さ、補助金制度、国公立学校との機能的相同性にもかかわらず、私立学校を「公教育」から排除する合理的理由はどこにあるのだろうか。

（15）公共性をめぐる展開への教育史学の立ち後れという点で、増井三夫「プロイセン三月前期州議会審議における「私」「公」言説——教育史研究にみられる国家認識再考」『日本の教育史学』第四八集、二〇〇五年、は重要な例外をなす。

（16）村岡健次「近代イギリス民衆教育史の再検討——宗教教育の視角から」村岡健次『イギリスの近代・日本の近代——異文化交流とキリスト教』ミネルヴァ書房、二〇〇九年、所収。また、井上治「一九四四年バトラー教育法とウィリアム・テンプルの教会観——《二重システム》をめぐる問題と福祉国家の形成」『西洋史学』第二二三号、二〇〇六年、も参照。

（17）神野直彦『システム改革の政治経済学』岩波書店、一九九八年、参照。

（18）小野塚知二「介入的自由主義の時代——自由と公共性の共存・相克をめぐって」小野塚知二編『自由と公共性——介入的自

由主義とその思想的起点』日本経済評論社、二〇〇九年、一～二頁。
(19) 同前、一〇頁。
(20) 社会主義に関する全体主義論的言説では、綿密に張り巡らされた監視網を含む国家による個人の自由への介入と制約がグロテスクなまでに強調されるが、近年の実態研究では、そうした監視や介入にもかかわらず、私的自由や市民的協同の契機の作動しうる空間の存在したことが強調されている。
(21) たとえば、宮寺晃夫編『再検討・教育機会の平等』岩波書店、二〇一一年。
(22) 小沢弘明「歴史のなかの新自由主義――序論」『歴史評論』第六七〇号、二〇〇六年。「特集・歴史のなかの「貧困」と「生存」を問い直す――都市をフィールドとして(一)～(三)」『歴史学研究』第八八六～八八八号、二〇一一年。新自由主義問題を扱った歴史学の研究動向については大門正克「「生存」を問い直す歴史学の構想――「一九六〇～七〇年代の日本」と現在との往還を通じて」『歴史学研究』第八六六号、二〇一一年、所収を参照。
(23) 橋本伸也「旧ソ連地域における歴史の見直しと記憶の政治――バルト諸国を中心に」『歴史科学』第二〇六号、二〇一一年、橋本伸也「歴史と記憶の政治――エストニアの事例を中心に」塩川伸明他編『ユーラシア世界　三　記憶とユートピア』東京大学出版会、二〇一二年、所収を参照。
(24) デヴィッド・ハーヴェイ(本橋哲也訳)『ネオリベラリズムとは何か』青土社、二〇〇七年、二九～三〇頁。
(25) デヴィッド・ハーヴェイ(渡辺治監訳)『新自由主義――その歴史的展開と現在』作品社、二〇〇七年、六四頁。
(26) Tony Judt, *Ill Fares the Land*, Penguin Books, 2010, pp. 1-2. トニー・ジャット(森本醇訳)『荒廃する世界のなかで――これからの「社会民主主義」を語ろう』みすず書房、二〇一〇年、一〇頁。
(27) *Ibid.*, p. 198. 同前、二一八頁。
(28) かつて、以下のような福祉国家への期待が語られたことがあった。「福祉国家は、申すまでもなく、高度の社会保障と完全雇用の制度を二本の柱とするものではあるが、その柱以上に、またそれらをより強固なものとするために高度の教育制度を、また、そのために国家的規模における投資量を増大させることによって、一般国民の知的及び道徳的向上、さらに、国民的指導者の育成を図るものでなくてはならない。すなわち、福祉国家は、教育を中核として、平和な明るく住みよい文化的社会へのビジョンに向かって挑戦を加えるところに成り立つ」（中嶋博・鈴木慎一・天野正治『福祉国家における教育』南窓社、一九六五年、三三頁）。

(29) たとえば、川越修『性に病む社会――ドイツある近代の軌跡』山川出版社、一九九五年、を参照。

(30) 高田実「「福祉の複合体」史が語るもの――〈包摂・排除〉と〈安定・拘束〉」『九州国際大学経営経済論集』第一三巻第一・二号、二〇〇六年。長谷川貴彦「ポスト・サッチャリズムの歴史学――歴史認識論争と近代イギリス像の変容」『歴史学研究』第八四六号、二〇〇八年。

(31) デイム・スクールに関しては、松塚俊三『歴史のなかの教師――近代イギリスの国家と民衆文化』山川出版社、二〇〇一年、が詳細な考察を与えている。

(32) クシシトフ・ポミアン（松村剛訳）『ヨーロッパとは何か――分裂と統合の一五〇〇年』平凡社、一九九三年、六三頁。EUとならんで教育面でのより広域的な統合を推進する欧州評議会（COE）は、中世以来の大学をヨーロッパ・アイデンティティのための重要な「遺産」として位置づけ、ヨーロッパ・レベルの高等教育統合も中世大学の記憶によって正統化されがちである。Cf. Nuria Sanz and Sjur Bergan eds., *The Heritage of European Universities*, Council of Europe, 2002.

(33) 島田雄次郎『ヨーロッパの大学』玉川大学出版部、一九九〇年（初版、至文堂、一九六四年）、七〇頁。比較的新しい簡便な通史としては、クリストフ・シャルル／ジャック・ヴェルジュ（岡山茂・谷口清彦訳）『大学の歴史』白水社（クセジュ文庫）、二〇〇九年。

(34) 斎藤新治『中世イングランドの基金立文法学校成立史』亜紀書房、一九九七年。

(35) ペーター・ルントグレーン（望田幸男監訳）『ドイツ学校社会史概観』晃洋書房、一九九五年、一一頁。中世から一八世紀にいたるヨーロッパの学校と教育の概観には、浅野啓子・佐久間弘展編『教育の社会史――ヨーロッパ中・近世』知泉書房、二〇〇六年、が簡便である。また、古代から近代までの西洋社会文化史の高い専門性を備えた論文集として、南川高志編『知と学びのヨーロッパ史――人文学・人文主義の歴史的展開』ミネルヴァ書房、二〇〇七年、が有益である。

(36) 橋本伸也『帝国・身分・学校――帝制期ロシアにおける教育の社会文化史』名古屋大学出版会、二〇一〇年、三五五～三五六頁。

(37) 天野知恵子『子どもと学校の世紀――一八世紀フランスの社会文化史』岩波書店、二〇〇七年、第一章。

(38) イエズス会の教育活動については、浅野・佐久間編『教育の社会史』の根占献一「フマニタス研究の古典精神と教育――イエズス会系学校の誕生頃まで」、南川編『知と学びのヨーロッパ史』所収の小山哲「宗派化と大学の変容――近世ポーランドにおけるイエズス会の学校教育とクラクフ大学」に加えて、「イエズス会学校」(上智大学中世思想研究所編『ルネサンスの教育思想(下)』東洋館出版社、一九八六年、所収)や、「一五五六年のイエズス会コレギウム(一)〜(三)」(『上智大学教育学論集』第一九号〜第二一号、一九八四〜一九八六年)をはじめとした高祖敏明の一連の論考が参考になる。

(39) ヘーゲル『法哲学綱要』を糸口に、ポリツァイとしての教育に思想史的・理念史的に接近したのが白水浩信『ポリスとしての教育――教育的統治のアルケオロジー』東京大学出版会、二〇〇四年である。以下で粗描する統治行為それ自体に踏み込んだものではないが、近世ヨーロッパの紀律化の土壌をなす思想圏を知るうえで有益である。

(40) フィリップ・アリエス(杉山光信・杉山恵美子訳)『〈子供〉の誕生――アンシァン・レジーム期の子供と家族生活』みすず書房、一九八〇年、二〜三頁。

(41) ゲルハルト・エーストライヒ「ヨーロッパ絶対主義の構造に関する諸問題」F・ハルトゥング/R・フィーアハウス他著(成瀬治編訳)『伝統社会と近代国家』岩波書店、一九八二年、二五二〜二五三頁。

(42) 同前、二五五頁。

(43) リッター『社会国家』、四二頁。ザクセン=ヴァイマルやオスナブリュックのような小領邦における啓蒙絶対主義の施策のなかに「いささか家父長的な「福祉国家」」を捉える例として坂井榮八郎『ドイツ近代史研究』(山川出版社、一九九八年、二九頁)がある。

(44) 啓蒙絶対主義下のプロイセン民衆教育政策(法令や計画案)については、伝統的教育史学のなかで詳細に検討されてきた。梅根悟『近代国家と民衆教育――プロイセン民衆教育政策史』誠文堂新光社、一九六七年、とくに第三章。田中昭徳『プロイセン民衆教育政策史序説』風間書房、一九六九年。石井正司『民衆教育と国民教育――プロイセン国民教育思想発生期の研究』福村出版、一九七〇年。

(45) 屋敷二郎『紀律と啓蒙――フリードリヒ大王の啓蒙絶対主義』ミネルヴァ書房、一九九九年、九九頁。

(46) 坂昌樹「ドイツ官房学小史――展望(上)」『桃山学院大学経済経営論集』第四二巻第二号、二〇〇一年。
(47) 阪上孝『近代的統治の誕生――人口・世論・家族』岩波書店、一九九九年、第一章。
(48) アダム・スミス(杉山忠平訳)『国富論・四』岩波書店(岩波文庫)、二〇〇一年、一三~三八頁。
(49) ユルゲン・ハーバーマス(細谷貞雄・山田正行訳)『公共性の構造転換――市民社会の一カテゴリーについての探究(第二版)』未来社、一九九四年。西村稔『文士と官僚――ドイツ教養官僚の一淵源』木鐸社、一九九八年、も参照せよ。
(50) 山之内克子『ハプスブルクの文化革命』講談社、二〇〇五年。エンゲルハルト・ヴァイグル(三島憲一・宮田敦子訳)『啓蒙の都市周遊』岩波書店、一九九七年。ウルリヒ・イム・ホーフ(成瀬治訳)『啓蒙のヨーロッパ』平凡社、一九九八年。
(51) 寺田光雄『民衆啓蒙の世界像――ドイツ民衆学校読本の展開』ミネルヴァ書房、一九九六年。
(52) 山之内克子「啓蒙期オーストリアにおける教育――初等学校の制度的変遷を中心に」浅野・佐久間編『教育の社会史』所収を参照。
(53) ポーランドは選挙王制の貴族共和制の政体をとっており、王権を著しく制約する貴族身分議会の機能衰退による国家的危機への対処として憲法体制をはじめとした諸改革が取り組まれている。教育改革もそうしたなかに位置づいており、啓蒙絶対主義改革とは性格を異にする面がある。ポーランド啓蒙の教育改革構想についての研究は本国での隆盛とは対照的に日本では乏しいが、さしあたり中山昭吉『近代ヨーロッパと東欧――ポーランド啓蒙の国際関係史的研究』ミネルヴァ書房、一九九一年、の第四章「コナルスキにみる先駆的ポーランド啓蒙思想家像」を参照せよ。
(54) 一八世紀ポルトガルの「啓蒙専制主義」的教育改革については、疇谷憲洋が「一八世紀ポルトガルにおけるポンバル侯爵の教育改革について」『西洋史学報』第二〇号、一九九三年、「近代ポルトガルにおける公教育――啓蒙の世紀と革命の世紀」『史學研究』第二三二号、二〇〇一年、をはじめとした一連の論考で検討をおこなっている。
(55) 女子教育の実験については橋本伸也『エカテリーナの夢ソフィアの旅――帝制期ロシア女子教育の社会史』ミネルヴァ書房、二〇〇四年、第一章を、またロシアにおける「啓蒙と専制」については、橋本伸也「啓蒙と専制――ロシアにおける大学の社会文化史からの展開」『ロシア史研究』第八八号、二〇一一年、を参照。
(56) ロシア正教会における人文主義的伝統の脆弱さや民衆啓蒙への取り組みの弱さについては、前掲、橋本『帝国・身分・学校』

の第一部の諸章、第二章などで触れている。エカテリーナ期の教育制度構想については佐々木弘明『帝政ロシア教育史研究』（亜紀書房、一九九五年）および海老原遙『帝政ロシア教育政策史研究』（風間書房、一九九七年）に法令の紹介と若干の分析があるが、留保を要する。

（57）増井三夫『プロイセン近代公教育成立史研究』亜紀書房、一九九六年、参照。

（58）R. D. Anderson, *European Universities from the Enlightenment to 1914*, Oxford University Press, 2004, p. 8. R・D・アンダーソン（安原義仁・橋本伸也監訳）『近代ヨーロッパ大学史――啓蒙期から一九一四年まで』昭和堂、二〇一二年、一〇頁。また、教育行政機関が未確立なために、下級教育機関への査察責任を上級教育機関に負わせる例もあった。プロテスタント地域のように教会組織を学校監督機関として活用できなかったロシアでは、階梯的学校制度を構想したポーランド国民教育委員会の例に倣いつつ、大学に高等教育機関としての性格とともに下級教育機関に対する監督機関としての役割をあてがい、実際、一九世紀初頭の大学教授たちは、講義と研究とならんで、広大な領域に点在したギムナジアその他の学校を訪問・査察・報告したのである。

（59）「長い一九世紀」を論じたエリック・ホブズボームの三部作は、「革命の時代　一七八九～一八四八」、「資本の時代　一八四八～一八七五」、「帝国の時代　一八七五～一九一四」からなる。邦訳書は以下の通り。安川悦子・水田洋訳『市民革命と産業革命――二重革命の時代』岩波書店、一九六八年。柳父圀近他訳『資本の時代――一八四八～一八七五（一）（二）』みすず書房、一九八一～一九八二年。野口建彦・野口照子訳『帝国の時代――一八七五～一九一四（一）（二）』みすず書房、一九九三・一九九八年。

（60）神野直彦『教育再生の条件――経済学的考察』岩波書店、二〇〇七年、第二章・第三章参照。

（61）Cf. Erich Hoffmann, "The Role of Institutions of Higher and Secondary Learning", A. Kappeler ed. *The Formation of National Elites*, European Science Foundation & New York University Press, 1992.

（62）民族的少数者と学校教育という主題については叢書中の『ネイションとナショナリズムの教育社会史』に寄せた序章を参照。また、『帝国と学校』など他の巻にも関連する論文が掲載されている。多様な事例とそれを踏まえた包括的な像、理論的考察を与えてくれるという点では、以下の文献が有益である。J. J. Tomiak ed. *Schooling, Educational Policy and Ethnic Identity,*

European Science Foundation & New York University Press, 1991. ポーランド「学校闘争」については、伊藤定良『異郷と故郷――ドイツ帝国主義とルール・ポーランド人』東京大学出版会、一九八七年、伊藤定良『ドイツの長い一九世紀――ドイツ人・ポーランド人・ユダヤ人』青木書店、二〇〇二年を参照。

(63) ヨーロッパ近代における世俗化と国家については、森安達也『神々の力と非力』平凡社、一九九四年(後に、『近代国家とキリスト教』平凡社、二〇〇二年、として再刊)を参照。

(64) 谷川稔『十字架と三色旗――もうひとつのフランス近代』山川出版社、一九九七年。小山勉『教育闘争と知のヘゲモニー――フランス革命後の学校・教会・国家』御茶の水書房、一九九八年。今野健一『教育における自由と国家――フランス公教育法制の歴史的・憲法的研究』信山社、二〇〇六年。前田更子『私立学校からみる近代フランス――一九世紀リヨンのエリート教育』昭和堂、二〇〇九年。

(65) 槇原茂『近代フランス農村の変貌――アソシアシオンの社会史』刀水書房、二〇〇二年。

(66) 野村真理『西欧とユダヤのはざま――近代ドイツ・ユダヤ人問題』南窓社、一九九二年。野村真理『ガリツィアのユダヤ人――ポーランド人とウクライナ人のはざまで』人文書院、二〇〇八年。有田英也『ふたつのナショナリズム――ユダヤ系フランス人の「近代」』みすず書房、二〇〇〇年。ロシア帝国におけるユダヤ人の教育問題に関しては橋本『帝国・身分・学校』、第一四章で論じた。

(67) 高田実「ニュー・リベラリズムにおける「社会的なるもの」」小野塚編『自由と公共性』、八五頁。

(68) 松塚『歴史のなかの教師』、一〇頁。

(69) この概念のいかがわしさについては、広田照幸「能力にもとづく選抜のあいまいさと恣意性――メリトクラシーは到来していない」宮寺編『再検討・教育機会の平等』所収、参照。

(70) D・K・ミュラー他編(望田幸男監訳)『国際セミナー・現代教育システムの形成――構造変動と社会的再生産 一八七〇―一九二〇』晃洋書房、一九八九年。望田幸男編『国際比較・近代中等教育の構造と機能』名古屋大学出版会、一九九〇年。F・K・リンガー(筒井清忠他訳)『知の歴史社会学――フランスとドイツにおける教養 一八九〇～一九二〇』名古屋大学出版会、一九九六年。望田幸男『ドイツ・エリート養成の社会史――ギムナジウムとアビトゥーアの世界』ミネルヴァ書房、一九九八年。

橋本伸也・藤井泰・渡辺和行・進藤修一・安原義仁『近代ヨーロッパの探究　四　エリート教育』ミネルヴァ書房、二〇〇一年。村岡健次『近代イギリスの社会と文化』ミネルヴァ書房、二〇〇二年。

(71) 最近でも教職課程用教科書のなかには、産業革命による「家庭と地域の教育力・文化力の低下と崩壊」への対応として民衆教育普及を説明する、なんとも奇妙な例もある。山﨑英則・徳本達夫編『西洋の教育の歴史と思想』ミネルヴァ書房、二〇〇一年、一一三頁。ここで使用されている話法は、一九六〇～七〇年代の教育「危機」を論ずる際のそれである。

(72) こうした社会構造把握の仕方については橋本『帝国・身分・学校』の序章で簡単に論じた。

(73)「母性」の二面性把握については、姫岡とし子『近代ドイツの母性主義フェミニズム』勁草書房、一九九三年、を参照。

(74) 女性史をめぐってはすでに膨大な蓄積があるが、河村貞枝・今井けい編『イギリス近現代女性史研究入門』(青木書店、二〇〇六年)および姫岡とし子・川越修編『ドイツ近現代ジェンダー史入門』(青木書店、二〇〇九年)がフェミニズム・家族・教育・政治・労働・福祉・文化といった基本的論点についての簡便な見通しを与えていて有益である。

(75) ジェーン・パーヴィス(香川せつ子訳)『ヴィクトリア時代の女性と教育――社会階級とジェンダー』ミネルヴァ書房、一九九九年、参照。

(76) 橋本『エカテリーナの夢ソフィアの旅』参照。

(77) 小玉亮子「教育」姫岡・川越編『ドイツ近現代ジェンダー史入門』、参照。

(78) James C. Albisetti, "The Feminization of Teaching in the Nineteenth Century: A Comparative Perspective", *History of Education*, 22 (3), 1993.

(79) J・ジョル(池田清訳)『ヨーロッパ一〇〇年史・二』みすず書房、一九七五年、四四頁。この時代は、ホブズボームのいうところの「帝国の時代」でもあった。労働運動と社会主義、帝国主義、モダニズムとアバン・ギャルド、世界戦争前夜などのキーワードで語られる時代の相貌については、前掲のホブズボーム『帝国の時代』、序章を参照。

(80) リッター『社会国家』、一二頁。

(81) ミュラー『国際セミナー・現代教育システムの形成』、一～四頁。

(82) コンラート・ヤーラオシュ編(望田幸男他監訳)『高等教育の変貌　一八六〇～一九三〇――拡張・多様化・機会開放・専門

職化』昭和堂、二〇〇〇年。

(83) Anderson, *European Universities…* p. 127. アンダーソン『近代ヨーロッパ大学史』、一四一頁。

(84) Hartmut Kaelble, "Educational Opportunities and Government Policies in Europe in the Period of Industrialization", in Peter Flora and Arnold J. Heidenheimer eds, *The Development of Welfare States in Europe and America*, Transaction Books, 1981, p. 256.

(85) *Ibid*., pp. 261-262.

(86) 神野『システム改革の政治経済学』、四八頁。

(87) 藤本建夫『ドイツ帝国財政の社会史』時潮社、一九八四年、北住炯一「プロイセン学校行政におけるゲマインデと国家」横越英一編集代表『政治学と現代世界』御茶の水書房、一九八三年、などを参照。

(88) 岡田英己子「ドイツ社会事業成立過程における職業化についての一考察——ベルリン女子社会事業学校史を通して」『社会福祉学』第二六巻第一号、一九八五年、他参照。

(89) Cf. Albisetti, "The Feminization of Teaching in the Nineteenth Century".

(90) ウーテ・フレーフェルト（若尾祐司他訳）『ドイツ女性の社会史——二〇〇年の歩み』晃洋書房、一九九〇年、八三頁。

(91) 岩下誠「現代の子ども期と福祉国家——子ども史に関する近年の新たな展開とその教育学的意義」『教育研究』第五三号、二〇〇九年、四三頁。

(92) ジョン・R・ギリス（北本正章訳）『「若者」の社会史——ヨーロッパにおける家族と年齢集団の変貌』新曜社、一九八五年、参照。

(93) ウォルター・ラカー（西村稔訳）『ドイツ青年運動——ワンダーフォーゲルからナチズムへ』人文書院、一九八五年、上山安敏『世紀末ドイツの若者』講談社（講談社学術文庫）、一九九四年、田村栄子『若き教養市民層とナチズム——ドイツ青年・学生運動の思想の社会史』名古屋大学出版会、一九九六年、などを参照。

(94) 川手圭一「ヴァイマル共和国における「青少年問題」——ハンブルクの青少年保護をめぐって」『現代史研究』第四〇号、一九九四年、川手圭一「世紀転換期におけるドイツの下層青少年——「ハルプシュタルケ（非行青少年）」の発見」『東京学芸

大学紀要　第三部門　社会科学』第四七号、一九九六年、などを参照。

(95) 松塚・八鍬編、前掲『識字と読書』を参照。

(96) デイヴィド・ヴィンセント（北本正章監訳）『マス・リテラシーの時代――近代ヨーロッパにおける読み書きの普及と教育』新曜社、二〇一一年、一五～一七頁。

(97) ギュンター・エアニング（鳥光美緒子他訳）『絵で見るドイツ幼児教育の一五〇年』ブラザー・ジョルダン社、一九九九年、八五、九七頁。小玉亮子「幼児教育をめぐるポリティクス――国民国家・階層・ジェンダー」『教育社会学研究』第八八集、二〇一一年、参照。

(98) 安原義仁「大学拡張講義の教師たち――前世紀転換期オックスフォードの旅する教師たち」松塚・安原編『国家・共同体・教師の戦略』を参照。

(99) Cf. Jindra Kulich, "Residential Folk High Schools in Eastern Europe and the Baltic States", *International Journal of Lifelong Education*, 21 (2), 2002.

(100) この種の活動の全容をたどるには独自の準備を要するだろうが、ここでは数あるなかの一例として、分割期のプロイセン領ポーランドで、一八七二年設立の民衆教育協会の系譜を引いて一八八〇年に結成された民衆読書室協会を挙げておく。Witold Jakówiczyk, *Towarzystwo Czytelni Ludowych 1880-1939*, Poznań, 1982.

(101) B・サイモン（成田克也訳）『イギリス教育史　二　一八七〇年～一九二〇年――教育と労働運動』亜紀書房、一九八〇年、第八章を参照。

(102) 吉岡真佐樹「教育福祉専門職の養成と教育学教育――ドイツにおける教育福祉専門職養成制度の発展と現状」『教育学研究』第七四巻第二号、二〇〇七年、他。

(103) 川越・辻編『社会国家を生きる』、序章参照。

(104) Arnold J. Heidenheimer, "Education and Social Security Entitlement in Europe and America", in Flora and Heidenheimer eds., *The Development of Welfare States in Europe and America*.

(105) アマルティア・セン（東郷えりか訳）『人間の安全保障』集英社、二〇〇六年、所収の「人間の安全保障と基礎教育」参照。

メアリー・カルドー（山本健彦他訳）『「人間の安全保障」論――グローバル化と介入に関する考察』法政大学出版局、二〇一一年、二八三頁。

(106)高岡裕之『総力戦体制と「福祉国家」――戦時期日本の「社会改革」構想』岩波書店、二〇一一年。

(107)第一次世界大戦と大学について橋本伸也「第一次世界大戦期ロシア帝国の大学と学生」『関西学院史学』第三九号、二〇一二年、所収。

(108)たとえば、寺崎昌男・戦時下教育研究会編『総力戦体制と教育――皇国民「錬成」の理念と実践』東京大学出版会、一九八七年。佐藤広美『総力戦体制と教育科学――戦前教育科学研究会における「教育改革」論の研究』大月書店、一九九七年。

(109)たとえば、對馬達雄『ナチズム・抵抗運動・戦後教育――「過去の克服」の原風景』昭和堂、二〇〇六年。對馬達雄編『ドイツ　過去の克服と人間形成』昭和堂、二〇一一年。

(110)日本におけるソヴィエト教育学受容の問題性についてはかつて論じたことがある。橋本伸也「戦後教育学とソビエト教育学」天野正輝・窪島務・橋本伸也編『現代学校論――いま学校に問われているもの』晃洋書房、一九九三年、所収。日本の「ソヴィエト教育学者」による端緒的でなお過渡的な自己批判的考察としては、村山士郎・所伸一編『ペレストロイカと教育』大月書店、一九九一年、があるが、その後真剣な反省と考察の試みられた形跡は乏しい。一部の論者はソ連にかえて北欧諸国に活路を見出したようだが、こうした態度は、日本の教育学の体質に関わる問題として深刻な疑念を投げかける。

(111)Mary Hilson, *The Nordic Model: Scandinavia Since 1945*, London, Reaktion Books, 2008, p. 114.

(112)松戸清裕『ソ連史』筑摩書房（ちくま新書）、二〇一一年、一七八・二二二頁。

(113)デービッド・レーン（溝端佐登史他著訳）『国家社会主義の興亡――体制転換の政治経済学』明石書店、二〇〇七年、などを参照。

(114)R・オルドリッチ（松塚俊三・安原義仁監訳）『イギリスの教育――歴史との対話』玉川大学出版部、二〇〇一年、リチャード・オルドリッチ編（山内乾史・原清治訳）『教育の世紀』学文社、二〇一一年、などを参照。

(115)ルントグレーン『ドイツ学校社会史概観』、一三二～一三三頁。

(116)フランス教育学会編『フランス教育の伝統と革新』大学教育出版、二〇〇九年、六〇～六九頁。

（117）ブルデュー／パスロン（石井洋二郎監訳）『遺産相続者たち――学生と文化』藤原書店、一九九七年。ブルデュー／パスロン（宮島喬訳）『再生産――教育・社会・文化』藤原書店、一九九一年。

（118）エスピン－アンデルセン／京極高宣監修『アンデルセン、福祉を語る――女性・子ども・高齢者』ＮＴＴ出版、二〇〇八年、五一～五二頁。

第Ⅱ部

応答と対論

遠い淵源

1 「長い一八世紀のイギリス」における教育をめぐる国家と社会

岩下　誠

はじめに

橋本提議を通底する主題は、初期近代から現代までの国家機能の変容に即して教育システムの変動を位置づけること、およびそうした観点から公教育の歴史的概念規定を再審することである。やや迂遠ではあるが、まずこうした問題設定が教育史学史上においていかなる意義を持つのかを確認するところから議論を始めたい。

「福祉国家」と「公教育」という二つの概念は、現在のわれわれにはきわめて親和的なものに見える。しかし、伝統的な教育史学史においては、必ずしもそうではなかった。一九五〇年代から六〇年代の革新的教育学にとって、福祉国家は部分的に労働者階級の諸要求に譲歩しつつも搾取と抑圧の構造を温存させた資本主義体制にほかならず、そこで組織される学校教育制度もまた、階級支配と搾取を隠蔽する大衆教化の装置にすぎなかった。したがって、福祉国家下における「公教育」の内実は国家的公共性、換言するならば偽装された公共性として把握された。彼らが公費支出をはじめとした国家による公教育概念と対抗するため、市民社会的な系譜において公教育概念を提唱したのはこのような時代的文脈においてであった。「世俗・義務・無償」といった伝統的教育史学における公教育のメルクマールも、教育の公共性を社会編成のあり方からではなく基本的人権としての学習権の保障という観点から定義しようとする思潮を具体化したものと見てよい(1)。

マルクス主義と市民社会論を折衷させた戦後教育学的な公教育理解は、七〇年代後半以降に退潮する。八〇年代から九〇年代にかけては、国民国家論、社会的再生産論、規律化論といった社会理論が導入され、それまでの戦後教育学の枠組みが批判されると同時に、歴史学者による教育史研究領域への参入が進むことによって、教育の持つ多元的な社会的機能が研究の焦点となった。こうした諸研究は教育史研究の水準を引き上げると同時に、歴史学研究としても豊かな知見をもたらしたが、ここではその問題には触れない(2)。ここでの議論のポイントは、教育の社会的機能の解明に比して、公教育の歴史的概念規定という作業が教育史研究の後景に退いたのではないか、ということである。多くの場合、公教育は（福祉）国家制度と等値され、その官僚主義的閉鎖性や抑圧性が批判されることはあっても、かつてのように対抗的な公教育像が提唱されることは稀であった(3)。九〇年代の教育改革において、新自由主義的な要素は文部省による限定と統制の枠内に収まるものであったため、この時代の教育史研究は、いまだ福祉国家批判と公教育批判という枠組みのなかで自らの政治的革新性を装うことができたともいえる。

しかし、二〇〇〇年代のラディカルな改革を経験した現在では、状況は大きく異なっている。第一に、福祉国家と教育の関係が再審されている。現在生じているのが福祉国家の退潮なのか、それとも再編なのかは慎重な検討を要するが、もっとも新自由主義的な政治体制下でも、公費支出に基づく教育政策が促進されたり（ワークフェア）、公教育を通じた公共心の涵養が大きな政策課題となっている（教育基本法改正やシティズンシップ教育）。第二に、教育供給主体に関しても、現在進行している事態は供給主体を単純に私的エージェントに還元しようとする動きではない。「小さな政府」を志向する潮流のなかにも、分権・参加を新たな教育の公共性として推進しようとする参加民主主義的要素が含まれている。[4]「新しい公共」論に見られるように、新しいタイプの学校制度提唱論も、学校運営主体の属性にかかわらず公的な性格を持つことを強調し、それを自らの正統性の根拠としている。[5]

つまり、現在生じているのは単純な私事化《プライヴァタイゼーション》の過程ではない。それは、福祉国家再編の過程にあって、さまざまな社会集団が自らの正統性を「教育の公共性」として提示することで、教育という領域が、複数の公共性が葛藤する場として浮上しているという事態である。福祉国家と公教育がともに解体しつつあるという現状認識が正しくないとするならば、翻って福祉国家の形成と公教育の整備をともに介入主義的抑圧装置の展開とする歴史像も見直しが迫られることになろう。橋本が「公教育の歴史的概念規定」という伝統的な教育学的課題をあらためて提示しているのは、それが歴史学的な課題のみならず、福祉国家再編の動きに対応した新たな対抗的公教育概念を提出することが必要であるという同時代的な洞察にも基づいているように思われる。[6]

こうした状況を踏まえるとき、福祉国家と公教育という問題設定において近世、とりわけ一八世紀は重要な位置を占める。「福祉の複合体」論の観点に立つ論者によれば、一九世紀後半にいたるまでの複合的な福祉供給構造の端緒は、一八世紀に求められるからである。[7] つまり一八世紀の検討によって、一九世紀末に教育を含めた複合的な福祉供給構造が国家へと収斂し、国家的公共性が突出してくる以前の公教育のあり方を明らかにすると同時に、現在教育政策レベルで提唱されている新しい公教育論を歴史的な視野から検討する手がかりを得ることができる。本章が典型的な複合体モデルである一八世紀イギリスの事例を啓蒙絶対主義モデルと比較することを通じて検討したいのは、この課題である。

イギリスは啓蒙絶対主義モデルの例外か？

本章の目的は、橋本が提示した「近世啓蒙絶対主義国家における教育」という枠組みがはたして同時代のイギリスにどの程度妥当するのかを検証し、さらにその検証を通じて、橋本の枠組みをイギリスをも包含したより一般性の高い枠組みへと洗練する手がかりを得ることにある。もっとも、橋本提議がカバーしている地域すべてにわたる包括的なレベルで回答する用意は筆者にはない。本章は、あくまでもイギリス、主として「長い一八世紀」のイングランドの事例の検討にとどまる。しかし、比較史的な考察の手前で、まずは近世イギリスにおける教育をめぐる状況が、プロイセンに代表される啓蒙絶対主義下の状況とどれほど異なっているのかを、議論の補助線として再検討しておきたい。

まず、イングランド以外の地域では、教育への国家介入は近世においてすでに存在していたことを指摘しなければならない。スコットランドにおいて教区への学校設置が法制化されたのがイングランドに先行する一六九六年であったことはよく知られているが、アイルランドではさらにその一世紀半以上前、一五三七年において、すでに教区学校設置の法制化がおこなわれている。(8) さらに、国家による公費投入という点に関しても、実際には支給されなかったものの、スコットランド高地地方の学校運営に対して二万ポンドを補助する法律が、一七二〇年に議会を通過している。[9] アイルランドでは、一八世紀を通じて実際に国庫補助がなされていた。プロテスタントエリートの教育機関を別にしても、アイルランド民衆のプロテスタントへの改宗および英語教育を目的とした勅許認可学校《チャーター・スクール》を設置・統括する英語新教学校普及協会（Incorporated Society in Dublin for promoting English Protestant Schools in Ireland）への補助が、一七四五年にアイルランド議会において可決されており、これは「イギリス史上基礎教育に支給された国庫補助金の最初の事例」[10] とされる。さらに一八〇一年のイギリスとの合同後には、本格的にマス・エデュケーションを目的とした任意団体への国庫補助が開始される。イギリスをイングランドと等値しないのであれば、法制化のタイミングと公費支出の双方において、イギリスにおける国家介入が遅れていたとはいえない。

次に、国家介入の弱さによって特徴づけられてきたイングランドにおいても、中央集権化された内政機構と機能的に等価な現象を見出すことができる。一八世紀イギリスの対外的側面に関しては、「財政軍事国家」と呼ばれる高度に中央集権化された国家機構の存在が指摘されてきたが、近年ではその内政面の解明が進んできている。それによれば、一元的な国内統治機構を持たない「弱い」一八世紀イギリスという国家像は大幅な修正がなされつつあり、議会を結節点とする重層的に連関した統治構造という新たな像を結びつつある。こうした研究を踏まえるならば、社会的規律化は、国家による公認宗派教会の官僚組織への組み込みという「上からの規律化」にとどまらないものとして拡大解釈することも可能である。[11] イングランドにおける任意団体を中核とした教育運動は、国家や地方自治体といった官の領域と対抗的なものというよりは、むしろそれを補完する公的機関としても解釈しうる可能性を持っており、「社会的規律化」という概念は、そうした視点からあらためてイングランドの事例への適用の可否が検討されるべきであろう。

以上を踏まえて仮説的な問題設定をするならば、それは次のようにまとめられる。第一に、学校教育を通じた

「社会的規律化」と類似した現象は、一八世紀イギリスにおいても広範囲に認めることができる。にもかかわらず第二に、その組織化のあり方は、国家（王権）と社団による主権の分有という社団国家の構造とは異なるものとして展開した、ということである。ここで啓蒙絶主義国家とイギリスとの構造的な差異を見出していくためのポイントとなるのは、任意団体に代表される市民社会の領域である。イギリスにおける教育の組織化は、任意団体への支援という形式を主要な方策としたからである。

市民社会領域を焦点化して比較の枠組みを考察することは、具体的には次の二つの論点を浮かび上がらせる。第一に、それは教育の組織化のあり方を、国家と公共圏との関係の差異として理解する視点を導入する。長谷川貴彦の指摘によれば、ドイツ史において「公共圏」はハーバーマスの提起した概念に忠実に公論空間として把握されるのに対して、イギリス史では政治組織や政治過程を意味する傾向がある。両者の差異は市民社会の発展の程度と関連しており、絶対王政の国家主導のもとで公論空間が制限されていたドイツにおいては、公共圏は国家に対抗する機能を帯びたが、議会主権のもとで市民社会が順調に発展したイギリスにおいては、公共圏は国家を補完する機能を果たした[12]。こうした比較史的枠組みは、一八世紀イギリスの教育を分析するうえでも有効であると思われる。イギリスの中核地域であるイングランドにおいては、教育振興任意団体は自律的な市民社会のなかで活動しつつも、動揺した国家体制を補完し強化する役割を期待されたからである。また周縁地域では、国家と任意団体の区別そのものが不鮮明となる。一八世紀以降のアイルランド教育振興任意団体に多額の公金が注ぎ込まれたことは、それをよく示す事例であろう。

これと関連して第二に、市民社会領域を焦点化することは、教育統制の正統性の問題に接近する方途を与えてくれる。換言するならば、市民社会という次元を導入することによって、宗教的正統性とも国家的正統性とも異なる正統化のあり方を抉出し、イギリス公教育の歴史的特徴を明らかにすることができる。さらに敷衍すれば、このことは、各国の「公的」教育制度の差異を、教育に正統性を賦与する社会構造の差異として解釈する視点を開くことができる。ここでも、イングランドは比較のための有益な事例を提供する。他国に比して早期に工業化されたイングランドでなぜ教育の法制化が一九世紀後半にいたるまで遅延したのかという問題は、教育史の分野で早くから指摘されてきたパラドックスであるが、近年ではヴォランタリズム解釈の修正や、アイルランド公教育制度との比較研究の進展により、従来の「遅れた」イングランド教育史というイメージが刷新されつつある(13)。これは、プロイセンとイングランドの対比的理解の修正を主張する橋本の問題意識とも通底するものであり、こうした新たなイングランド教育史像を踏まえつつ、あらためて比較史的検討の俎上に載せることによって、国家・教会・市民社会との関係性を新たに類型化し、公教育制度の史的展開を、一国史を超えて考察する手がかりが得られると期待される。

イギリスにおける社会的規律化

先に述べたように、教会を通じた国家による権力行使というエストライヒの社会的規律化概念は、それを受けて展開した宗派化をめぐる議論において、中間団体や民衆による宗派化、非公認宗派による宗派化の存在が指摘されたことによって、批判的に拡張されて現在にいたっている。こうして社会的規律化概念が国家行政権力の枠を超えて拡張された場合、イングランドにおいても類似の現象を探すことができるようになる。具体的には、イギリス史においてモラル・リフォーム運動と呼ばれる風紀改革運動である。

「長い一八世紀のイギリス」においては、人びとの行動様式の規範となるモラルの改革を訴え、またモラルの改革を目指して具体的な運動が組織化された。モラル・リフォーム運動と総称されるこの風紀改革運動は、一七世紀末の飲酒・賭博の取り締まりにはじまり、一八世紀末から一九世紀初頭の監獄改革、動物愛護、奴隷貿易廃止運動にいたるまで広範囲に及ぶものであった[14]。一七世紀末から開始される慈善学校運動と、一八世紀末から一九世紀初頭にかけて展開される日曜学校運動という二つの大規模な民衆教育運動もまた、このモラル・リフォーム運動の重要な一部をなす。ここで留意すべきなのは、このモラル・リフォーム運動は、宗教的熱狂を背景とした単なる風紀改革運動ではない、ということである。モラル・リフォーム運動の高揚期は、名誉革命体制の動揺期と精確に一致しており、国家を支えるべく組織化された、「宗教の衣を被った政治的運動」にほかならなかった[15]。その一翼を担った民衆教育運動も、改宗や博愛といった目的にとどまらない政治的意味を持っていた。

もっとも、モラル・リフォーム運動を社会的規律化概念で論じようとする傾向はイギリス史においてあまり見られない。この運動の大部分は民間任意団体によって担われたため、上からの規律化を重視するエストライヒ的な解釈枠組みとは齟齬をきたすのがその原因かもしれない。さしあたってここでは、教育振興任意団体を擬似国家的な統治機能として明快に位置づけている村岡健次の議論を紹介するにとどめておこう。村岡によれば、慈善学校運動や日曜学校運動を推進した任意団体、とりわけ国家の統治制度と不可分のイングランド国教会によって後援されたそれは、準国家機能と解釈しうる。したがって、「社会道徳（＝キリスト教）の維持が国家の不可欠の機能であり、そのための宗教教育を国家の認定した教会が担ったのであれば、慈善学校と日曜学校の教育を公教育と呼んでも必ずしも不条理ではない[16]」。村岡の問題提起は、国家と対抗的に理解されてきた任意団体をも準国家機能として、あるいは少なくとも国家を補完する公的機能として解釈することによって、イギリスと同時代の啓蒙絶対主義国家との比較を可能にすると同時に、国家介入をメルクマールとする従来の公教育概念の再審を要求する見解として注目に値する。

さらに視点を周縁部に移すならば、任意団体は国家を補完するというよりはむしろ、国家機能そのものとして現れる場合もあった。スコットランドの高地地方への教育補助金については先に触れたが、それはスコットランドキリスト教知識普及協会という任意団体への補助金として支給される予定であった。また、アイルランドに関しては、一八世紀から一九世紀前半を通じて多額の公的資金が教育振興任意団体へと注ぎ込まれ、それはしばしば各団体が自前で調達可能な寄付金総額をはるかに超えていた[17]。これらの任意団体は民間の自発的な結社というよりも、実質的な国家機構の一部として把握した方が適切であろう。

財政軍事国家の内政と教育

民間任意団体をも準国家機構として、あるいは少なくとも国家を補完する機構として理解するという村岡の視点は、一八世紀イングランドの国内統治の構造をどう理解するかという問題と通底している。近年では対仏戦争遂行のための強力な徴税軍事機構の形成過程を明らかにした財政軍事国家論を補完する形で、国内統治のあり方に関しても研究が蓄積されている。このことは、橋本提議の論点である、行政学や国家官僚の形成という点に関わる。確かにイングランドでは集権的な官僚機構は徴税に限定され、国内統治を統一的に掌握する行政機構を持たなかった。一八世紀を通じて大学が国家官僚の養成機関となることはなく、行政学の発展も見られなかった。とするならば、イングランドの国内統治に対して教育が果たした役割は、近年の研究動向からどのように評価されるのだろうか。

一八世紀イングランドの国内統治に関する最近の研究が一様に指摘するのが、統治の重層的な構造である。たとえば、救貧のような公共的なニーズに関わる問題は、まずは既存の救貧法体制に基づいて地域社会内部での解決が目指される。しかし既存の制度での対応がうまくいかない場合、地域社会は任意の寄付者を募って問題解決にあたる任意団体を設立するか、あるいは場合によっては問題を議会へと持ち出し、地域特定法を制定することによって、徴税権を持つ救貧社のような特殊法人を形成して問題に対処する、という方法をとった[18]。イングランドにおいては、地域社会の自律性に基礎を置きつつも、公的資源を正統的な手段で用いながら公益の増進をはかる諸アクターが機能的に連関しつつ国内統治をおこなう擬似官僚制的な世界が存在しており、それはウェーバーがいうところのアンシュタルトとしての国家と機能的に等しい役割を果たしたのである[19]。

坂下史は、こうした構造が機能するためには、中央と地方を媒介する議員と、議会の権威と役割を理解したうえでそれを積極的に活用する成熟した政治社会の存在が不可欠であったと述べている[20]。重層的な構造の結節点では必ず相互交渉が必要とされたため、国内統治を担うエリートには、多様な人的ネットワークを資源とし、幅広い教養に支えられたアマチュア知識人としての側面が要請された。こうしたエリートの資質を涵養する場となったのは伝統的な専門職養成を担っていた大学ではなく、社会改良を目的としたさまざまな任意団体や、それに組み込まれた新聞や雑誌からなる公論領域であった。学校教育の一部が、こうした公共圏へ参入するための準備教育としての役割を担うことによってエリート養成機能を引き受けたことを、三時眞貴子の卓抜な研究は明らかにしている。非国教徒アカデミーの代表的事例であるウォリントン・アカデミーの詳細な検討から、三時はアカデミーが非国教徒聖職者というよりも都市エリートの養成機関であったと論じている。アカデミーの教育は宗派的中立を維持して国教徒子弟をも生徒として受け入れており、また実業家や専門職養成を目的としながらも、けっして狭い意味での実科教育にとどまらないカリキュラムを提供していた。医学や歴史学に代表される自然科学や社会科学の導入は、実業世界で直接的に役に立つというよりも、公共善を追求する「活動的ジェントルマン」養成のための「リベラルな」教科として位置づけられており、実際には卒業後の生徒たちが参入する各種のクラブや任意団体で活動するために不可欠な教養を準備すると同時に、学校自体が多様な都市エリート子弟のネットワークを形成する場として機能した[21]。

もっとも、自然科学や社会科学といった「有用な知識」を含む啓蒙主義思潮はヨーロッパ全体のネットワークのなかで展開されるコスモポリタンな性格を持っていた。学術団体や協会、またそれらが発行する印刷物の普及によって知へのアクセス・コストが縮減されるという事態は、けっしてイギリスに固有のものではなく、一八世紀の西ヨーロッパ世界に共通して確認できる現象であった[22]。イングランドにおいて行政学を中核とする専門的知識ではなく、教養と社交に基盤を置くリベラルな知識が統治エリートに求められたとすれば、それを一定程度規定していた要因は、官僚機構ではなく議会と地域社会とが重層的に連関した統治構造に求められるであろう。

任意団体の公共性

イングランドにおいて重層的に連関した統治構造が全体として公的機能を果たしていたとするならば、国家による教育の法制化を公教育のメルクマールと見なして各国比較をおこない、イングランドを後進的と判断するという従来の教育史学の観点そのものが再審されなければならないということになる。一九世紀を対象とした研究ではあるが、こうした観点からきわめて示唆的なのが、ソイサルとストラングの議論である[23]。彼らによれば、国家歳入の多さや主権国家であるか否かといった国家の強さを示す特徴は、実際の就学率にも強制就学の法制化のタイミングにもほとんど影響を与えていない。一九世紀における就学強制のタイミングと実際の就学率の双方に決定的な影響を及ぼすのは、実際の教育供給をおこなう社会集団と、それら社会集団同士を調整し、ルール設定をおこなう国家との関係性である。国民教会のような特権的な社会集団を持つ国の場合、国家と社会集団は協調して就学の法制化と就学の進展がともに早い段階で成立する(「国家による教育制度の構築パターン」:北欧諸国やプロイセン）。しかし複数の社会集団が競合して教育供給をおこなう場合、実際の就学が進展する一方で、競合する社会集団の抵抗により国家による法制化が遅れ（「社会による教育制度の構築パターン」：英仏など）、逆に社会集団を欠如する場合、国家は早期に就学強制の法制化をおこなうことができるが実際の就学は進まず、就学率は低いレベルで推移する（「名目的な教育制度の構築パターン」：イタリア、スペインなど）。

ソイサルとストラングの議論は、教育法制化のタイミングを単純な国家の強弱ではなく、国家体制のあり方の従属変数であるとする。これは同時に、教育法制化は教育に正統性＝公共性を付与する方途の一つでしかなく、教育の公的組織化のあり方は別様でもありえる、ということを示唆していよう。これを踏まえたうえで、長い一八世紀のイギリスの教育を論じる際に問題となるのは、任意団体によって組織化される教育がいかなる意味で「公共的なもの」と呼びうるのか、ということである。一八世紀前半においてはテューダー絶対王政への反省から、また一八世紀末にはフランス革命への忌避から、内政領域における中央集権化と行政の肥大化が回避される傾向があったことは確かだが、しかしそれはヴォランタリズムの成立に関しては、消極的な説明にとどまるといわざるをえない。もしヴォランタリズムが議会立法による正統化を経た国家教育を代替することができるほどの正統性を持ちえたとするならば、それが何故なのか、積極的な要因が説明されなければならない。

この問いに対する回答の一つは、任意団体が担った教育を、宗教的規律化を介して国家を補完する機能として解釈する方向性である。宗教史家G・F・A・ベストが展開するのは、この線の議論である[24]。ベストは民衆教育を担う国教会の役割を国家による活動と同程度に公的なものと位置づけている。ベストによれば、「教会立団体によって運営される教育は……無給の「素人」である治安判事によって執行される法律とまったく同じように国家的（national）で「公的（official）」なものだった」[25]。前述した村岡も、基本的にこのベストの解釈の方向性を踏襲している。一八世紀前半まで民衆教育運動の中核であった慈善学校運動やそれを後援したキリスト教知識普及協会などは、国教会との深い関わりを持っていたという点で、こうした説明によく当てはまる。

ヴォランタリー・セクターの公共性を検討する第二の方向性は、任意団体の活動を国家とは別次元の公益事業《チャリティ》[26]として理解するというものである。もっとも長い一八世紀を通じて任意団体の活動は「官」を補完する機能を果たしており、その意味で名誉革命体制を支えるものであったことは確かである。しかし長い一八世紀の末期である「改革の時代」においては、任意団体を通じた民衆教育振興は、イングランド国教会の国制上の位置づけをめぐって、国家体制の再編に不可避的に関わる問題となった。一九世紀初頭の民衆教育をめぐる教育論争「ベル－ランカスター論争」は、そのことを示す好例である。この論争において、教育を任意団体によるチャリティとして積極的に推進していたのは急進派や福音派であった一方、教育をチャリティや博愛事業として位置づけることを拒否し、あくまでも国教会が有する国制上の特権の問題、すなわち体制教会の問題であると主張したのが超保守派である国教会高教会派であったことは、「慈善教育＝保守思想」という従来の教育史の通説とはまったく異なった状況を指し示している[27]。急進派にとってチャリティとは、キリスト教的博愛に基づきながらも「信仰形式とは関係のない」[28]公益事業であり、教育もチャリティの一環であるならば、医療や救貧のように非宗派的かつ普遍的におこなわなければならないものであった。急進派がイングランド国教会の特権的教育統制と宗派主義を、国民教育としての正統性を欠くものとして批判したのはこうした論理においてであり、彼らは市民社会に基礎を置くより普遍的な公共性を「チャリティ」として対置したのである。

国教会保守派はこうした批判に対して体制教会としての特権性という建前を崩しはしなかったものの、実際には自らが支援する国民協会傘下の学校の統制を緩めたり個別裁量を黙認するという形で、非国教徒への寛容な対処への可能性を残した[29]。国民教育の正統なエージェントを自称する限り、宗派教育を公の目的として掲げた国民協会ですら、法定宗教という旧来型の正統性とは別の次元である包摂性や公正性にある程度配慮しなければならなかったのである。[30] そして、国教会派任意団体さえも、宗派主義を超えた公共性を持たざるをえなかったというこの事態こそ、ヴォランタリズムが許容しうる選択肢であり、ヴォランタリズムの否定ではなくその支援と利用を軸として教育振興をはかることができるという見通しを政府側が持ちえた一因となった。[31] 後の自由主義国家の教育政策は、単に国家的中立性だけではなく、任意団体が長い一八世紀の最後にいたり、宗派主義を超えたより普遍的な公共性を志向するようになったという事実を、歴史的な前提条件として必要としたといえるだろう。

他方でイギリス周縁部においては、任意団体という形式は国家介入と対立するというよりもむしろ、実質的な国家介入の方途として機能した。人口の大多数をカトリック教徒が占めるアイルランドにおいては、民衆教育の振興のために国家が諸宗派の調停をせざるをえず、複数の宗派代表から構成される教育委員会を設置する必要性が繰り返し主張されたにもかかわらず、一八三一年にいたるまで任意団体への国庫補助交付という政策がとられ続けたが、その最大の理由はアイルランド国教会の抵抗であった。カトリック代表を含めて構成される教育委員会制度構想は、アイルランド国教会を擁するプロテスタント信教国家としてのイギリス国家体制と抵触し、アイルランド国教会の位置づけを劇的に変化させる可能性が危惧されたためである。この点で、任意団体への国庫補助支給という政策は、国教会の位置づけに抵触せず民衆教育を進めるための方策として有用であり、一九世紀前半のアイルランド統治戦略の重要な要素として機能したのであった。[32]

おわりに

近年の教育史研究が強調するのは、一八世紀はおろか一九世紀の大半においても、教育供給を国家が一元的に掌握するという事態は、実はイギリスと比して国家主導とされる他のヨーロッパ諸国でも実現してはいなかったということである。[33] マス・スクーリングの振興について、教会や任意団体といった国家とは異なるアクターの活動に大幅に依拠せざるをえなかったという点では、各国の事情は似通っていた。問題は、にもかかわらず、教育法制や教育行政機構の整備には国ごとに時機的なズレがあること、またどのような条件を満たせば民衆教育振興運動が「公教育」と見なされるのかは各国で多様であり、必ずしも法制化や行政化といった国家機構化が、教育振興をおこなうアクターへ公共性を賦与する唯一の条件だったわけではない、ということである。

以上を踏まえるならば、実際の教育供給や教育統制の構造において、国家・(制度)教会・任意団体が相互にいかなる関係によって編成されていたのかという狭義の行政史の枠組みを超えた社会構造に関する類型化と、教育制度の公共性＝正統性が何によって担保されていたのかという政治文化や表象のレベルの分析との双方から、公教育の歴史的概念規定という問題が再びアプローチされねばならない。中央集権化された内政構造の不在と市民社会の厚みは確かに一八世紀イングランドの際立った特徴を示しているが、それをイングランド固有のものとして解釈するだけでは不十分である。より一般的・比較史的なレベルで考察されるならば、イングランドの事例は、市民社会領域を公共性を担うアクターとして位置づけるとともに、そうしたアクター同士の関係性という観点から歴史的な公教育の組織化のあり方を類型化する必要性を示唆しているように思われる。

(付記) 本章は平成二三～二五年度日本学術振興会科学研究費助成事業基盤研究(C)「教育「支援」とその「排除性」に関する比較史研究」(研究代表者：三時眞貴子　課題番号：二三五三一〇〇〇)および平成二三―二五年度科学研究費助成事業若手研究(B)「アイルランド公教育制度の成立過程とその影響に関する歴史的研究」(研究代表者：岩下誠　課題番号：二三七三〇七五四)の研究成果の一部である。

注

（1）堀尾輝久「公教育の思想」『岩波講座　現代教育学四』岩波書店、一九六一年。梅根悟「ヨーロッパ的公教育思想についての若干の補説」『教育学研究』第二七巻第四号、一九六〇年、二七二〜二七九頁。

（2）教育社会史のレヴューに関しては、橋本伸也「歴史のなかの教育と社会——教育社会史研究の到達と課題」『歴史学研究』第八三〇号、二〇〇七年参照。

（3）そうした数少ない試みであるイリイチの提示した対抗像が公立学校制度の解体と市場化であったことは、後の教育改革の趨勢を暗示するとともに、こうした諸研究と新自由主義的教育改革の親和性という疑念を抱かせるものでもあった。

（4）広田照幸・武石典史「教育改革を誰がどう進めてきたのか——一九九〇年代以降の対立軸の変容」『教育学研究』第七六巻第四号、二〇〇九年、四〇九頁。

（5）黒崎勲「学校選択——二つの原理」森田尚人・藤田英典・黒崎勲・佐藤学編『教育学年報二　学校＝規範と文化』世織書房、一九九三年。金子郁容・鈴木寛・渋谷恭子『コミュニティ・スクール構想——学校を変革するために』岩波書店、二〇〇〇年。

（6）こうした視点を内包した研究は、日本に限定されたものではない。日本と同様に新自由主義改革が強力に推し進められた英米圏では、それまで mass schooling として概念化されてきた教育の公的組織化を、あらためて public education として概念化しようとする動きが現れてきている。Richard Aldrich ed., *Public or Private Education?: Lessons from History*, Routledge, 2004.

（7）Hugh Cunningham and Joanna Innes eds., *Charity, Philanthropy, and Reform: From the 1690s to 1850*, Palgrave Macmillan, c1998.

（8）D. H. Akenson, *The Irish Educational Experiment: The National System of Education in the Nineteenth Century*, Routledge and Kegan Paul, 1970, p. 21.

（9）M. G. Jones, *The Charity School Movement: A Study of Eighteenth Century Puritanism in Action*, Cambridge University Press, 1938, p. 179.

(10) *Ibid.*, p. 238.

(11) 社会的規律化、および宗派化に関する最新の研究動向として、踊共二「宗派化論——ヨーロッパ近世史のキーコンセプト」『武蔵大学人文学会雑誌』第四二巻第三・四号、二〇一一年参照。

(12) 長谷川貴彦「書評　大野誠編『近代イギリスと公共圏』」『史学雑誌』第一二一号第三巻、二〇一二年、八九頁。

(13) 松塚俊三「近代イギリスの国家と教育——公教育とは何か」『日本の教育史学』第五一号、二〇〇八年。Harold Hislop, "The Kildare Place Society 1811-1831: An Irish Experiment in Popular Education", unpublished Ph.D. thesis, The University of Dublin, 1990. 岩下誠「アイルランド公教育の成立をめぐって——研究動向と課題」『教育学研究』第七九巻第三号、二〇一二年。

(14) David Hayton, "Moral Reform and Country Politics in the Late Eighteenth-Century House of Commons", *Past & Present*, 128, 1990 ; Joanna Inness, "Politics and Morals: Reformation of Manners Movement in Later Eighteenth-Century England", in Eckhart Hellmuth ed. *The Transformation of Political Culture*, Oxford University Press, 1990 ; M. J. D. Robert, *Making English Morals: Voluntary Association and Moral Reform in England, 1787-1886*, Cambridge University Press, 2004. 坂下史「国家・中間層・モラル」『思想』第八六九号、一九九七年。長谷川貴彦「産業革命期のモラル・リフォメーション運動——バーミンガムの日曜学校を事例として」『思想』第九四六号、二〇〇三年。並河葉子「クラパム派のソーシャル・リフォーム運動——ジェントルマンのあたらしいパターナリズムのかたち」山本正編『ジェントルマンであること——その変容とイギリス近代』刀水書房、二〇〇〇年。

(15) 長谷川「産業革命期のモラル・リフォメーション運動」、五～七頁。

(16) 村岡健次「近代イギリス民衆教育史の再検討——宗教教育の視点から」藤田英典・黒崎勲・片桐芳雄・佐藤学編『教育学年報一〇　教育学の最前線』世織書房、二〇〇四年、一四六頁。

(17) ほぼ公金で運営されたチャータースクールを除いても、たとえば一九世紀初頭のアイルランド民衆教育に主要な役割を担ったキルデアプレイス協会は、一八一七年時で寄付金（donation）と年会費（subscription）の総額が四五〇ポンドに満たなかったのに対し、この年から開始された議会補助金は六九八〇ポンドであった（*The Fourth Report of the Society for Promoting the Education of the Poor of Ireland*, Dublin, 1817, p. 28）。

(18) Joanna Innes, *Inferior Politics: Social Problems and Social Politics in Eighteenth-Century Britain*, Oxford University Press, 2009, chapter 2-3. 坂下史「地域社会のダイナミズム」近藤和彦編『長い十八世紀のイギリス――その政治社会』山川出版社、二〇〇二年。

(19) John Brewer and Eckhart Hellmuth eds., *Rethinking Leviathan,: The Eighteenth-Century State in Britain and Germany* Oxford University Press, 1999. pp. 19-20.

(20) 坂下「地域社会のダイナミズム」、七九～八一頁。公共圏と都市エリートに関しては、小西恵美「一八世紀イギリス都市社会分析のための新視点、「公域」と「都市エリート」――キングス・リンを中心に」『三田商学研究』第四二巻第四号、一九九〇年が示唆に富む。

(21) 三時眞貴子『イギリス都市文化と教育――ウォリントン・アカデミーの教育社会史』昭和堂、二〇一二年。

(22) Joel Mokyr, "The Intellectual Origins of Modern Economic Growth", *The Journal of Economic History*, 65 (2), 2005.

(23) Yasemin Nuhoglu Soysal and David Strang, "Construction of the First Mass Education Systems in Nineteenth-Century Europe", *Sociology of Education*, 62 (4), 1989.

(24) G. F. A Best, "The Religious Difficulties of National Education in England", *Cambridge Historical Journal*, 12 (2), 1956, pp. 156-157.

(25) *Ibid.*, p. 163.

(26) 公益事業としてのチャリティの含意については、近藤和彦「チャリティとは慈善か――公益団体のイギリス史」『年報都市史研究』第一五号、二〇〇七年、金澤周作『チャリティとイギリス近代』京都大学出版会、二〇〇八年を参照。

(27) 岩下誠「ヴォランタリズムと公教育――近代イングランドにおける民衆教育の構造転換に関する社会史的研究」未公刊博士論文、東京大学、二〇一一年、第四章第六節参照。

(28) Anonymous, "ART. I.- On National Education", *Critical Review, or Annals of Literature*, 23 (3), 1811, p. 239.

(29) 岩下「ヴォランタリズムと公教育」、一〇三～一〇五頁。

(30) さらに、この時期に設立された国民協会は、それまで民衆教育を担ってきたキリスト教知識普及協会に比してはるかに近代的・

民主主義的な組織形態を採用したことも重要である（岩下「ヴォランタリズムと公教育」、第五章）。

（31）Report from the Select Committee on the Education of the Lower Orders, House of Commons Parliamentary Papers 1818, III, pp. 56-57.

（32）Hislop, "The Kildare Place Society", p. 101.

（33）デイヴィド・ヴィンセント（北本正章監訳）『マス・リテラシーの時代――近代ヨーロッパにおける読み書きの普及と教育』新曜社、二〇一一年、第二章。前田更子「一九世紀前半フランスにおける初等学校と博愛主義者たち――パリ・リヨンの基礎教育協会をめぐって」『明治大学人文科学研究所紀要』第七〇号、二〇一二年。

2　日本近世公権力による人口と「いのち」への介入

沢山美果子

はじめに

私に与えられた課題は、第I部でなされた橋本伸也の提議「近現代世界における国家・社会・教育――「福祉国家と教育」という観点から」での問題設定に対し、日本近世との比較という視点から、補足、批判を行うことにある。ここではとくに、提議の「2　遠い淵源――一八世紀の啓蒙絶対主義的紀律国家と学校」を対象に、近年の日本近世史の主な研究動向や論点、そして私自身が今まで取り組んできた日本近世の性と生殖、捨て子といった研究テーマに即して考えてみたい。

「近現代世界における国家・社会・教育──「福祉国家と教育」という観点から」の問題設定の特徴

日本近世との比較にあたって、まず、橋本提議の問題設定の特徴とは何かを整理することから始めたい。その特徴は四点にまとめることができよう。

一つは、「福祉国家と教育」という主題の歴史的位置づけを明確にするために、長い射程での歴史を踏まえた「見取り図」を提示している点、またその背後に、「現在」への強い関心が存在する点にある。そこには、現在を突き詰める視点を徹底して鍛え上げることで歴史を見るという歴史への姿勢が示されている。と同時に、「福祉国家と教育」を主題化するには、長い射程で、しかも、その淵源の部分から明らかにしなければ、その構造が明確にならないという視点がある。

二つには、「福祉国家と教育」を主題に、重層的、立体的な歴史像を提示するにはどのような視点が必要かを模索している点にある。注目したいのは、国家・社会・教育相互の関係性を明らかにするために、教育を支える多様な「エージェントあるいはアクターの複合性」（本書23頁）や、「国家と社会諸集団・諸勢力とがどのような関係を取り結んでいたのか」（本書24頁）、とくに中間団体の機能（本書33頁）を重視している点である。中間団体の機能を重視することは、教育や福祉を支える公共圏や公共性の内実を問うことにもつながる。

三つには、構造論的な指摘にとどまらず、具体的な歴史的事実に即して問うことを重視している点にある。そこでは、「国家の関与や介入についての段階論ないし類型論的把握」（本書24頁）の必要性のみならず「個別の国家・地域の示した「多角的で重層的な「公共性」」のあり方を、一般性と個別性の次元で問うこと」（本書40頁）が重視される。

四つには、「福祉国家と教育」問題の「遠い淵源――一八世紀の啓蒙絶対主義的紀律国家と学校」について考える際に、「もっぱら国家による法制化の次元を問題にするのではなく、家族、共同体、各種中間団体、教会、国家の織りなす複合的関係の構造を読み解く必要性」（本書34頁）を提示している点にある。なぜなら、啓蒙絶対君主の「実際の地方統治は、国家とともに近世以前に由来する領主支配と等族（身分）的中間団体による権力の分有ないし二元性に制約され」（本書33頁）ていたからである。「国家と教育」問題の「遠い淵源」を、領主支配と身分的中間団体の複合的諸関係の構造のなかで読み解く視点は、近世から近代への展開を考える上でも重要な視点といえよう。

橋本提議に示された、これら四点の特徴は、「近現代世界における国家・社会・教育」の問題を重層的、構造的に解き明かすうえで重要な視点と方法を提示するものと言える。しかしその一方で、「福祉国家と教育」問題の「遠い淵源」について日本近世と比較しようとしたときには、比較の軸が見出しにくいというのも事実である。とりわけ私がいままで研究テーマとしてきた、日本近世の子どもを産み育てる営みや、その根源にある性や生殖という次元で比較をしようとするとき、その比較は思いのほかむずかしい。なぜなら橋本提議の主眼は、あくまでも制度的な教育や学校教育におかれているからである。そこでは教育をめぐる制度の根底にある、子どもを産み育むという人びとの日常的な営みや、子ども、家族、地域、社会への視点は後景に退いている。

しかし、「遠い淵源」という視点で日本近世から近代への展開を考えるにあたっては、教育の問題を、その根底にあるいのちをつなぐ営みという次元から、また子どもを産み育てる、いのちをつなぐ営みの場であった家族の歴史的変容の問題を抜きには語れない。そのことは「福祉国家と教育」の問題をいのちや生の側から捉えていくうえでも、また、近代の「教育」概念や学校教育をいのちの次元から相対化するうえでも求められる課題と言える。こうした、いのちや生存という視点からの歴史学の組み替えという課題は、最近の日本近世史の研究動向からも浮かび上がってくる。次にその点について述べたい。

いのちを軸とした近世史像の組み替えへ――最近の日本近世史研究の動向

二〇〇〇年以降の日本近世史研究の特徴を一言でいうならば、近世における生きること、いのちへの関心が増大し、いのちを軸とした近世史像の組み替えがなされてきた点にある。その契機となったのが、二〇〇一年に出された塚本学の『生きることの近世史　人命環境の歴史から』[1]である。塚本のこの著書は、「ひとが生きようとする努力、生命を脅かすものを排除しようとする努力が人類史を通じて存在し」たとの視点から「国家史を離れた住民の生命維持の努力の歴史へ」という大きな枠組みで歴史を捉え直そうとした労作である。

このなかで近世社会は、主体の側からいのちの環境が問題になった時代として位置づけられている。とくに一八世紀後半以降は、女の身体と子どものいのちを救うための努力がなされていった一方で「小家族の家計」の「危機」から堕胎・間引きがなされる場合もあったという、女の身体、子どものいのちと「家」の存続との矛盾を孕む関係が指摘されている。

また、公儀という幕府権力、藩の領主、村や町、身分団体、「家」といった、いのちを支える関係と場、生きるシステムに着目することで近世史像の再構築を意図した研究に、二〇〇八年に出された倉地克直の『全集日本の歴史第一一巻　徳川社会のゆらぎ』[2]がある。一八世紀徳川日本の「治」をめぐるせめぎ合いの背後に「「いのち」をめぐる徳川日本人の英々とした努力」を読み取ろうとした倉地は、近世における個々のいのちは、労働能力と生殖能力という「家」にとっての意味によって価値づけられたと指摘する。また捨て子は、公共空間としての「世間」に子どもを委ねる行為であり、捨て子の養育は町、村、藩という重層する場の捨て子救済システムによってなされていたとする。倉地の指摘は、近世から近代への展開を考えるうえでも示唆的である。なぜなら、近世から近代への展開を明らかにするには、いのちを支える場としての家族の歴史的変化、家族と世間という公共空間との関係性、そして公共空間の歴史的変化の究明が課題であることを示唆するものだからである。

ちなみに、同じ講座の近代をめぐる巻、『全集日本の歴史第一四巻「いのち」と帝国日本』[3]のコラム「捨て子の「作法」」で小松裕は、他人に養育を委ねる感覚での捨て子と、その際、出生年月日や氏神、捨て子にいたった事情を記した書付を添える捨て子の作法は、地方都市では一九一〇年代末まで続いたが、他方で、文字通りの棄児も登場し、その背後に、近代家族の成立による母性愛の強調がもたらした罪悪感の高まりがあるのではないかと指摘している。とするなら、捨て子養育の問題一つとっても、近世から近代への展開は、いままでの社会事業史がで言われてきたような、近世の町、村による捨て子養育から、近代的公的施設での棄児養育へという、近世／近代の断絶の側面だけでは捉えられない。そこからは近世から近代への家族や公共圏の質的変容が明らかにされねばならないことがみえてくる。

一八世紀に登場した、家と共同体、そして世間によって捨て子のいのちを保障する生存のシステムは、近代以降、近代家族の登場と共同体の変容、世間の解体のなかで、どのように変化していくのか。長期波動での生存のシステムの歴史的展開と、家族・共同体・世間、それぞれの場と関係性の歴史的変化が明らかにされねばならない。このようにいのちと生存への視点は、人びとの生活世界に足場を置き、具体的な一つひとつのいのちと、そのいのちを保障する生存のシステムに着目することで、従来の政治史、経済史や国民国家論の枠組みでは捉えきれないさまざまな関係性と多層性のなかで、より全体的な歴史像を構築しようとする試みとして展開しつつある。

さらに、二〇一一年三月一一日の東日本大震災以後の歴史学では、「歴史のなかの生きた証しを掘り起こすこと」、「震災後の復興を足もとから照らし出すこと」が求められるなかで、[4]歴史学の組み替えが課題となり、「生存」が大きなテーマとなっている。すでに二〇〇八年の歴史学研究会大会で「人々が生き長らえるための営為」を全体として捉える概念として「生存」の視点を提起して以来、大門正克は市場、国家、社会の仕組みと人びととの関係のなかで作られる生存のシステムに着目してきた。[5]さらに二〇一一年、大門は「「生存」を問い直す歴史学の構想」[6]をあらわし、「生存」の歴史的意味を具体的な歴史過程の場で検証する作業をおこなっている。この論文のなかで大門は、「日本では福祉の議論と教育の議論は別個に行われることが一般的」であるが、「ヨーロッパでは教育は福祉の重要な構成要素」であり、「教育を含めることで、日本の福祉概念や生存概念がどのように拡張できるのか、検討する必要がある」と述べている。また歴史のなかの主体は、あくまでも関係のなかで考察されねばならず、関係に含まれる矛盾の動態的分析こそが主体分析の鍵であると指摘している。こうした「福祉」や「教育」、そして「主体」を歴史の場と関係性のなかで考えねばならないとする歴史学からの提起をどう受け止めるかが問われている。

日本近世史研究でも、震災以降、生存をテーマとする研究が登場してきている。「「生きること」の歴史像」を大会テーマに「歴史における「生存」の構造的把握」を全体会シンポジウムのテーマとして掲げた二〇一一年度の日本史研究会大会での報告は、そうした動向を示す。その一つが岩城卓二の「近世の「生存」」[7]である。岩城は、生存システムを考えるうえで、人口動態に注目する必要を提起し、人びとが他者の生命を尊重する生命観を共有するようになった一七世紀末から一八世紀の近世初頭の、畿内の一農村の人口動態を分析している。その結果、百姓として生きていけなくなった人びとに身分移動を容認する引越しや、家の相続に不要な男子・女子を放出することで労働力のバランスを取り、村内の余剰労働力の調整をする養子は、家と村の生存を保障する生存システムだったと結論づけている。

また、矢田俊文の「中世・近世の地震構造と「生きていくこと」[8]」は、地震災害で誰がどのようにして、いのちをなくしたのか、どのようにしたら生き続けていくことができるのか、地震災害と「生きていくこと」の関係について検討をしている。その結果、近世後期、一九世紀以降になると、地震被害の状況を報告させる、被災者への支援体制をとるなど、藩権力の側に、地震被害者の生命に対する認識の変化が生まれていることを明らかにする。

これら歴史学研究会や日本史研究会で相次いで取り上げられている「生存」の問題について、倉地克直は「「生きること」の歴史学・その後」のなかで「「生存」を問うことの根源的な意味を考えてみなければならない」と問題提起をしている。先に触れたように、近世人のいのちのありようを基底に「生きることの近世史」を描いた倉地は、「歴史学が「人間の科学」であるならば、その背後にある一つひとつの「生」に対する思いを欠くことはできない」とする。岩城や矢田の報告は、そうした視点から、一人一人の「人」、一つひとつの「家」の生や死に即して語る日本近世史研究の豊かな蓄積を示すものとして位置づけられる。ともに「生存の歴史学」の基礎として欠かせない人口史、家族史、地域史は、地域を単位に人々の習俗や自然、生活を重視する「人口誌・家族誌・地域誌」にならなければならないとする[9]。

いのちや生存への視点は、地域を単位とする人々の生活世界の側から、「人々が生存のために勝ち取ってきた[10]」家族をはじめとする文化としての「生存システム」と「生きること」の関わりを問う「生きること」の歴史学として展開しつつある。では、いのちや生存の視点から、近世公権力による人口といのちへの介入を見たとき、どのようなことが見えてくるのか。さらに考察を進めることにしたい。

日本近世公権力による人口と「いのち」への介入

日本近世公権力は農業労働力確保のために人口動態に深い関心を寄せていた。近世後期には、とくに人口が減少した地域で、出産管理政策がおこなわれていく。出産管理政策は、出産管理（堕胎・間引きの監視、処罰）、養育料支給（救済）、教諭（間引き教諭書）を主な内容とする、人口といのちへの介入策でもあった。とりわけ、そこで着目されたのは、「家」の維持・存続の要でもある、子どものいのちと子どもを産む女の身体である。[11]

出産管理政策は、徳川綱吉が、貞享四（一六八七）年正月に発布した生類憐み令に始まる生類憐み政策のなかで登場した、権力による「いのち」への介入策に起源を持つ。元禄八・九（一六九五・一六九六）年の法令は、店借・地借の都市下層民は、妊娠、出産、流産、三歳未満の乳幼児の死亡、また養子に遣わす場合には、大家地主に届けねばならないとする、母親の腹の中にまで入り込み、いのちの管理をすることで、捨て子を防止しようとする政策であった。[12]藩が妊娠、出産の過程を管理する出産管理政策も、また女性の産む身体を介したいのちの管理によって、「家」や共同体の、産まないことへの意思を取り締まり、人口増加をはかるものであった。

ところで、近世社会の「家」の問題を扱った先駆的な研究として大藤修の『近世農民と家・村・国家』[13]『近世村人のライフサイクル』[14]がある。大藤は、一七世紀後半から一八世紀にかけて、一組の夫婦とその子を中核とする「直系親中心の小家族から成る家」が広く成立したこと、「家」意識の成立は子どもを「家」を連ねていく「子宝」として意識化させると同時に「家」の維持・存続にとって必要な子どもか否かという意識も生んだとする。こうした家族のいのちへの意思に対する介入策でもある出産管理政策は、「家」の維持・存続が、近世公権力にとっても民衆にとっても大きな課題となるなか、相互のせめぎ合いのもとで取り組まれていく。

また近世の人口動態をめぐって、宗門改め帳を用いて貴重な研究成果を蓄積してきた日本の歴史人口学[15]は、「全体として徳川農民家族の自然出生力水準は低く、近代以前のイングランドのそれよりもさらに低位であったことが明らか[16]」なこと、出産管理政策は、近世の少子化対策といえること、しかし、少子化対策によっても、人びとの行動習慣はすぐには変化しなかったことを明らかにしている。[17]近世社会の少子化は、生存の基盤としての「家」の維持・存続と子どもを産み育てることの矛盾を回避しようとする人びとの生存への努力のなかで生じたのである。[18]

「福祉国家と教育」の「遠い淵源」への視点

さて、ごく最近のイギリスの福祉をめぐる歴史研究では、近代国家成立以前、国家の介入が不十分な時代における、慈善の受け手の側の「メイクシフト・エコノミー（生存維持の経済）」への関心が高まっている。「メイクシフト・エコノミー」とは、貧民の生存戦略を表現するものとして提出された概念である。そこでは、貧民の語り《ナラティヴ》、特に貧民たちが支給を受けるために用いたレトリックなどを分析することで、貧民たちが、単なる慈善の受け手ではなく、さまざまなレトリックを巧みに用いながら救済を引き出す主体性を持っていたことを明らかにしつつある。

この「メイクシフト・エコノミー」概念は、ライフサイクルと貧困の関係に着目する新しい貧困概念の登場と軌を一にする。そこでは、個人のライフサイクルのなかでも高齢期、病気、寡婦や孤児になった場合など、特に貧困に陥りやすい時期があること、このライフサイクル貧困が「メイクシフト・エコノミー」が作動する究極の源泉となっていくことが発見されている。[19]

こうした近年のイギリスの福祉をめぐる歴史研究で見出された視点は、日本近世の出産管理政策や民衆たちの生存の問題を考える上でも示唆的である。

出産管理政策も、貧民救済の側面を持っていた。養育料支給は、望まない妊娠によって困窮に陥った家族、あるいは出産による妻の死亡や病気による乳不足で養育困難となった家族を一時的に救うことで堕胎・間引きを防止しようとするものであった。この養育料支給についても、一人ひとりの民衆に焦点を当ててみるとき、救恤を受ける側というだけではない民衆たちの姿が浮かび上がる。そこにみえてくるのは、生存の基盤としての「家」の維持・存続のために、さまざまに苦闘し自らの生存を維持しようとする、主体としての人びとの姿である。[20]

極貧者や下層の武士にとって、子どもの出生は、家族の生存を脅かす出来事であった。しかも、養育料は貧困であれば無条件で支給されたわけではない。養育料の支給率は低いうえに、多くは支給ではなく貸与であり、現実の養育保障という面では貧弱なものであった。たとえば、東北日本に位置する仙台藩の支藩、一関藩の場合、養育料の支給対象は、農民の場合は第二子、武士の場合は第三子以降に限定され、しかも、支給にあたっては、困窮の度合いが厳しく吟味された。怠慢で貧乏に陥ったものは受給資格がないとされ、武士の場合は「勤め向き」の良さが、農民の場合は、「実躰正路」（正直）で年貢もよく納めているなど、支給対象者のモラルが重視されたのである。しかも養育料支給の目的は、現実の養育保障というよりは人びとの子育ての自助努力の涵養にあった。支給対象者のモラルが重視されたのは、そのためである。

養育料支給願からは、自らの窮状をさまざまな形で訴えることで養育料の支給を受け、「家」の維持・存続と子どもを産み育てることの矛盾を解消しようとした下層の武士[21]や極貧の農民たち、そして藩や出産管理の実際を担わされた共同体といった中間団体相互のせめぎ合いの様がみえてくる。人びとの内面にまで介入する出産管理政策は人びとに、「家」の維持・存続と、子どもを産み育てることの矛盾を、より意識させるものであり、人々のなかにある種の「家族計画」といったものを意識させるものであったといえよう。

そのように考えると、「惣領の十五は貧乏の峠、末子の十五は栄華の峠」という近世の俚諺も、ライフサイクルと貧困の関係をめぐる農民たちの素朴な「家族計画」意識を示すものといえるかもしれない。この俚諺は、近世の農民家族の現実から産み出された。というのも長子が一五歳の頃というと父親は四五歳、下には三人から四人の幼い兄弟がおり、農民にとって、この時期はもっとも労働力が薄手で、生活の苦しい時であったと考えられるからである。[22] このように考えるなら、こうしたライフサイクルの危機をめぐる俚諺は、生存維持のための習俗ともいえる。そこには、生存の場である家にとっての危機を乗り越えようとする民衆たちの姿が浮かび上がる。

今まで述べてきたことから明らかなように、日本近世公権力による人口やいのちへの介入策である出産管理政策は、いのちをめぐる公権力の危機管理の一環でもあった。そこでは、赤子のいのちを奪う堕胎・間引きを禁じるための間引き教諭書が、公権力のみならず、僧侶、神主などの宗教関係者、医者、そして村落の指導者層によっても書かれた。彼らが教化に用いた間引き教諭書からは、教諭する側とされる側の、いのちや「養育」概念をめぐるせめぎ合いがみてとれる。

間引き教諭書の一つ、津山の神官が著した『子寶辨』（一八三〇年）では、「顔貌は見えねども」「胎内」にいるのも「子」なのだから、堕胎も間引きも子殺しも、罪であることに変わりはないと説く。そこにあるのは、胎児も赤子も小児も、「子」として等価のいのちという観念である。しかし、人びとの側は、「腹かき」（胎動）によって胎児の存在を認めるものの、間引きよりは堕胎の方がまし、とするなど、それとは異なるいのちをめぐる観念を持っていた。[23] 出産管理政策は、そうした人びとのいのちをめぐる観念と対峙しなければならなかった。そのため、間引き教諭書や養育料支給による人びとの道徳的教化によって、堕胎・間引きに対する罪意識の内面化がはかられたのである。今までの社会福祉史では、藩主の仁政と捉えられてきた堕胎・間引き禁止政策は、藩の側と人びとの側の生存やいのちをめぐるせめぎ合いのなかでなされたものだったことに注意する必要がある。

その意味で出産管理政策における教化と救恤の関係、そして出産管理政策のなかで重要な役割を果たした宗教関係者、医者、村役人などの中間層、出産管理政策の末端に位置し制度の実際や教諭を担った上層農民が果たした役割、そして藩、共同体、家相互の間で展開された子どもを産み育てる営みをめぐるせめぎ合いの歴史を具体的に明らかにする必要がある。そのことは、「福祉国家と教育」の「遠い淵源」を探ることにもつながるだろう。

今までみてきたように、近世社会において「家」は人びとのいのちをつなぐ場として重要な意味を持っていた。しかし「家」だけで人びとの生存が維持されていたわけではない。そこには、「家」、共同体、さらには、公共空間としての「世間」という多様な社会的結合関係が存在していた。橋本が提議したように、近代国家成立以前の近世社会における、これら多様な社会的関係の持つ歴史的意味を問い直し、相互の関係性を明らかにする必要がある。

出産管理政策の特徴も、懐胎から出産にいたるまで共同体による相互監視が求められ、相互監視を怠った場合は、夫婦のみならず、庄屋・組頭・五人組も罰せられるなど、共同体を媒介とした管理がおこなわれた点にある。また、捨て子の養育は、捨てられていた場である町や村の責任とされた。親と子が共倒れになることを避けるために、「子を捨てわが身を守る」捨て子は、「家」で養育できない子どもを、共同体や世間に委ねる、親と子の生存維持のための行為でもあった。しかし、近世末になると、町、村、「世間」が捨て子に対応できない状況が広がっていく。そうしたなかで一九世紀初期に出されたのが、津山藩の育子院の構想である。この育子院の構想は、ロシア使節たちによって送還されたロシア漂流民、大黒屋光太夫や津太夫の見聞をもとに書かれた桂川甫周の『北槎聞略』（一七九四年）や大槻玄沢の『環海異聞』（一八〇七年）に記されたロシアの「幼院」の情報をそのまま受容したものであった。当時の津山藩では、蘭学者が藩医となっており、ロシア情報はこのあたりからももたらされたらしい[24]。日本の近世社会は、けっして閉ざされた社会ではなかった。

しかし津山藩の育子院構想は実現されずに終わり、近代になると、捨て子の養育は、養育院をはじめとする公的機関でなされるようになる。他方で、子どものいのちを世間に委ねるという意味での捨て子、そして捨て子にいのちに関わるさまざまなモノや手紙を添える捨て子の作法は、地域によっては、近代以降も続いていく。そのことは、先に見た通りである。とするなら、捨て子救済の問題は、近世／近代という二分法では簡単に切れない公共圏の歴史的展開をめぐる問題でもある。そこには、公共性の内実や、公共圏と家族の関係の歴史的変化を問うという課題が残されている。

おわりに

日本の近世社会は、世界でも特筆すべき文書社会であり、豊富な史料が残存していることもあって、日本近世史には豊かな研究蓄積がある。しかし、そこに生きた一人ひとりの子どもや女の側に視点を定め、人びとが生きる場としての家族や共同体、社会や、その関係性に留意し、いのちをつなぐ営みがどのようになされてきたのか、具体的な歴史的事実に即して検討し、近世史を組み替える作業は、まだ始まったばかりと言える。言いかえれば、橋本提議が示したような現代社会への緊張関係を持った視点を鍛えつつ、近世史の豊富な史料を読み解き、きめ細かく、人びとの生存の足場であるそれぞれの地域に即して、近世社会の子どもを産み育てる営みの具体相とともに、近世から近代への重層的な展開の過程を明らかにすることが求められている。そうした歴史像の再構築は、最近の江戸ブームに見られる、近世社会を近現代社会との対比で描き、現代の教育や子育てをめぐる問題の処方箋を近世社会に求める単線的な歴史像とは異なる歴史像の再構築につながるだろう。のみならず、近世の「養育」

や「子育て」の内実を明らかにすることは、近代以降にヨーロッパ語、とくに英語の〝education〟の翻訳語として定着した学校教育中心・知育中心のイメージを色濃く持つ「教育」概念[25]や、そうした「教育」概念と深い関係性を持つ近代の「育児」概念の相対化[26]にもつながるだろう。「国家・社会・教育の関係性」は、そうした近世から近代への展開を視野に入れた長い時間軸のなかで、またなによりも、そこに生きた人びとのいのちをつなぐ営みを基軸に据えるなかでこそ見えてくるという性格のものではないだろうか。

注

（1）塚本学『生きることの近世史　人命環境の歴史から』平凡社、二〇〇一年。
（2）倉地克直『全集日本の歴史第一一巻　徳川社会のゆらぎ』小学館、二〇〇八年。
（3）小松裕『全集日本の歴史第一四巻「いのち」と帝国日本』小学館、二〇〇九年。
（4）大門正克「いのちを守る農村婦人運動――「生存」の足場を創る歴史の試み、岩手県和賀町」大門正克・岡田知弘・川内敦史・河西英通・高岡裕之編『「生存」の東北史――歴史から問う3・11』大月書店、二〇一三年、一八六～一八七頁。
（5）大門正克「序説「生存」の歴史学――「一九三〇～六〇年代の日本」と現在との往還を通じて」『歴史学研究』第八四六号、二〇〇八年。
（6）大門正克「「生存」を問い直す歴史学の構想――「一九六〇～七〇年代の日本」と現在との往還を通じて」『歴史学研究』第八八六号、二〇一一年。
（7）岩城卓二「近世の「生存」」『日本史研究』第五九四号、二〇一一年度大会特集号、二〇一二年。
（8）矢田俊文「中世・近世の地震構造と「生きていくこと」」『日本史研究』第五九四号、二〇一一年度大会特集号、二〇一二年。

（9）倉地克直「「生きること」の歴史学・その後」『日本史研究』六〇四号、二〇一二年、三三頁（『「生きること」の歴史学――徳川日本のくらしとこころ』敬文舎、二〇一五年に再録、二八五頁）。
（10）倉地「「生きること」の歴史学・その後」三〇頁（同前、二八〇頁）。
（11）沢山美果子『性と生殖の近世』勁草書房、二〇〇六年、八五―八六頁。
（12）沢山美果子『江戸の捨て子たち――その肖像』吉川弘文館、二〇〇八年、一九頁。
（13）大藤修『近世農民と家・村・国家』吉川弘文館、一九九六年。
（14）大藤修『近世村人のライフサイクル』山川出版社、二〇〇三年。
（15）速水融『近世農村の歴史人口学的研究』東洋経済新報社、一九七三年。
（16）斎藤修『比較史の遠近法』NTT出版、一九九七年、一三二～一三三頁。
（17）浜野潔は米沢藩の取り組みを紹介し、少子化対策にはなかなか即効薬がないことを指摘している（「歴史からみた人口減少社会」『環』第二六号、二〇〇六年）。また二本松藩の赤子養育仕法を取り上げた高橋美由紀は、人びとの行動習慣が「施策によってすぐに変化するとは考えにくく」「social net をも十全に備えた、人びとの暮らしに魅力的な地域社会造り」と「子どもを産んで育てていける、子どもを持つことは人生においてプラスになるという、絶対的かつ長期的な社会経済的安心感」が必要と結論づけている（「近世中期の人口減少と少子化対策」『日本労働研究雑誌』第五六二号、二〇〇七年、一二頁）。
（18）沢山美果子「近世における産むこと、産まないことと子どもの「いのち」」『比較家族史研究』第二四号、二〇〇九年。
（19）長谷川貴彦「近世化のなかのコモンウェルス――イギリス福祉国家の歴史的源流を求めて」高田実・中野智世編『近代ヨーロッパの探究　一五　福祉』ミネルヴァ書房、二〇一二年、三二～三三頁。
（20）沢山美果子「性と生殖からみた近世女性の身体と子どもの「いのち」」『民衆史研究』第八一号、二〇一一年。
（21）沢山美果子「武士層における育子手当支給の諸相――一九世紀前半期の一関藩」『立命館大学人文研究所紀要』第八七号、二〇〇六年、同「性と生殖からみた近世女性の身体と子どもの「いのち」」。
（22）鬼頭宏『人口から読む日本の歴史』講談社学術新書、二〇〇〇年、二四一頁。
（23）沢山美果子『性と生殖の近世』勁草書房、二〇〇六年、一一六～一一七頁。

(24) 沢山美果子『江戸の捨て子たち　その肖像』吉川弘文館、二〇〇八年、一四七～一四八頁。
(25) 寺崎弘昭他『教育の古層――生を養う』かわさき市民アカデミー出版部、二〇〇一年。
(26) 沢山美果子『近代家族と子育て』吉川弘文館、二〇一三年、二四二～二四七頁。

討論のまとめ【遠い淵源】

はじめに

本稿に与えられた課題は、まず、近現代における国家・社会・教育による関係構造を「福祉国家と教育」という観点から歴史的に解明することを主題とする橋本報告に対して、「福祉国家」のある種の原型を見ることができる近世（ないし初期近代）の日本（沢山報告）およびイギリス（岩下報告）の文脈のなかから提示された補足や批判、新たな論点に基づき議論された内容について整理することである。そして、一九世紀末から二〇世紀初頭にかけてのドイツにおける女性社会福祉職養成教育を研究テーマとする者としてこれらの議論に若干のコメントを述べることである。

ただし、本セッションは近世ないしは初期近代世界をその対象としているが、議論の焦点は主に一八世紀に当てられていたことを付言しておきたい。

公教育以外への視点の必要性

沢山報告においては、橋本報告の主眼は制度化された教育にあり、子ども・家族・地域・社会といった民衆的世界をその射程に入れていないために、日本近世の性や生殖、子どもを産み育てるという営みの次元で「福祉国家と教育」の遠い淵源について考察する沢山報告との比較の軸が見出しにくいとの指摘がなされている。確かに橋本報告と沢山報告との間には着眼点に関する決定的な差異が生じている。端的にいうならば、それはエリート的世界に注目するか、民衆的世界を取り扱うかという差異である。しかし、①「福祉国家と教育」というテーマの位置づけ、②テーマについて重層的・立体的歴史像を提示するための視点、③テーマについて重層的・立体的歴史像を提示するための方法、④テーマに関する構造的把握の必要性に関して、両者の目指すものは軌を一にしている。この共通点を重視するならば、着眼点の差異を埋めるために橋本報告に民衆的世界を視野に入れた分析を求めるよりも多くの研究者の研究成果をつなぎ合わせ、着眼点の偏りを補い合うことを目指す方がより有効な方策ではないだろうかという意見が出された。

紀律化の仕組みに関する分類の必要性

橋本報告において啓蒙絶対主義時代における教育、すなわち学校を通じた社会的紀律化は、プロテスタント地域で顕著に見られた現象であったが、カトリック諸国、ひいては正教圏のロシアにまで及ぶものであることが指摘されている（本書30～33頁）。岩下報告は、橋本報告を受けて同時代のイギリス、主として「長い一八世紀」のイングランドにおける教育をめぐる状況をプロイセンに代表されるような啓蒙絶対主義時代におけるそれと比較することで橋本報告が指摘する視点をさらに補強している。その作業を通じて、教育提供や教育統制の構造において国家・教会・任意団体のようなさまざまなアクターがいかなる関係性のもとにあったのかを類型化する必要性を提示している。そして、橋本報告での考察および岩下報告による補強から国家と社会の相互作用の差異をどう整理、類型化するか、そのような差異があるにもかかわらず共通の課題を担っていくという同時代性をどう考えるのかという課題が浮き彫りとなった。この一八世紀世界が持つ同時代性は本セッションを通じての最大の論点である。

一八世紀世界の同時代性と相互連関

三報告から浮かび上がってくる疑問点の一つとして、「なぜ、ほぼ時を同じくして似たような現象が生じるのか」という点が挙げられた。すなわち、橋本報告における啓蒙絶対君主による紀律化、沢山報告における公権力による出産管理政策や捨て子の救済、岩下報告における公共事業としてのチャリティの制度化といった人間の生命への介入という現象が起こる要因をどう理解すればよいのかという論点である。ヨーロッパに目を向けるならば、ヨーロッパという世界が持つ共通の情報空間がその疑問の回答になるだろう。また、戦争もその答えとなるだろう。武力による闘争である戦争は、ある種の交流と考えることができる。こういった状況のなかで一八世紀のヨーロッパにはすでに国家間競争の形で、相互にアイディアを入手しながら類似した政策をおこなう仕組みが出来上がっていたといえよう。では、ヨーロッパ世界の外に目を向けてみると、どうだろうか。その点に関しては、近世日本に見られるヨーロッパ世界との共通点をヨーロッパとの関係で捉えるべきなのか、あるいは東アジア世界とのつながりのなかで捉えるべきなのかを吟味する必要があり、そのためにはまず、南アジアやイスラーム世界が有しているヨーロッパの国々との差異性と共通性を明らかにしなければならないとの視点が出された。

さらに、一八世紀日本の捉え方に関しては、現在のようなアジアのなかの日本という捉え方だけではなく、ロシアとの関係性を考慮しないことにはこの時代の日本を捉えることはできないとの視点も提示された。ロシア使節団の来航、経世家として知られた仙台藩の藩医である工藤平助による『赤蝦夷風説考』執筆、蝦夷地調査隊の派遣といった事例からも近世日本にとってロシアは遠くない存在であったという事実を垣間見ることができるだろう。

また、日本を孤立した存在として捉えるのではなく、世界とのつながりのなかで理解し、一八世紀世界の持つ同時代性・一体感について考察する際に足かせとなるのが、「近世」という概念であるとの指摘がなされた。つまり、イングランドは一八世紀でもすでに「近代」といわれるにもかかわらず、日本の場合は一九世紀までを「近世」というが、これは世界史的な比較を視野に入れ、時代の差異性と共通性について考察しようとする際に戸惑いをもたらす概念であり、世界史的同時代性について論じる場合には、世界的に一八世紀後半あたりから「近代」に入ったと捉えるべきではないかとの論点が出された。

この点に関して、日本史のなかで使用される「近世」という時代区分の背景には、日本が特殊な近代化の過程を経てきたという認識があるようだが、最近になってこの「近世」という軸の見直しが必要であるとの議論もなされている。

さらに、一八世紀の大きな特徴として人口転換の問題が指摘された。すなわち、この時期に世界的に人口が増加している歴史的事象をどう理解するのかという問題である。一八世紀半ばを境界として人口の増加局面に転じたこの現象は、一九世紀の未曾有の人口増加へとつながる。一八世紀ヨーロッパの人口増加の要因としては、高い出生率の維持、ペストなどの大流行がなくなったことによる死亡者数減少、そして、農業技術の改良を受けた食糧事情の好転を挙げることができるだろうが、さらに議論を深めるためには人口学に関するこれまでの研究蓄積を再度学び直す必要があるだろう。

また、この人口転換の問題とあわせて、人口転換と一八世紀世界のなかに広がる思想的な一体性を結びつける枠組みについて考える必要があるのではないかとの指摘がなされた。換言するならば、人間の生命への介入は、たまたま同時期に生じた現象なのか、あるいは、人口転換という物質的・自然的な世界と思想という観念的世界の一体性が相互連関した結果起こった現象なのかについて考察するべきであるという指摘である。

この指摘に対して、人口転換と思想的一体性を結びつける概念として考えられるのは、「家族戦略」ではないかとの視点が提示された。つまり、税徴収や徴兵といった国家を支える制度を確立し、国家の立場を確固たるものとする際に人口動態を把握することは国家の主導者にとって必要不可欠であったことから、一八世紀は「家族」が国家の大きな戦略対象となった時代であるといえるのではないかという指摘である。この点に関しては、一八世紀に家族が国家にとって重要な政策になったというよりもむしろ、この時期に夫婦と子どもを中心とする「家(家族)が成立した」のではないかという意見も出された。この「家(家族)」を維持・存続させるためのせめぎ合いが繰り広げられたと解釈することができるという見解である。

また、政治や経済、国家などをその研究対象とする構造史的な社会史(マクロな視点)と実際に生きていた人々の生活や人生を取り扱う習俗史的な社会史（ミクロな視点）の両面から一八世紀に目を向けたときにも「家族」や「家族戦略」というのは一つの大きなキーワードとなりうるという論点も提示されており、福祉国家と教育をめぐる現代までの歴史的展開のなかで一八世紀社会を理解する際に「家族」や「家族戦略」は一つの大きなキーワードとして存在しうるだろう。

国家論の再検討

一八世紀世界が持つ同時代性という論点とならび、本セッションで大きなトピックとなったのは、古代から現代につながる歴史のなかでヨーロッパ全域を含めて一八世紀国家を再検討する必要があるのではないかという指摘であった。たとえば、われわれは国家を「ステイト」という言葉で理解するが、ジョン・ロックやアダム・スミスは、「ステイト」ではなく「ザ・パブリック」という言葉で国家を表現していることから、中央集権的な意味合いの強い「ステイト」は、どの時代の国家にも当てはまる言葉ではなく、ある特定の時期の国家を指していることがわかるだろう。その点に自覚的になりながら近世国家を捉え直すと、近世国家を表す際に用いられる「ザ・パブリック」が明確に定義をすることが困難な言葉であり、無定形な概念であるのと同様に、近世国家もまた複合的であることが指摘された。これらの指摘を受けて、一八世紀国家は多様な諸政治体《ポラティ》の集合体である近世国家から国民国家への移行期として捉えることができるのではないかという議論が展開された。さらに、複合国家である一八世紀国家を構成する諸政治体《ポラティ》間で共有されている理念が「公共の福祉」である点も確認されている。

また、ヨーロッパ全域を対象に一八世紀国家を理解するという場合、イギリス、フランス、ドイツなどに代表されるような西欧諸国とは異なる国家的様相――身分制を基盤とした社会編成――を呈している地域として、ハプスブルク帝国やロシア帝国、オスマン帝国が存在することから、一九世紀後半以降に国民国家を形成していく西欧諸国の国家のあり様と帝国として確立していくハプスブルクやロシア、オスマンの国家のあり様を意識し、その展開の相違および両者間の接続を内包させる形で国家を捉え直す必要があるのではないかという提起がなされた。

おわりに

本セッションは、一九世紀末から二〇世紀初頭のドイツを研究対象としている筆者にとって一八世紀世界を相対化するための良い機会であった。一八世紀のドイツは、啓蒙思想を軸に中世的な「古い世界」から近代的な「新しい世界」への過渡期として二つの世界がせめぎ合いながら存在していた時期である。筆者の研究関心に近いところでは、市民・家族・ジェンダーの領域でこの時期に新たな局面を見ることができる。具体的には、従来の都市市民《シュタットビュルガー》とは異なる新たな市民として教養市民層《ビルドゥングスビュルガートゥム》や経済ブルジョワジーが誕生したこと、「全き家」とは異なった情緒的結びつきを重視する家族理念が生まれたことを指摘することができるだろう。そして、この新しい家族観と自然の性差という観点から「女は家庭、男は仕事」という性別役割分業が生み出されていくこととなる。自然の性差という観点もまた啓蒙の時代の産物である。この一八世紀に新たに誕生した市民・家族・ジェンダー概念は、一九世紀末から二〇世紀初頭における女性社会福祉職養成について考察する際に重要な観点となる。さらに「福祉国家」という観点を追加することでこのテーマに関するより重層な歴史像を描くことが可能になるだろう。

以上まとめたように、本セッションでは主に一八世紀世界が持つ同質性・一体感と国家論の再検討を論点として活発な議論が展開された。この議論でとくに重視されたのは、イギリス・フランス・ドイツという西洋史分野の御三家に限定されないヨーロッパ世界、さらにヨーロッパを超え出てオスマン、ロシア、アジアを含み込んだ世界を対象にウォーラーステインによる世界システム論にも結びつく世界史的分析をおこなうことであった。もちろん、この課題は一人の研究者の手に負えるものではない。あらゆる時代のあらゆる地域の国家・社会・教育に関わるさまざまなトピック――たとえば、政治・財政・家族・ジェンダー・福祉など――をテーマとする研究者が協力し、対話をしてこそ応えることができる課題である。本セッションを通じて、教育社会史研究は研究対象地域と時代を超えた「協働」の時期に突入していることを強く感じた。

（杉原　薫）

参考文献
イマニュエル・ウォーラーステイン（川北稔訳）『近代世界システム（一）（二）――農業資本主義と「ヨーロッパ世界経済」の成立』岩波書店、二〇〇六年。
斉藤修他編著／ピーター・ラスレット他著（鬼頭宏他訳）『家族と人口の歴史社会学――ケンブリッジ・グループの成果』リブロポート、一九八八年。
福井憲彦『ヨーロッパ近代の社会史――工業化と国民形成』岩波書店、二〇〇五年。

ナショナリズム・世俗化・リベラリズム

3　フランスにおける「公教育」とその多様な担い手
――一九世紀前半の初等学校をめぐって

前田更子

はじめに

第Ⅰ部で提起されているように公教育という用語が何を指すのか、その点に関して一致した見解というものがはたしてあるのだろうか。一般的に日本においては国家が保障し、公費によって賄われ、すべての人に等しく開かれている世俗的な学校教育を近代的公教育と見なす傾向があるが、実のところ、対象とする国、地域、さらには時代によって公教育の内実は大きく異なっている。近代公教育モデルを提供したといわれるフランスにおいてさえも、現在では、上記のように公教育(1)を定義することに異論がないわけではない。

二〇〇四年春にフランスで制定された、いわゆる「宗教シンボル禁止法」と私立学校の関係を例にとろう。同法は、公立小中学校・高校において「特段に目立つ」宗教的標章の着用を生徒に禁じた法律である。この法により公立の小中学校・高校は、共和国のルールである宗教的中立性《ラ・イ・シ・テ》の原則を守る場、すなわち公的空間であるとはっきりと規定された。だが、それと同時に、同法が適用されなかった私立学校は、義務教育就学児童全体の二～三割の教育を担当しているにもかかわらず公的空間ではないのか、私立学校で施される教育は公教育ではないのか、という問いを私たちに投げかけてきた。

私立学校と国家との関係をめぐっては、「教育の自由」の問題と関連して、長い闘争の歴史がある。フランスではフランス革命以降、学校教育の領域においてカトリック教会と共和派との間で激しい対立が繰り返されてきた(2)。ナポレオンが作り出した公権力による教育の独占状況に対して、一八四〇年代に教会勢力と自由主義者たちは激しい攻撃を展開し、一八五〇年のファルー法でようやく「中等教育の自由」を手に入れた。これによって修道会は、ナポレオン期以降活動が認められていた民衆教育の領域に加えて、エリート教育に関しても「自由学校（私立学校の当時の呼び名）」を自らの活動の場とすることに成功した。また、第三共和政政府により反教権主義的政策がとられた世紀末には、公立学校の教壇から追放された修道士たちが、私立学校に逃げ場を求め、そこで活動を再開した経緯がある。つまり、教育の自由を擁護する立場からいえば、私立学校は国家の介入を退けられる自由の場であり、公的空間ではない、とごく自然に理解されるのかもしれない。さらには、「近代公教育三原則」すなわち「義務、無償、世俗性」を念頭に置けば、特定の宗派教育を施せる私立学校は公教育の場ではないという主張もあろう。しかしながら注意すべきは、国家による世俗的教育こそが公教育であるとするこうした見方は、一八八〇年代以降、第三共和政の指導者によって推進され定着していったにすぎないということだ。そしてその共和主義的な歴史像においては当然、私立学校は「公的」なものに対置される要素として描かれる傾向にあった。

現在のフランスでは、このような第三共和政的な公教育の捉え方に疑問を呈する人びともいる。その背景には、いまでは私立学校の大半が一九五九年のドゥブレ法に基づき国家と契約を結ぶ契約校であり、そこで雇用される教員の給与は国家から支給されているという状況がある。公費適用の有無が公立校と私立校とを区分していると は言い難いのである。カトリック陣営からの大規模な反対デモに遭い、実現こそされなかったが、一九八四年にミッテラン政権下で提出されたサヴァリ法案が目指していたのは、「公共サービス」の名のもとに公立学校と私立学校での教育を一本化することであった[3]。また、イスラーム教徒の女子生徒のスカーフ着用問題をめぐって、二〇〇三年一二月四日に下院議会内に設けられた調査委員会では、公立のみならず国家と契約を結ぶ私立学校においても、宗教的標章の「目に見える着用」を禁ずるように提案されもしていた[4]。スカーフ着用禁止の妥当性の問題はさておくとして、こうした議論から見えてくるのは、国家と契約を結ぶ私立学校が施す教育を、広く公共的な観点から公共サービスとしての公教育と捉え、公立学校とならんで私立学校も子どもに市民としての教育を施す義務を負うと考える人びとがいるという事実である。

この問題は、少し広く考えると、学校教育をめぐって国家と社会、個人の関係性をどのように理解するかということにつながるように思われる。フランスでは一九世紀から二〇世紀後半にいたるまで公教育の整備の担い手として集権的な国家の役割がきわめて重視されてきたが、一九八〇年代以降の「福祉国家の危機」に伴い、国家の役割の問い直しが進むなかで、公を体現するのは政府だけでなく、市民社会の一部をなす私立学校も広く公共性を担っていると認識する者が出てきているということではなかろうか。

本章では、一九世紀前半すなわちリベラリズムの時代のフランスを扱う。それは国家の社会への介入の度合いが二〇世紀に比べるとはるかに低いと一般に理解される時代のフランスであるが、公立学校と私立学校というものが初めて法律上明確に規定され、民衆を対象とする初等教育に国家が本格的に関与し始めるのはこの時期においてであった。上で見てきたような公教育と私立学校の関係を、一九世紀前半の状況に即して、体系的に議論することは現段階では筆者の能力を超えたものとなる。したがって、以下では、まず公教育の担い手に関する近年の研究動向を整理し、ついで、国家に先駆けて一九世紀初頭に初等学校の整備に尽力した修道会と民間団体「基礎教育協会」について概観する。そして最後に、一八三三年のギゾー法によって整備される初等教育行政のあり方と初等学校教師に期待された役割を考察し、国家がどのように初等教育の領域に介入し公教育の一つのアクターになっていくのか、その過程を提示したい。非常に曖昧な概念である「公教育」というタームについて考える材料を、フランスの事例から提供できればと思う。

研究動向と課題

近年、教育の公共性、「公教育とは何か」という問いをめぐって、教育史学の側からいくつかの提起がなされている。その背景には上で述べたような、福祉国家の危機と呼ばれる外的要因が存在しているだろう。岩下誠も簡潔にまとめているところだが(5)、こうした時代に登場した研究の主な特徴としては、第一に、公教育を担う主体について国家の役割の相対化が進んでいることが挙げられる。叢書・比較教育社会史『国家・共同体・教師の戦略』においては、国家を社会集団の一つとして捉えながら、教育に関わる多様な社会集団が、自らの公共性を主張しつつ、学校教育の普及活動に取り組んできたことが指摘されていた(6)。また第二に、宗教と公教育の関係性の再検討がなされているという特徴が見られる(7)。国家介入による世俗化を公教育の成立の前提とする従来の見方とは異なり、そうした研究においては国家が教会や宗教団体を含むさまざまな主体とどのような関係を築いていったのか、ということに関心が向けられている。すなわち、教育に関わる多様な社会集団の役割とその相互の関係性の見直しが始まっているのである。公共哲学という学問分野では、近年、公私二元論にかわって、「政府の公／民（人々）の公共／私的領域」の相関三元論の採用が唱えられ、「民の公共」の役割への注目が集まっているが[8]、公教育史研究においても中間団体が持つ公共性に光を当てるという作業が始まっているともいえよう。

フランス教育史の歴史叙述に目を転じれば、「民の公共」や「公共性」という表現は使われていないものの、近年やはり、公教育の進展に寄与した修道会をはじめとする中間団体やアソシアシオン、さらには地方自治体などへ関心が向けられている。共和国の伝統を重んじる研究においては長い間、学校教育システムの構築に果たした国家の役割が強調される傾向にあった。フランスの公教育システムは中央集権的な国家の決定によって生み出され、地方権力は「上での」決定を画一的なやり方で社会に適応させる役割を負っていたと考えられたのである[9]。そして、こうした見方においては、フランス革命期に議会で議論された諸法案、ギゾー法（一八三三年）、ファルー法（一八五〇年）、フェリー法（一八八一〜一八八二年）といった初等公教育を支えるうえで重要な諸法制度の施行が公教育進展のターニングポイントとして重視されていた。しかしながら、一九七〇年代半ばになると、国家だけが学校教育システムの構築において決定的な役割を果たしたわけではないという見解が述べられるようになってくる。識字化に関するフュレとオズーフの研究は、識字化の進展において決定的な力を持っていたのは「教育の社会的要求」であると主張し、国家による学校政策・改革と、識字率の上昇のタイミングとは必ずしも結びついていないことを説得的に論じた[10]。以後、非集権的な視座から研究を進めるアングロサクソン系の歴史家たちの影響を受けつつ[11]、地方の史料の精緻な検討に基づく研究が登場すると、国家に先んじて、あるいは国家と同時期に発揮された地方のイニシアチブの重要性が明らかにされていく。そして、政府主導の法整備の進展と実際の学校の設置のリズムは重ならず、ずれていたという点が示され、一九世紀のフランスで学校開設の契機として作用したのは、法制度の整備とならんで、地方に固有の条件であり、また学校システムの構築においては、国家だけでなく地方自治体や地方名望家の役割が重要であることが確認されるにいたった[12]。

地方レベルでの学校の機能に注目する研究は同時に、家族、教師、地方議員、アカデミー視学官の活動に光を当て、世俗の学校とカトリックの学校の地域レベルでの競争の側面を描くことにも成功した[13]。一九九〇年代には、修道会に的を絞った研究[14]、「基礎教育協会」のようなアソシアシオンを対象とした研究[15]が登場し始める。日本でも、槇原茂が第二帝政期に結成された「教育同盟」と「フランクリン協会」の活動を検討し、義務・無償の初等教育が国家によって整備される以前に、両団体のようなアソシアシオンがフランスの農村部の民衆に新たな知識をもたらしていた様子を考察した[16]。また、神山栄治はナポレオン期に多くの修道会が民衆教育に関わっていた点を丹念な史料調査に基づいて明らかにした[17]。筆者もこれまで私立中等学校が国家の改革に先駆けて地域社会のニーズに応える形で多様な教育実践を展開し、そうした私立学校による革新的な試みが国家の公教育改革にも影響を及ぼしていたことを明らかにしてきた[18]。

これらの研究の蓄積の結果、いまでは、中央集権的な国家のイメージが強いフランスにおいても、公教育システムはさまざまなアクターの共同作業に基づき構築されたという見方が研究者の間で共有されつつある。そもそも学校は多くの場合、最初から公的財源に支えられ開設されたものでもなければ、国家が上から一斉に整備をしていったものでもない。まずは、学校を作ろうとする人がいて、その後から場合によっては公的予算がつき、公権力により学校が認可されるという手順が一般的ではなかろうか。筆者はフランス全土の事例に精通しているわけではないが、少なくともこれまで研究を進めてきたローヌ県についてはそのように見える。いずれにしても、さまざまな研究者が指摘してきたように、公教育の具体的な展開を考察するためには地方で実施された政策、地方の現実を考慮しながら、国家だけでなく学校の開設に関わっていた多様なアクターに目を向ける必要があるのは間違いない。

では、「下から」の視点に立った公教育史研究の重要性が研究者の間での共通認識となったいま、さらなる課題はどこにあるだろうか。一つには、再度、国家レベルでの政策決定、政治的指導者たちの思想を検討し、地方と中央の関係性を読み解くことが重要であるように思われる。渡邉大輔も述べているところだが、学校教育の量的・質的改善は国家と地方行政、地域社会の相互の働きかけにより進展した[19]。もし国家の政策が地域社会に浸透しないとしたらそれはどのような理由によるのか。地域社会の状況やそこでの教育実践は政治的指導者層の考え方にどのように響いたのであろうか。政治的指導者たちが抱いていた思想――それも当然複数あるだろう――、および国家レベルでの政策と地域社会における学校教育の展開がどのように関わり合っていたのか、言い換えるならば、国家を含めたさまざまなアクターの間で見られた受容と反発のダイナミズムを検証する作業が必要であろう。

「公教育」の担い手　その1――修道会と市町村、基礎教育協会

フランス革命期に発布された一七九一年憲法において、「すべての市民に共通で、すべての人間にとって不可欠な教育の部分については無償の公教育が創設され、組織される」と公教育の原則が宣言された。それ以降、革命議会はアンシアン・レジーム期に絶大な影響力を保持していたカトリック教会を学校の領域から引き離そうとする一方で、新たな社会に見合った公教育の実現を目指すべくいくつもの計画を準備した。しかし、それらの計画の多くは日の目を見なかった。唯一、一七九三年一二月に施行されたブキエ法において、初等学校教師の給与は国家から支払われると規定され、子どもを七歳から少なくとも三年間学校に通わせることを親の義務としたが、

翌年一七九四年一一月のラカナル法でもってこの就学義務規定は撤廃されてしまう。ラカナル法は初等教育に関して国家にほとんど権限を与えず、この分野は事実上、修道会と市町村当局に委ねられた[20]。

帝政期になっても事態は変わらない。フランスでは、一八〇八年にナポレオンが作り上げた中央集権的教育機構「帝国ユニヴェルシテ」によって、初等教育から高等教育までのすべての公教育課程を一元的に管理する体制が整備されるが、この時点で国家が初等教育の領域に直接介入することはなかった。かわりにナポレオンは、一八一〇年にキリスト教学校教育修士会（一七世紀にジャン＝バティスト・ド・ラサルが貧しい子どもの教育のために創設した修道会）の長を帝国ユニヴェルシテ（公教育行政・教員団）のメンバーとして正式に認め、修道会に民衆教育を委ねた[21]。都市部を中心に学校を構えたキリスト教学校修士会とは別に、農村部でも同時期にいくつもの修道会が創設され、静かに活動を開始する。女子教育に関しては一八〇四～一八一三年に九五の女子修道会が認可されており[22]、彼女たちは比較的自由に地域に密着する形で学校を設立していった[23]。市町村当局は、世俗の教師を雇って初等学校を運営することもあったが、多くの場合、修道会を財政的に支援し、修道士・修道女らを市町村立学校の教師として迎えた。すなわち、一九世紀初頭の初等学校は修道会と市町村の事業であり、また、両者は時には競争関係に置かれもしたが、たいていの場合、むしろ共同して町や村の民衆教育にあたっていたのである。

復古王政期（一八一四～一八三〇年）に入ると、新しいタイプの初等学校が登場する。それは、「相互教授法」（助教法やランカスター方式ともいわれる）に基づいて民衆教育を施す学校群である。同教授法は一九世紀初頭のイングランドでベルとランカスターによって開始され、数年のうちに全ヨーロッパ、アメリカ大陸にまで広まった。フランスでは一八一五年にパリに創設された基礎教育協会が、地方協会の協力を得て、この教授法の整備・普及を進めていった。一八一五年にパリに一校目を開設して以降、基礎教育協会は広く支持を集め、一八一九年にはフランス全土八一県中七六県で六八七校を経営し、四万名以上の生徒を抱えるまでに成長する。一八二一年には六二の地方協会がパリの協会を模倣して結成されている。[24]基礎教育協会系列の学校の開設・運営には、一八一六年以降金額はわずかであるが国家からの公的資金が投入され、また地域によっては市町村・県からの補助金が支給されていた。ただし同協会の基本方針は会員の寄付による学校運営にあった。

この団体を設立し支援した人びとの中心には、革命期にヨーロッパ各地に亡命した経験を持つ博愛主義的名士たちがいた。その多くは帝政貴族である。他方で、復古王政期の政府の関心は主に未来の国家を担うエリートの養成に向けられ、初等教育よりも中等教育に据えられていた。民衆教育の改善を訴える声は上がっていたが、国家が全面的にその整備に乗り出すにはいたらなかったのである。こうした状況のなかで博愛主義的名士たちのイニシアチブは国家としても歓迎すべき事柄だったにちがいない。パリに基礎教育協会を設立したメンバーは、政府の働きかけを待つことなく、自らがそれまでの間に築き上げてきたヨーロッパ、とりわけイギリスとの個人的な関係を基礎に、国外から教授法を導入したのである。

特定の宗派によらない世俗アソシアシオンである基礎教育協会の賛同者のなかには自由主義者、プロテスタント、フリーメイソン会員が多く含まれていた。プロテスタント有力者などについていえば、独自の宗派教育を求めて基礎教育協会に参集した可能性は否めないが、カトリックの修道会教育を否定していたわけではけっしてない。彼らは修道会と競いながら高め合い、民衆教育をフランスに広めていくことを望んでいた。多額の寄付をした工場経営者や産業家、銀行家などは民衆教育の社会的、経済的価値を十分に認識していたのだ。一八三〇年代前半には二千校以上の相互学校が、とくに都市部に存在していた。相互教授法の人気は一八三〇年代後半以降低下し、一八六〇年代にはこの教授法を採用する学校はほとんどなくなる。だが、復古王政期に修道会および基礎教育協会が作り上げた学校網はその後の初等教育の発展に道筋をつけたといっても過言ではない。一八一五年から一八三〇年までの間に、初等教育を受ける子どもの数は八六万五千名から一三〇万名へと増加した[25]。これは明らかに基礎教育協会の運動と、それと競い合うようにして数を増やした修道会の活動の成果である。この時期に創設された代表的な修道会としては、ロワール県で誕生したマリスト修士会（一八一七年設立）、ブルターニュ地方を中心に活動したキリスト教教育修士会（通称、ラムネの修士会、一八二二年設立）、ナンシーで結成され主にフランス北東部をフィールドとしたキリスト教義修士会（一八二二年設立）などが挙げられる。

「公教育」の担い手　その2──国家の登場

このように主に二つの勢力が初等学校の普及に尽力している状況に国家はどのように関わっていったのだろうか。一八一六年の政令は教員に対して初等教員免許状の取得を義務づけ、そして、国家予算が初等教育推進のために初めて投入される。ついで、一八三三年には時の公教育大臣フランソワ・ギゾーによって、いわゆるギゾー法が制定された。同法は、市町村に最低一校の男子初等学校の開設を、県に一校の初等師範学校の開設を義務づけるほか、初等学校より高度な教育内容を施す上級初等学校の設立を決定した。初等教育行政についても市町村委員会と郡委員会の設置が定められ、一八三五年には初等視学官が創設された。なお、ギゾー法において、一部であっても市町村、県、国の費用で維持される学校は「公立学校」であると規定された。公費の有無が公立校と私立校を分ける基準となったのである。以前から公費による支援を若干でも受けていた既存の修道会系、基礎教育協会系の学校は、この時点で公立校の地位を得ることになる。

では、ギゾー法はどのような特徴を持つのか。本書第I部の橋本提議のタイトルにも上がっている国家と社会の関係をギゾーはどのように捉えていたのだろうか。結論から述べれば、ギゾーは、あらゆる宗派に中立な高次の権力の国家が多元的な社会、さらには人びとの精神を統治する必要性を感じており、二つのカテゴリーの媒介者を用いてその統治政策を実行しようとした。第一に、教師や視学官などユニヴェルシテに関わる「公務員」を通じて、第二に、地域社会の代表者である市長をはじめとする名望家や聖職者を通じて、である。

まず、「精神の統治」の必要性に関するギゾーの見解を聞いてみよう。

近代社会の重大な問題、それは精神の統治である。前世紀には、精神は統治されるべきではなく、自由な発達にまかせるべきであり、社会はそこに介入する必要も権利もないと頻繁にいわれ、今日でもまだ、そう繰り返されている。［だが］この無益で、のんきな解決策は経験によって異議を唱えられてきた。経験から私たちは、精神の爆発の状態を知り、知的秩序のなかにも案内人とブレーキが必要なことを手荒な形で学んできたのである。……進歩のためには良好な社会秩序と同様に、一定の精神の統治がつねに求められている。(26)

このようにしてギゾーは、フランス革命やその後の混乱、暴動の経験を踏まえつつ、人間精神は国家によって方向づけられねばならないと主張した。そして、統治のための要員として期待されたのが教師であった。ピエール・ロザンヴァロンによれば、ギゾーは、アンシアン・レジームと新しい社会との矛盾を解決する「近代的社団」の役割を教員団に期待していたという。文明化の動きは社会を単純化し、その結果、国家と個人だけが残されるが、そこには同時に、社会解体の危険性が孕まれている。だからこそギゾーは、かつての同業組合に見合うだけの「社会的効果《エフェ・ソシオ》」を生み出す必要性を感じていたというのである。(27)つまり、ギゾーは国家と個人をつなぐ役目を教師に託そうとしたのである。

ギゾー法において、初等学校教師の任命には最終的に大臣による承認を必要とすると決められた。この決定に反対する議員を前にしてギゾーは、大臣承認の手続きは教師たちの「国家の公務員」としての尊厳を守り、職務の独立性を確保するために必要不可欠な措置だと力説する。

大多数の教師たちの不平の原因は、……彼らが孤立し、見放された状態にあり、またもっぱら地方的勢力の傘下に組み込まれており、そしてたいていの場合、彼らの傍らにいる小権力者に対し極端なまでに従属的な状況に置かれているということに求められる。彼らには、自分たちが公権力によって支えられた団体《コルポラシオン》と関係を保っているという意識を抱かせることが必要なのである。(28)

一八三三年七月一八日付で、ギゾーが公立学校教師全員に送った手紙を読むと、教師に対する期待の度合いの高さと同時に、ユニヴェルシテは教師を全力で支えるのだというギゾーの強い意志を感じ取ることができる。教師が地域社会で困難に直面した場合には、ユニヴェルシテは教師を支持すると強く訴えている。(29)また、彼らを国家の公務員として一つの団体に結集させ、彼らの地位を国家によって保障し、確固たるものとして高めることを約束している。一八三三年秋にギゾーはフランス史上初めて、五〇〇名ほどの視学官を動員して初等学校に関する全国調査を実施した。その目的の一つは、ユニヴェルシテ権力を代表する視学官が直接学校を訪問することで、「あなた方は国家に、ユニヴェルシテに属している」というメッセージを教師に送ることにあった。ギゾー法によって県に一校の男子師範学校の設立が義務づけられたことからもわかるように、ギゾーは教員養成が公教育システム構築の要であると認識していたのである。

一九世紀前半の社会を管理するには、初等学校教師を媒介者とするだけでは十分ではない。ギゾーは地元の名望家、聖職者の役割を重視する。これが第二のカテゴリーの媒介者である。ギゾーは、多元的な社会を統治するには地域社会のエリートを活用すべきだと考え、行政の分権化を許容していた人物であった。ギゾー法では、教師の推薦・任命をおこない、初等学校を管理監督するための市町村委員会と郡委員会が設置された。市町村委員会の構成メンバーは、市町村長あるいは助役、カトリック主任司祭あるいはプロテスタント牧師、それに郡委員会が選ぶ地元の名望家（複数可）であり、他方で郡委員会のメンバーは、郡役所所在地の長、治安判事、カトリックの主任司祭およびカトリックを除くキリスト教各宗派の宗務責任者、王立コレージュの校長、市町村立コレージュの校長、公教育大臣が指名する初等学校教師、三名の郡議会議員（ないし郡議会で選出される名望家）、そして県議会議員であった。

両委員会に地元の聖職者を加えたのは、生徒の知的発達には道徳・宗教的発達が伴わなければならず、生徒は道徳・宗教的雰囲気のなかで育てられなければならないというギゾーの根本的な教育観による。初等学校で道徳・宗教という要素が重視されるのであれば、教育行政を担う委員会に「市町村の道徳的・宗教的行政官である司祭と牧師」が参加するのはごく自然なことと考えられたのである(30)。初等学校教師に宛てた手紙には、「司祭と教師の和合ほど望ましいものはない。両者はともに精神的権威を備えている。両者はともにさまざまな手段を用いて、子どもたちに共通の影響を及ぼすことができる(31)」とあり、初等学校教師にとって聖職者との良好な関係の構築がいかに重要であるかが力説されてもいた。

ところでギゾーは、国家と宗教の関係についてはどのように考えていたのだろうか。まずなによりも国家は、あらゆる宗派に対して中立でなければならない、と国家の世俗性が強調される。ただし国家は高次の権力として諸教会の前に立ち現われる。したがって、最終的に諸教会は国家の枠のなかに位置づけられるべきだという。聖職者を市町村委員会や郡委員会のメンバーに加えることに反対する議員に対してギゾーは次のように演説した。

聖職者を委員会から外したいのですか。何が起こるでしょう。聖職者は全くの独立を取り戻し、あなた方のあらゆる問題に無縁な存在となります。……聖職者はあなた方が理性によって法に刻み、政府自らが提案した自由を享受するようになります。あなた方の学校に敵対する学校を設立し、あらゆる手段を用いてあなた方の学校を非難します。皆さん、このような問題については、外においてよりも内において争われる方がはるかによいのです。[32]

では、ギゾー法の制定によって学校教育の現場にはどのような変化が起こったのだろうか。実は都市部においては、事態はただちには変わらなかった。第三共和政以前の市町村当局は初等学校について資金提供者の地位にとどまっていたという指摘があるように[33]、既存の学校は公立校になったとはいえ、相変わらず修道会や基礎教育協会により運営され続けた。しかし、全国的に見れば、ゆっくりとではあったが確実に、ギゾー法の効果は現れていった。統計上、初等学校に通う生徒の数は七月王政期に二倍以上に増えている[34]。初等教育行政に関しては、聖職者の反対、村の有力者たちの消極的な態度によりすぐにはうまく機能せず、それは言い換えれば地域社会がギゾーの思惑とは異なった論理で動いていたということを示唆しているが、それでもギゾー法は、公教育の担い手としての国家を本格的に表舞台に登場させ、既存の地域社会の有力者や教会勢力を公教育の発展のために協力させるように導くシステムを構築したという点で、その後の初等教育の進展に多大な影響を及ぼしていくことになる。また、教師という職業の地位を確立させようと尽力した点もギゾーの大きな功績だろう。

おわりに

一九世紀前半のフランスは柴田三千雄によって名望家国家の時代と評された。ローカルな社会を基盤とする名望家が、経済的、社会的、政治的すべての側面において地域住民からのコンセンサスを得て代表し、中央の政治・経済に直接的に、あるいは人脈を通じて間接的に結びつき、地方と中央をつなぐパイプ役を果たしていたのである。他方で、中央の意志を地域社会で反映させるさまざまな職能集団（県知事、商工会議所、警察など）が存在していたこともすでに指摘されている。[35] 教員団もその一つに数えられるだろう。ギゾー法は、地域社会と職能集団、それから教会をうまく組み合わせて初等教育の領域を組織化しようとした、名望家国家、リベラリズムの時代ならではの法制度であった。

一九世紀初頭から民衆教育の推進、普及のために尽力した修道会、聖職者、基礎教育協会の役割は大きかった。彼らが築き上げていた初等学校網に、一八三三年以降、国家が積極的に介入し始め、初等教育行政を制度化する。だが、それは初等教育を施す担い手が修道会などから国家へと移行したということを意味しない。というよりもむしろ、国家はギゾー法によって、それまでばらばらであった初等教育事業を、既存の担い手を確保しながらも、また市町村当局と県に学校開設という新たな任務を与えて、さらに世俗教師を養成しつつ、最終的により高次の次元で一つの枠組みに統合するシステムの構築を目指していたと考える方が妥当であろう。つまり、国家が公教育の唯一の担い手になったのではなく、他のさまざまな集団と国家が相互に依存し協力するような体制が整い始めたということなのである。この点においては、市町村当局に公立学校の具体的運営をかなりの程度において委ね、その遂行に地元の名士の協力を必要とした第三共和政期の教育政策[36]もギゾー法の延長線上にあると思われる。あらためて強調するまでもないだろうが、国家が公教育の唯一の担い手であった時代は存在しないのである。

なお、本章では論じられなかったが、ギゾー法の大きな特徴の一つに「教育の自由」を制度化したことがある。すなわち、公立初等学校の設置や初等教育行政の体系的整備といった国家主導の公教育政策は、教育の自由を私立学校に保障しながら、進んだのである。[37] 私立初等学校は国家や地域社会とどのような関係を結び、どのような社会的役割を果たしていたのか。こうした点に関しては、これまでの研究ではほとんど明らかにされていない。私立学校をも含めた公教育体制の特徴、そしてその変化について考察していくことが今後の課題となろう。最後に、公教育の世俗性についていえば、一八八〇年代以前においては、上で見たように初等学校の一定の部分は修道士・修道女によって担われていたし、公立学校であれ私立学校であれ、そこでの教育の中心には実のところ宗教教育が置かれていた。この時代の初等学校は世俗性という属性を持ち合わせてはおらず、世俗校という場合には校長が俗人であることを示しているにすぎなかった。世俗性は学校ではなく、あらゆる宗派に中立である国家にのみ求められていたという事実をあらためて確認しておきたい。

（付記）本研究は、二〇一〇〜二〇一二年度日本学術振興会科学研究費補助金・基盤研究（B）「大陸自由主義の存在と諸形態――「公共圏」による新しい思想地図とコンテクストの模索」（研究代表者：安藤隆穂、名古屋大学、課題番号二二三二〇〇一三）による研究成果の一部である。

注

（1）「公教育」とはフランス語の instruction publique の訳であろうが、現代のフランスでこの用語はほとんど用いられていない。公教育を担当する省の名称に関しても、一九世紀を通じて使用された「公教育（instruction publique）」省は、一九三二年に「国民教育（éducation nationale）」省に取ってかわられた。

（2）谷川稔『十字架と三色旗――もうひとつの近代フランス』山川出版社、一九九七年。工藤庸子『宗教 vs. 国家――フランス〈政

教分離〉と市民の誕生』講談社現代新書、二〇〇七年。

（3）伊達聖伸「フランスのライシテの歴史を読み解くためのキーワード」ルネ・レモン（工藤庸子・伊達聖伸訳・解説）『政教分離を問いなおす――ＥＵとムスリムのはざまで』青土社、二〇一〇年、二二二～二二五頁。

（4）同前、二二九頁。

（5）岩下誠「近代イギリス民衆教育史における日曜学校研究の意義と課題」『東京大学大学院教育学研究科教育学研究室研究室紀要』第三三号、二〇〇七年六月。

（6）松塚俊三・安原義仁編『国家・共同体・教師の戦略――教師の比較社会史』昭和堂、二〇〇六年。

（7）教育史学会編『教育史学の最前線』日本図書センター、二〇〇七年。

（8）山脇直司『公共哲学とは何か』ちくま新書、二〇〇四年。

（9）こうした研究動向については、Marie-Madeleine Compère, *Histoire de l'éducation en Europe. Essai comparatif sur la façon dont elle s'écrit*, Paris, Peter Lang-INRP, 1995; Philippe Savoie《L'État et le local dans l'histoire éducative française》, *Éducation et Sociétés*, n. 1, 1998, pp. 123-139 を参照。

（10）François Furet et Jacques Ozouf, *Lire et écrire. L'alphabétisation des français de Jean Calvin à Jules Ferry*, Paris, Éditions de Minuit, 1977, 2 vols.

（11）たとえば、第二帝政期の公教育政策を論じる際に地域研究の枠組みを導入したRobert D. Anderson, *Education in France 1848-1870*, Clarendon Press, 1975、国家の行為と地域社会のイニシアチブの間に見られた競争関係を明らかにしたRobert Gildea, *Education in Provincial France. 1800-1914, A Study of Three Departments*, Clarendon Press, 1983 が挙げられる。

（12）たとえば、Raymond Grew and Patrick J. Harrigan, *School, State, and Society: The Growth of Elementary Schooling in Nineteenth-Century France: A Quantitative Analysis*, University of Michigan Press, 1991; 渡邉大輔による初等教育史研究の動向を踏まえた同書の分析的紹介も参考になる。渡邉大輔「Raymond Grew & Patrick J. Harrigan, *School, State, and Society: The Growth of Elementary Schooling in Nineteenth-Century France: A Quantitative Analysis*, Ann Arbor, University of Michigan Press, 1991, 359pp.」『西洋史論集』第七号、二〇〇四年、一〇一～一一一頁; Gilles Rouet, *L'invention de l'école. L' école primaire sous la Monarchie de Juillet*, Nancy, Presses Univerisitaires de Nancy, 1993; Marianne Thivend, *L'école républicaine en ville. Lyon, 1870-1914*, Paris, Belin, 2006.

（13）Jean Peneff, *Écoles publiques, écoles privées dans l'ouest, 1880-1950*, Paris, L'Harmattan, 1987.

（14）André Lanfrey, *Les catholiques français et l'école*（*1902-1914*）, Paris, Cerf, 1990, 2 vols.; Sarah A. Curtis, *Educating the Faithful: Religion, Schooling, and Society in Nineteenth-Century France*, Northern Illinois University Press, 2000.

（15）François Jacquet-Francillon, *Naissances de l'école du peuple 1815-1870*, Paris, Les editions de l'atelier, 1995.

（16）槇原茂『近代フランス農村の変貌――アソシアシオンの社会史』刀水書房、二〇〇二年。

（17）神山栄治『フランス近代初等教育制度史研究　一八〇〇～一八一五』学術出版会、二〇〇九年。

（18）前田更子『私立学校からみる近代フランス――一九世紀リヨンのエリート教育』昭和堂、二〇〇九年。

（19）渡邉大輔「フランス七月王政期における初等教育の進展――教育評議会をてがかりに」『北大史学』第四九号、二〇〇九年一二月。

（20）Natalie Duval, *Enseignement et éducation en France du XVIIIe siècle à nos jours*, Paris, Armand Colin, pp. 12-15.

（21）キリスト教学校教育修士会は、すでにその八年前からフェシュ大司教の庇護のもと、リヨンを拠点に活動を開始していた（Louis-Henri Parias dir., *Histoire générale de l'enseignement et de l'éducation en France*, Paris, Nouvelle Librairie de France, t. 3, p. 300）。

（22）Antoine Prost, *Histoire de l'enseignement en France 1800-1967*, Paris, Armand Colin, 1968, p. 91.

（23）Louis-Henri Parias dir., *Histoire générale de l'enseignement et de l'éducation en France*, t. 3, p. 300.

（24）François Jacquet-Francillon, *Naissances de l'école du peuple*..., p. 62.

（25）Christian Nique, *Comment l'école devint une affaire d'État*, Paris, Nathan, 1990, p. 57.

（26）François Guizot, *Mémoires pour servir à l'histoire de mon temps*, Paris, Michel Lévy frères, t. 3, 1860, pp. 14-15.「精神の統治」の重要性は、議会においてもしばしば言及されている（*Le moniteur universel*, 2 février 1836; 26 avril 1844）。

（27）Pierre Rosanvallon, *Le moment Guizot*, Paris, Gallimard, p. 234; Pierre Rosanvallon, *L'État en France de 1789 à nos jours*,

Paris, Seul, 2e édition, 1993, p. 115.

（28）*Archives parlementaires*, t. 83, p. 318, 3 mai 1833.

（29）《François Guizot, Lettre aux instituteurs primaires, 18 juillet 1833》, dans François Guizot, Jules Ferry, Jean Jaurès, *Lettres aux instituteurs*, Paris, Calmann-Lévy, 2007, pp. 11-29.

（30）*Archives parlementaires*, t. 83, pp. 286-287, 2 mai 1833.

（31）《François Guizot, Lettre aux instituteurs primaires, 18 juillet 1833》, pp. 25-26.

（32）*Archives parlementaires*, t. 83, p. 288, 2 mai 1833.

（33）Thivend. *L'école républicaine en ville...*, p. 7.

（34）Rouet, *L'invention de l'école...*, p. 23.

（35）柴田三千雄『近代世界と民衆運動』岩波書店、一九八三年。

（36）Thivend. *L'école républicaine en ville...*

（37）一八三七年の統計を例にとれば、男子校、女子校、共学校をあわせた公立初等学校（上級初等学校を含む）の数は三万四七五六校（内訳：世俗系八九・二パーセント、宗派系一〇・八パーセント）であるのに対して、私立学校は一万八〇二三校（内訳：世俗系八二・五パーセント、宗派系一七・五パーセント）存在した。全体として初等学校の三四パーセントは私立であった点、また公立とはいってもその一割強は修道士・修道女によって担われていた点は注目に値する。また、生徒数に関していえば、公立校に通う子どもの数は二〇四万六四五五名（七六パーセント）であるのに対して、私立校の生徒数は六四万三五八〇名（二四パーセント）であった。*Statistique de l'enseignement primaire. t. 2, Statistique comparée de l'enseignement primaire*（*1829-1877*）, Paris, Imprimerie Nationale, 1880, pp. 52-53, 110-111.

4　オスマン帝国における近代国家の形成と教育・福祉・慈善

秋葉　淳

はじめに

本章では、第Ｉ部の提議で示された近現代世界における国家・社会・教育の見取り図のなかに、一九世紀のオスマン帝国がどのように位置づけられるか、また、オスマン帝国史の側から、ヨーロッパ史を土台に組み立てられた議論に世界史的な広がりを持たせるための貢献がどのようにできるか、考察していきたい。オスマン帝国は、一八世紀後半以降、西ヨーロッパを中心とする国際的な政治・経済体系の周縁に位置づけられ、また、国家・社会の統合原理としてイスラームという宗教が中心的役割を果たしていたという点で、ヨーロッパ諸国とは異なる特徴を持つ。だが、本章では、違いを際立たせるよりもむしろ、近代国家の形成という観点から見た場合に、両者が発展のプロセスを共有していたことを強調することになるだろう。

国家権力の人口問題への関心（一八世紀末〜一九世紀初）

「福祉国家と教育」という問題系からオスマン帝国史を見直した場合、一八世紀末から一九世紀初めにかけて、国家権力が人口問題への関心を強め、個人の生に対してより介入的になったことが注目される。一七九〇年代、時のスルタン、セリム三世は首都イスタンブルに流入する移住人口対策に積極的に乗り出し、移民、短期滞在者、失業者あるいは浮浪者に対する取り締まりを強化した[1]。具体的には、半年に一度の頻度で市内各所の宿屋、独身者寮、店舗、公衆浴場、居酒屋、コーヒーハウス、マドラサ（寮制のイスラーム学校）、神秘主義教団の修道場などが調査され、そこに住むか働くかする者たちの名前とその保証人が登録されるようになった。適切な保証人のない者は追放された。ここでは、移民や住所不定者が、社会不安や無秩序、悪事や犯罪、さらには食糧危機や疫病と結びつけられた。それは、一八世紀初頭に宮廷がイスタンブルに戻ってきて以来[2]の首都の人口増と、対外戦争に軍が駆り出されることによる都市の治安維持能力の低下に起因する、支配者層の不安を反映していた。その不安を背景に、後述の軍制改革を目指して権力強化をはかるスルタンが、積極的な人口統制策を推進したのであった。

移民の監視のシステムは、一八三一年に、国内を移動するにあたってパスポートに類した許可証を発行する制度として確立した。この年は、検疫システムが導入された年でもあり、移動の管理と疫病対策が結合された。そして、やはり同時期に、オスマン帝国で初めて全国一斉の人口調査、つまり、住民（男子のみ）を登録して人口を把握するための調査がおこなわれた（一八三〇〜三一年）。この人口調査は徴税と徴兵のための人口管理を目的としていたが、徴税目的の調査は、一八三九年に開始される「タンズィマート」改革を受けて、住民の資産や収入に応じた課税を実現するための資産・収入調査（一八四〇年・四五年）に発展した。[3]この両調査は結局実際の課税に生かされずに失敗に終わるが、住民個人を把握しようとする国家の企図を見て取ることができる。

他方、検疫所の設置は人びとの身体や健康に対する国家の関心を反映しており、これに関連して、中絶禁止令の発布（一八三八年）や助産婦学校（実際には医学校のコース）の設立（一八四二年）[4]、さらに、結婚の奨励と人口増をめざした華美な婚礼や高価な婚資金の禁止令（一八四五年）も興味深い。一八四五年はいったん頓挫した改革が再活性化した年であり、このとき各地に開発（公共事業）委員会と称する組織が派遣され、各戸の収入調査が実施された。同じ委員会が婚礼における支出の調査もおこなっていた。この委員会はまた、人口調査の結果（産業別人口分布など）とともに産業状況を報告しており、人口が税や兵力の源泉としてだけでなく、経済的な「開発」と結びつけられるようになっていたことを示している。さらに、教育や医療についても報告がなされた。[5]実際、教育は一八四五年にあらためて採り上げられた改革の強化項目の一つであった。こうして、一八世紀末からおよそ半世紀の間に、国家権力は住民個人個人の活動を把握し、管理しようとする介入的な性格を強く帯びるようになったのである。

軍制改革と学校

国家権力の性格の変化をもたらした主な要因の一つは、軍制改革だった。一八世紀のオスマン帝国の重要な画期は、一七七四年の対ロシア戦争の敗北である。この戦争では、オスマン軍は、旧来のイェニチェリや地方総督の傭兵と、アーヤーンと呼ばれる地方勢力の私兵などから構成されたごった煮の軍隊であり[6]、それがロシアを相手にまったく機能しないことが露わになったのである。そこで軍隊の改革が本格的に始まることになり、一七九三年には新たに「ニザーム＝ジェディード」つまり新秩序と呼ばれる軍団が組織され、フランス人などの顧問のもと、西洋式の兵器や軍事訓練が採用されることになった。このとき兵士の供給源は、アーヤーンが供出した私兵に加えて、アドホックに徴兵されたアナトリアの農民などであったが、軍は彼らに訓練を施し、規律を与えたのであった。「訓練《タアリーム》」という言葉は、これ以後軍事改革の文脈で多用されることになる。アーヤーンとの同盟関係にも依存していたこの新軍団はイェニチェリの反乱により壊滅するが、これを直接のモデルとして組織されたのが、エジプトの総督メフメト・アリ（ムハンマド・アリー）の軍隊である。後にオスマン帝国政府に歯向かうことになるこの軍隊には、当初、スーダンの奴隷などを用いることが試みられるが、最終的にエジプトの農民が徴兵されることになった。それに伴って、徴兵逃れを阻止するための警察機構、兵士の身体管理のための病院や検疫所、徴兵目的の人口調査と、やはり徴兵のための移動管理システムなどが成立することになった(7)。中央政府はメフメト・アリの改革を横目で見ながら改革を進める。アーヤーンを粛正して中央集権化、軍事力の国家的独占を進めたスルタンは、一八二六年にイェニチェリ軍団を廃止すると、アナトリア・バルカンの中下層ムスリムを兵士の母体とする新軍団を組織した。彼らは従来の特権層に属さず、スルタンへの忠誠を期待できた(8)。後に一八四六年に徴兵制がしかれることになるが、上述のように一八三〇／三一年の人口調査はそのための布石だった。

軍制改革に伴って、工兵学校、士官学校など、各種の軍事関連の学校が設立された。しかし、ここで大きな問題が生じた。それは専門教育機関を作っても、入学する学生の基礎学力が不足しているという問題である。そのため、士官学校の幼年部や兵営内の学校に、キリスト教宣教団アメリカン・ボードを経由して伝来した「ランカスター方式」が導入されて、識字を中心とする基礎教育がおこなわれた(9)。ここから、初等教育一般の改革への動きにつながっていく。

一八三九年、タンズィマート改革開始の前夜に、初等教育に関する興味深い意見書が官報に公表された。そこには、功利主義的な教育観、つまり、産業の発展や「国力」増強に貢献する知識や教育という考え方がはっきり見られる。[10] ランカスター方式の相互教授法を採用して初等教育の規律化・効率化をはかることや、就学義務規定を確認したうえで浮浪児を学校に収容するといった計画も含まれていた。ただし、これらはほとんど実現せず、一八四五年以降に再び改革構想が練られることになる。ここでの特徴は、官立学校を三段階制に組織し、初等教育からエリート養成機関への接続が構想されている点である。これは上からの改革という性格に由来する面もあるが、そもそも従来の特権層を超えて幅広い層からエリートをリクルートしようという発想の帰結でもあった。

身分的な兵士集団と地方勢力の抱える私兵から構成される軍隊から、徴兵に基づく軍隊への移行は、国家―社会関係の再編を必然的に伴った。すなわち、中央政府と地方勢力との同盟関係に基づく分権的統治から、中央集権的な体制への転換がはかられ、財政的にもまた、税源を中央政府の直接管理下へ組み込むことが進められた。これに伴って、国家権力を帝国の隅々まで浸透させ、帝国住民を個人単位で把握、管理する機構・制度、すなわち、官僚制、軍隊、警察、徴税システム、土地制度、そして学校や病院などの発展が必要とされることとなった。これらには、人びとを単に支配し、服従させるだけでなく、彼らの支持や同意を調達し、さらには積極的な参加や動員をもたらすことが期待された。このような近代国家形成の契機は、他地域の諸国家と相通ずるものである。

学校教育と「国民化」

世界各地の諸国と同様に、一九世紀オスマン帝国においても学校制度は、拡大し組織化する軍隊と官僚機構に人材を供給するためだけでなく、エリート層にとどまらない、より広い範囲の人びとの間に、国家への帰属意識と忠誠心を醸成するために必要不可欠と見なされた。その意味で、国民国家とは言いえないオスマン帝国においてもまた、学校は「国民」形成の重要な手段であった。

当初、国家の教育改革の対象は基本的にムスリムのみであった。たとえば一八四七年の児童教育に関する通達は、既存のマクタブ（ムスリム児童のための伝統的な初等学校）の改革を目指したものであり、非ムスリムは視野になかった。前述のように功利主義的な教育観が打ち出されたとはいえ、初等教育は宗教を通じた規律化を目指す場であり続けた。これは、徴兵制がムスリム男子のみを対象としていたこととパラレルである。この時期には、地方行政において非ムスリム有力者を参加させるという形で彼らの取り込みがおこなわれていたが、非ムスリムはあくまでも「被支配民」であった。

しかし、一八五六年の「改革勅令」によって、ムスリム・非ムスリムの平等原則が打ち出され、官職の非ムスリムへの開放などが認められたことは、従来、支配層ムスリムのみを指していた「オスマン人」の概念を、宗教・民族・地域・階層を問わない「国民」概念に転換させた。これを受けて一八六〇年代後半から中等教育以上でムスリム・非ムスリムの混合教育が開始された。中等教育での混合教育は限定的だったが、官僚や専門職養成の専門教育機関の一部で約半数から半数以上を非ムスリムが占めるなど、エリート層における宗派を超えたオスマン人意識の形成は、一定の実体化を伴った。

ただし、オスマン公教育における統合の機能は、とくにムスリムに対して有効に作用した。地方の名望家や、それほど有力でない家系出身の者たちが、学校ヒエラルヒーに参入することで「オスマン人」になるという現象が広く見られた。とくに、アラブ地域の名望家がオスマンの学校制度を利用することによって、オスマン・アラブ官僚ないし軍人が多数誕生することになった。これは官僚組織の拡大などによってエリート層自体が拡張したことに伴って、国家エリート集団の裾野が広がったことを意味している。

上記の例は、地方住民の側から積極的にオスマンのプロジェクトに参加する契機を示しているが、上からの同化圧力としての「オスマン化」も無視できない。オスマン朝スルタンは、家父長的恩恵として帝室予算から支出して辺鄙な村々にも学校を建設するなど、君主の「可視化」をはかった。これは、スルタンに忠誠を尽くす「オスマン臣民」意識を醸成する方策であった。とりわけアラブ地域や、アレヴィーやシーア派など「異端的」ムスリムとされる住民の居住地域に、重点的に学校が（モスクとならんで）建設された。このような同化圧力の標的はムスリム住民だった。オスマン国家は、ムスリムに対しては宗教的道徳心を通じてスルタン＝カリフへの忠誠心を涵養することを目指していたのである。[11]

「国家と教会」？

上述のように一九世紀オスマン帝国において国家が学校教育の管理掌握に乗り出すのだが、教育の管理・運営という点において国家と対抗するどのような勢力が存在したのだろうか。たとえば、ヨーロッパにおける国家と教会の対立に相当する葛藤はあったのだろうか。

確かに、オスマン帝国には以前から、ムスリムの伝統的な教育機関が存在した。アラビア語文法学やイスラーム法学など、いわゆるイスラーム諸学を主として教えるマドラサと、クルアーン（コーラン）暗誦を中心とする初等教育の場であるマクタブである。イスラーム法学者（ウラマー）を養成する機関である前者のマドラサは、官僚、軍人、専門職を養成する新しい学校と競合するものではなかった。オスマン帝国では伝統的にエリート層がウラマー、文官、軍人に分化しており、ウラマーがムスリム知識人を代表する唯一の存在ではなく、またマドラサで学ばれる学問（言語的にはアラビア語）は、オスマン知識人に必要とされる教養（アラビア語、ペルシア語、トルコ語の三言語を操ることが理想とされた）の一角を占めるにすぎなかった。それゆえ、イスラーム法が適用範囲を狭められつつもその実効性を失わずに、それに関する知識の有用性が担保される限り、また、マドラサ的教養の文化的卓越性が失われない限りにおいて、マドラサ的教学の枠外に新しい学校が設立されることはウラマーにとって必ずしも脅威にはならなかったのである⑿。

それに対してマクタブは、社会の多様な階層のムスリム（女子含む）に広く開かれた初等教育の場であり、一種の通過儀礼として誰もが通うものとされていた。よく知られているように、イスラームには教会組織が存在しない。それゆえ、宗教指導者たるウラマーがこれらの学校を監督・運営していたわけではない。一般に、これらはワクフと呼ばれるイスラームの寄進制度⒀を利用して運営されており、寄進財産の管財人、あるいはそれを管轄する法廷、また、おそらくは地区の住民に、教師の任命を含むその管理が委ねられていた。政府は当初、マクタブの改良を目指すが、一八七〇年代からは「新方式」学校（効率的な識字教育法を導入したもの）を別途開設、あるいは既存の学校を「新方式」として認可するようになり、既存のマクタブと並立させるようになった。いずれにしてもマクタブ教師の地位は低く、新方式学校が普及することにウラマーが組織的に反対する理由はなかった。

ムスリムの場合、私立学校の設立は少数にとどまり、国家のイニシアティブが圧倒的であった。ただし、官立学校もその資金源は地域住民から集める「教育支援金」という名の税であったり、地域住民の寄付金であったりしたのであり、国家の政策だけをもってこの時期のムスリムの教育を論ずることはできない。地方住民による学校開設や教師派遣の陳情なども多数あり、学校教育の普及を国家による国民形成やエリート養成の意図に還元することはできず、社会の側の要請についても視野に入れなければならない⒁。

とはいえ、オスマン政府の学校政策にとって実際に脅威ないし競合相手であったのは、非ムスリムの学校と、欧米キリスト教宣教団や外国人の設立した学校だった[15]。オスマン帝国下のキリスト教徒の場合、教会や修道院に附属する学校もあったが、一九世紀において顕著に発展したのは、俗人（大商人、金融業者などのいわば中産階級）や彼らによる民間団体の建設した学校である。この背景には、ヨーロッパ諸国の進出と結びついた非ムスリムの経済的成長がある。新興の中産階級は、彼らの新しいアイデンティティを確立し、その社会的地位を強化するために教育に投資をしたのであった[16]。そこからナショナリズムも成長することになる。

伝統的に、非ムスリム各宗派共同体（ミッレト）は、独自の学校を建設することが認められていた。一九世紀後半以降、オスマン帝国の法律上は、これらの学校は政府の認可が必要であったが、実際には厳密に適用されていなかった。ヨーロッパ諸国の圧力もあり、非ムスリム各共同体に認められた特権にオスマン政府が介入することは難しかった[17]。

非ムスリムの学校に加えて、キリスト教宣教団および外国人の設立した学校の存在は、一体的な「オスマン国民」の形成という政策にとって障害となった。とりわけ、これらの学校は、しばしば官立学校よりも設備が整い、教育水準も高かったため、なおさら問題であった。政府が本当に恐れていたのは、ムスリムが非ムスリムや宣教団の学校に通うことで信仰心も忠誠心も失ってしまうことであり[18]、官立学校の発展は、これらの学校への対抗という側面を強く持っていた。オスマン帝国の近代教育史の叙述は、しばしば国家の推進する学校教育の歴史になるのだが、実際には、国家が学校教育を独占するという事態にはほど遠く、さまざまな主体が競合、併存する場だったのである。

福祉と慈善

最後に、近代オスマン帝国における福祉と慈善について考察してみたい[19]。橋本の問題提起にあるように、近代国家と教育の問題は、「福祉国家」という観点抜きに考えることはできないからである。

オスマン帝国において伝統的に福祉や慈善の領域を担っていたのは、イスラーム法に基づくワクフなどの諸制度と、君主の家父長的恩恵に由来する諸政策であった。たとえば、寡婦への扶養や父親のいない未成年者の後見などはイスラーム法によって保証されており、社会的弱者を保護する法制度が存在した。また、学校（マドラサ、マクタブ）、病院、救貧施設、孤児院などはワクフによって運営されていた。さらに、水道、橋梁、道路など、現代であれば公共事業の対象となる設備も、ワクフ制度を通じて建設や維持がおこなわれていた。君主や王族あるいは高官は、ワクフによる慈善事業の最大のパトロンであり、それらは国家事業の一環といえるだろうが、街角に設置される水道施設（飲料水の供給口）など小規模のワクフは、町の名士などの富裕層によって担われていた。そのほか、死亡した官僚や軍人の遺族、あるいはより一般的に孤児、寡婦、双子、災害被害者、その他の困窮者に対して国家が給付金を与えることがあった。これらは君主からの下賜金として与えられたが、国庫から継続的に支給される場合もあった。後者については制度化されていた（むしろ、既得権益化していたともいえる）ことを窺わせるが、支給の基準は定まっておらず、やはり目に見える形での君主の恩恵の一つであったと見なすことができる[20]。王子の誕生祭などの機会に、マクタブの教師や生徒に下賜金が配られることも、同様の恩恵的福祉政策の一環といえよう。

一九世紀半ばには、君主の母后によってワクフとして身寄りのないムスリム専用の病院が建設された（一八四三年）。財源はワクフだが、運営は政府によってなされたので、事実上、国家による最初の非軍用の近代的病院であった。すでに述べた中絶禁止令や助産婦学校も、国家の福祉への直接的関心、介入を示す初期の事例である。

一九世紀末にいたると、国家は福祉・慈善活動の中心的担い手としての役割を積極的に自らに課すようになる。近代的設備を備えた救貧院（一八九六年）、小児病院（一八九九年）、孤児院（一九〇三年）はその代表例である。小規模であるが聾唖学校（一八八九年）、盲学校（一八九一年）も開校した。当時のスルタン、アブデュルハミト二世（在位一八七六〜一九〇九年）は、これら施設の創立に強い意欲を示し、君主自らの慈善事業として推進した。救貧院建設の際には基金を立ち上げ、自らが最大の寄付者となり、小児病院と孤児院には帝室予算から支出した。小児病院に自らの名を冠したこと（「ハミディエ病院」）にも明瞭に現れているように、スルタンはこれらの事業を自らの功績として喧伝した。これは一方では、慈愛に満ちた家父長的君主による恩恵的政策という、前時代からの連続性において理解することができるが、君主は臣民により近しい存在として表象され、新聞を通じて広くイメージが広められた。他方で、これら施設には最新の医療技術が導入されることに注意が傾けられたが、それは、近代性を体現する君主という新しいイメージを国内外にアピールすることを狙ったものであった。対外的にはオスマン国家の先進性を示すためであるが、国内においても、科学や進歩に価値を置く世界観がオスマン・エリートの間に定着しており、スルタンもまた自らの近代性を示す必要があったのである。

エリート層の間には科学、進歩の価値観とともに、新しい道徳、衛生、労働の観念が共有されるようになっており、浮浪者、物乞い、孤児などが仕事もせず、学校にも行かずに「ぶらぶらしている」ことは、その観念に反するものだった。一八九〇年代には、物乞いの問題も新聞紙上で論議されており、救貧院設立と同時に物乞い禁止令が出され、働けるのに物乞いをする者たちの首都からの追放が定められたのだった。実のところ、救貧院や孤児院の発想の源泉は、一八六一年、後に憲法起草で有名となるミドハト・パシャが、ニシュ（現セルビア領）

知事時代に設立した実験的な孤児授産施設にあった[21]。その後、各地の地方政府が模倣することになるこの施設は、貧しい孤児や浮浪児を収容し、基礎教育のほかに、仕立て、製靴、植字、織物などの技術を身につけさせるものであった。各地における孤児授産施設の設立を主導したのは、ミドハト・パシャに代表されるような地方行政官と、彼らに協力した地方名望家たちであったが、後に、慈善事業の最大のパトロンたらんとするアブデュルハミト二世は、学校名を「ハミディエ工学校」と改称し、自らの事績の一部に組み込んだ。

一九世紀を通じて国家の活動範囲が拡大し、社会におけるその存在感が際立つようになったとはいえ、オスマン社会のエリート層もまた、浮浪者や孤児をめぐるメディア上の議論や、孤児授産施設の設立の事例にも見られるように、福祉や慈善に深く関わっていた。そのこと自体は以前の時代と同様であり、ワクフや宗教的な喜捨などの伝統的行為が完全に廃れたわけではないが、一九世紀半ば以降からは、慈善目的の募金キャンペーンという新しい方法が広く利用されることになった。官僚や聖職者、各種の民間団体、地域の宗派コミュニティの指導者たちなどによって、貧者、被災者、傷病兵、戦死者遺族への支援、学校、病院の設立や運営など、さまざまな慈善、博愛主義的目的のための基金が設立された。宝くじ、コンサートあるいはパーティーなどが、募金のためにおこなわれ、新聞や雑誌を通して広く社会に呼びかけられた。これらは、公共圏に立脚した慈善活動ということもできるだろう。このやり方は、中・下級官吏あるいは医師、弁護士、教師などの新興エリート層にとって適合的であったにちがいなく、彼らに公共圏への参入の機会を与え、彼らの新しい社会的文化的アイデンティティの形成に寄与しうるものだった。この運動は、当初は非ムスリムの間に広まり、後にはムスリムや女性（ムスリム女性も含む）の博愛主義団体も加わった。また、募金に応じる側も、下級官吏や小商工業者、あるいはその妻たちなどに広がったという。

裾野の広いこの運動が、国家権力、とくにスルタンの注意を引かないことはなかった。スルタンはそれを規制する一方で、（たとえばアルメニア人の病院建設のための募金運動に）許可を出すことによってオスマン臣民すべてに対する慈善活動のパトロンとして振る舞った。他方で、戦時や災害時にはスルタン主導でキャンペーンを張り、家父長的存在としての君主のイメージをアピールするとともに、民衆の動員をはかったのである。募金運動は社会の幅広い層の参加を促す新しい慈善活動の形態であり、これを担う新しい社会層の出現と相関関係があった。君主権力はそのような社会層に対抗し、民衆の忠誠心を君主個人に集中させる手段として、まさに同じ方法を利用したのである。

おわりに

これまで見てきたように、一九世紀のオスマン帝国は、教育、福祉、慈善などについて見れば、西欧諸国やロシア、ハプスブルク帝国あるいは日本といった国々とよく似た軌跡をたどったということができるだろう。それはなによりも、オスマン帝国が他の諸国と同様に、近代国家形成という共通の課題に直面していたからにほかならない。ただし、そのことは単純に、オスマン帝国が「西欧化」を目指すようになったという意味ではない。本章では、対外戦争敗北を機とする軍制改革という契機を強調した議論をおこなったが、オスマン帝国における近代国家形成は、実際には、より長いスパンで準備されてきたのであり[22]、それは内的、外的あるいはグローバルな諸要因の複雑な絡み合いによるものである。また、オスマン帝国の国家や社会が西欧諸国と足並みを揃えて変化したように見えるときでさえも、それはそのつどの政治的な関係その他の諸要因の偶発的な組み合わせによっていることも多い。そのことは、本章でもとくに福祉・慈善をめぐるポリティックスを説明する際に強調した点である。

また、一般に、オスマン帝国のような「後発国」における「近代化」は、「上からの」改革だった（それゆえ皮相的等々）と評されることが多い。オスマン帝国の事例もその典型例と見なされてきた。国家、さらには君主個人のイニシアティブが際立っていることは確かである。しかし、オスマン国家が教育を含むさまざまな社会政策を打ち出したのは、まさしく国家権力が脆弱だったからにほかならない。力で臣民を押さえ込むことができなかったのである。本章では、教育や福祉の領域で、むしろ非国家的アクターの存在が大きかったことを指摘した。政府の施策はしばしば、その「民間」の伸張に対抗し、国家の正統性を高めるためにとられた手段であった。それゆえ、教育や福祉は、国家と、多様な宗派的、地域的、階級的、そして、外国の、アクターとのせめぎ合いの場であった。政治的、経済的に西欧諸国に従属していたオスマン帝国は、財政的に困窮しており、国家の能力は限られていた。このことは一九世紀オスマン帝国の教育史を、ユニークなものにすると同時に、たとえば宣教団の活動、外国人顧問あるいは外国人教師の存在、外国政府の干渉などを通して、西欧や北米の動向と直結させることにもなるのである。[23]

（付記）本章は、日本学術振興会科学研究費補助金基盤研究（C）「オスマン帝国における教育の連続性と変化（一九世紀～二〇世紀初頭）」（研究代表者　秋葉淳）（課題番号二三五二〇八五九）の助成による研究成果の一部である。

注

（1）B. Başaran, "Remaking the Gate of Felicity: Policing, Social Control, and Migration in Istanbul at the End of the Eighteenth Century, 1789-1793", PhD diss., The University of Chicago, 2006.

（2）一七世紀後半、スルタンはイスタンブルを離れてほとんどエディルネに滞在していた。

（3）日本語では、江川ひかり「一九世紀中葉オスマン帝国における人口と世帯」落合恵美子他編『歴史人口学と比較家族史』早稲田大学出版部、二〇〇九年、二〇五～二三四頁参照。

（4）T. Demirci and S. A. Somel, "Women's Bodies, Demography, and Public Health: Abortion Policy and Perspectives in the Ottoman Empire of the Nineteenth Century", *Journal of History of Sexuality*, 17(3), 2008, pp. 377-420. なお、K・ファフミーは、メフメト・アリ支配下エジプトの助産婦学校（一八三二年）が、近代軍創設に伴う兵士の身体管理と結びついていたことを指摘している（次節参照）。K・ファフミー「一九世紀エジプトにおける女性・医学・権力」L・アブー＝ルゴド編（後藤絵美他訳）『「女性をつくりかえる」という思想――中東におけるフェミニズムと近代性』明石書店、二〇〇九年、七三～一三四頁。

（5）A. Efe, "İmar Meclisi Raporlarının Kaynak Niteliği Üzerine Bir Değerlendirme: Tekfurdağ Örneği", *Belleten*, 75(273), 2011, pp. 471-502.

（6）永田雄三「一八世紀後半のトルコにおけるアーヤーン職制度に関する一研究」『アジア・アフリカ言語文化研究』八号、一九七四年、五二～五三頁。

（7）K. Fahmy, *All the Pasha's Men: Mehmed Ali, His Army and the Making of Modern Egypt*, Cambridge: Cambridge University Press, 1997.

（8）G. Yıldız, *Neferin Adı Yok: Zorunlu Askerliğe Geçiş Sürecinde Osmanlı Devleti'nde Siyaset, Ordu ve Toplum* (1826-1839), Istanbul: Kitabevi, 2009.

（9）N. Berkes, *The Development of Secularism in Turkey*, Montreal: McGill University Press, 1964, pp. 102-104; Yıldız, *Neferin*

Adı Yok, pp. 294-295.

（10）この意見書については、とりあえず、S. A. Somel, *The Modernization of Public Education in the Ottoman Empire, 1839-1908: Islamization, Autocracy and Discipline*, Leiden: Brill, 2001, pp. 29-33.

（11）S. Deringil, *The Well-Protected Domains: Ideology and the Legitimation of Power in the Ottoman Empire, 1876-1909*, London: I. B. Tauris, 1997; Somel, *Modernization of Public Education*, chap. 6.

（12）秋葉淳「アブデュルハミト二世期オスマン帝国における二つの学校制度」『イスラム世界』第五〇号、一九九八年、三九～六三頁。

（13）ワクフ制度において、寄進者は自らの財産（一般的には不動産）をワクフ財として所有権を放棄し、それから生じる収益を特定の対象（原則的には慈善、宗教目的）に支出するよう設定することができた。

（14）とりあえず、以下を参照。I. Blumi, *Rethinking the Late Ottoman Empire: A Comparative Social and Political History of Albania and Yemen, 1878-1918*, Istanbul: Isis Press, 2002, chap. 6; E. Ö. Evered, *Empire and Education under the Ottomans*, London: I. B. Tauris, 2012.

（15）Deringil, *Well-Protected Domains*, chap. 5; B. C. Fortna, *Imperial Classroom: Islam, the State, and Education in the Late Ottoman Empire*, Oxford: Oxford University Press, 2002, chap. 2; Evered, *Empire and Education*.

（16）H. Eksertzoglou, *Osmanlı'da Cemiyetler ve Rum Cemaati: Dersaadet Rum Cemiyet-i Edebiyesi, 1861-1912*, Istanbul: Tarih Vakfı Yurt Yayınları, 2004 (Originally published in Athens, 1996). 日本語では、河瀬まり「ギリシア系教育推進協会の活動とそのネットワーク——一九世紀後半のマケドニア地域での活動を中心に」『東欧史研究』第二七号、二〇〇五年、六九～八九頁。アルメニア人については、上野雅由樹「一九世紀オスマン帝国のアルメニア共同体における学校教育の普及過程」『日本中東学会年報』第二五－一号、二〇〇九年、一四一～一六四頁。

（17）一八五〇～六〇年代の状況については、長谷部圭彦「オスマン帝国における「公教育」と非ムスリム——共学・審議会・視学官」鈴木董編『オスマン帝国史の諸相』山川出版社、二〇一二年、三五二～三七六頁。一九一〇年代の状況について、藤波伸嘉『オスマン帝国と立憲政——青年トルコ革命における政治、宗教、共同体』名古屋大学出版会、二〇一一年、一五六～一六三頁。

（18）列強諸国はしばしば宣教団を帝国主義的拡張の尖兵として利用し、支援をおこなっていたため、オスマン政府は宣教団に強い警戒心を抱いていた。

（19）本節は、N・オズベクによる一連の研究を参考にしている。N. Özbek, *Osmanlı İmparatorluğu'nda Sosyal Devlet: Siyaset, İktidar ve Meşruiyet, 1876-1914*, Istanbul: İletişim Yayınları, 2002; N. Özbek, "The Politics of Poor Relief in the Late Ottoman Empire, 1876-1914", *New Perspectives on Turkey*, 21, 1999, pp. 1-33; N. Özbek, "Imperial Gifts and Sultanic Legitimation During the Reign of Sultan Abdulhamid II, 1876-1909", in M. Ener, A. Singer and M. Bonner eds., *Poverty and Charity in the Middle Eastern Contexts*, Albany: SUNY Press, 2003, pp. 203-220; N. Özbek, "Philanthropic Activity, Ottoman Patriotism, and the Hamidian Regime, 1876-1909", *International Journal of Middle East Studies*, 37(1), 2005, pp. 59-81.

（20）オズベクは、この給付金を一九世紀に始まるものと見ているが、文書館のカタログを検索してみる限り、より以前にさかのぼることができる。この制度は、最終的に一九一〇年の法令で制度化され、それによって受給者は少数に限定された。

（21）N. Maksudyan, "Orphans, Cities, and the State: Vocational Orphanages（*Islahhanes*）and Reform in the Late Ottoman Urban Space", *International Journal of Middle East Studies*, 43(3), 2011, pp. 493-511.

（22）R. A. Abou-El-Haj, *Formation of the Modern State: The Ottoman Empire, Sixteenth to Eighteenth Centuries*, Albany: SUNY Press, 1991; A. Salzmann, *Tocqueville in the Ottoman Empire: Rival Paths to the Modern State*, Leiden: Brill, 2004; B. Tezcan, *The Second Ottoman Empire: Political and Social Transformation in the Early Modern World*, Cambridge: Cambridge University Press, 2010.

（23）このことは、植民地主義の問題に必然的につながる。近代の西欧諸国の存立が植民地支配（あるいは植民地主義的関係）なしにはありえなかったことを考えれば、植民地の存在やそこでの経験が、本国の教育や福祉のあり方を規定するという視点も必要であろう。

討論のまとめ【ナショナリズム・世俗化・リベラリズム】

フランスとオスマン

本セッションでは、一九世紀における「国家・社会・教育」の関係を検討する二つの報告がなされた。一九世紀のヨーロッパは、橋本伸也による基調提議では、たとえば「自由主義と国民国家形成の時代」あるいは「ナショナリズム・世俗化・リベラリズム」の時代として位置づけられていたが、本セッションは、そのような時代において、こうしたナショナリズムなどと密接に関係した教育は、いかなるかたちで存在していたのかという問題を、「福祉国家論」を念頭に置きつつ、二つの事例を通じて検討しようとするものであった。

まず取り上げられたのはフランスであった。フランス教育史では、これまで、国家のイニシアティヴと、国家と教会の教育をめぐるヘゲモニー争いが強調されてきた。しかし前田更子は、一九世紀前半のフランスにおける初等教育の担い手は、国家のほか、修道会、市町村、基礎教育協会、名望家など、実に多様であったことを論じた。また、各市町村に男子初等学校の設置などを命じたギゾー法（一八三三年）は、それまで多様であった初等教育事業を、より高次の次元で一つの枠組みに統合するシステムの構築を目指すものであり、同法によって、他のさまざまな集団と国家が相互に依存し協力するような体制が整い始めたことが指摘された。教育のエージェントやアクターは、国家や社会のあり方や時代に対応して多様であったこと、そして国家は、「それ自体が一つのエージェントとして機能する一方で、慈善活動や共同事業に取り組む諸エージェント間の関係を整序・統制するなどの関与ないし介入をおこなってきた」ことは、橋本の提議においても言及されていたが（本書24頁）、前田の報告は、それを裏付けるものであった。

次に検討されたのは、オスマン帝国の事例であった。従来の日本の教育史研究において、オスマン帝国をはじめとする中東・イスラーム地域は、ほとんどまったく考慮されてこなかったが、報告者の秋葉淳は、最近の研究動向に基づき、オスマン帝国は、同時代の他の諸国と発展のプロセスを共有していたことを強調し、とかく「イスラーム世界」として独特の眼差しにさらされがちなオスマン帝国を、「国家・社会・教育」をめぐる議論のなかに組み込んだ。国家の人口問題への関心から説き起こした秋葉は、教育改革は軍制改革に伴って開始されたこと、オスマン帝国はけっして国民国家ではないが、「国民化」ともいいうるような教育政策が実施されたこと、既存の学校と新式学校は意外なほど競合しなかったこと、そして孤児の授産や募金キャンペーンなど、新しいタイプの福祉や慈善が出現したことを論じ、他の地域で見られた現象は、オスマン帝国においても多くの場合看取されること、そして教育や福祉の領域でむしろ非国家的アクターの存在が大きかったことを指摘した。オスマン帝国の教育改革は、橋本の提議では「ヨーロッパ型学校教育の選択的・創造的模倣」の一つとして位置づけられていたが（本書36頁）、秋葉の報告は、それをさらに進め、同時代の他の地域との共通性を意識的に強調したものであった。ただし、秋葉自身も述べているように、「オスマン帝国の国家や社会が西欧諸国と足並みを揃えて変化したように見えるときでさえも、それはそのつどの政治的な関係その他の諸要因の偶発的な組み合わせによっているることも多い」（本書153頁）という点は留意すべきであろう。

基調提議者からの質疑

以上の両報告に対し、まず橋本から次のような質問や意見が出された。前田報告に対しては、まずこのセッションの主題の一つであり、前田報告でも取りあげられていたリベラリズムについて、それを一九世紀の特徴として挙げないわけにはいかないとしても、それをどう理解するかは非常に難しく、そうであるならば、リベラリズムを、何か確固たる体系というよりは、むしろ当該社会における思想潮流や社会勢力との関係のなかで規定されていくような側面を持つ概念として捉えたうえで、それを類型的に把握する必要があるのではないかとの提案がなされた。また世俗化については、特定の宗教・宗派だけを特別視しない「非宗派化」と、宗教的なものを排除する「非宗教化」を区別する必要性が指摘された。他方、秋葉報告に対しては、共通性はどこまで強調しうるのか、そしてヨーロッパにおけるキリスト教と、オスマン帝国におけるイスラームは、社会統合の装置として見た場合、いかなる共通点と相違点を見出しうるのか、という質問がなされた。

これに対して前田は、橋本の提案に首肯しつつ、一九世紀前半のフランスにおいて政治的リベラリズムが一定の影響力を有していたことに再度言及した。他方秋葉は、共通性の強調は、最近の研究に基づくものであり、またイスラームに特殊な事例を期待していた人を裏切りたいという思いもあったと説明した。また、いわゆる伝統的な学校の機能についていえば、オスマン帝国の学校からは、キリスト教世界のそれとはやや異なる印象を受けると応答した。

討論の行方

続いて、参加者を交えた討論においては、以下のような諸問題が検討された。まず問われたのは、イングランドの事例を念頭に置いた、パブリックとプライベートの問題であった。すなわち、フランスおよびオスマン帝国では、イングランドでいうようなパブリックとプライベートの区分は存在するのか、もし存在するのであれば、それはいかなるものか、そしてそのように概括することははたして妥当であるのか、といった問題である。こうした問いは、討論の過程において、学校を中心とする共同体のようなものは存在したのか、という問いに推移し、フランスについては、エリートを対象とする修道会の学校では、そうした意識は非常に強かったことが指摘された。またオスマン帝国については、多様な階層の男女のイスラーム教徒が、一種の通過儀礼として通った初等教育の場であるコーラン学校の性格についての議論に発展し、コーラン学校は、より社会に埋め込まれていた学校であること、他方官立の新式学校は、そのような性格をさほど有していなかったことなどが指摘された。

次に前田報告に対して、先のセッションにおける岩下報告とも関連させて、なぜフランスでは、義務教育の法制化の動きは革命期から存在しつつも、実際には一八八〇年代まで持ち越されたのかという質問がなされた。これに対して前田は、革命期の途中から、国家の関心はエリートの養成に向けられるようになったという通説とともに、まさにギゾーのように、「教育の自由」に配慮し、学校の設置は各市町村に命じつつも、一律的な義務教育には批判的な勢力が存在したこと、そして先の岩下報告で扱われたイングランドと同様に、国家が教育を義務化しなくとも、修道会や基礎教育協会によって初等教育の改善や普及がすでにある程度なされていたことを理由として挙げた。

続けて、秋葉報告に対して、国家が教育や福祉に関心を持つようになった経緯と、福祉への関心が民間においても広まった理由が問われた。前者について、秋葉は、戦争との関連でいえば多少外在的な理由もあるといえるが、国家が福祉に関心を有するようになったのは、国家がその正統性を、国内的にも対外的にも示す必要に迫られたところが大きいと述べ、さらに、国家自体が実際には脆弱なので、よりシンボリックでソフトなパワーを行使して住民の支持を得る必要があったとも論じた。後者については、教育を受けた女性など、新しいエリート層の出現が理由として挙げられた。その際秋葉は、慈善活動は、往々にして自分たちの存在意義を主張する目的でなされると述べたが、これは重要な指摘であろう。

最後に、秋葉報告への感想として、オスマン帝国においては、宗教・宗派の別が慈善や福祉にも反映していたという発言がなされた。この点は、橋本によって、慈善活動が国民国家的な志向性を有する運動になるのか、それともあくまで宗教性のなかに閉じ込められ、宗教・宗派ごとに棲み分ける構造になるのか、という問いに発展させられたが、残念ながら閉会の時刻が迫っていた。ただし、秋葉が補足したように、君主主導のキャンペーンにおいて宗派横断的な募金活動が見られるなど、オスマン帝国の「公共圏」は、完全に宗派別に分断されていたわけではなかったことは、付記しておかなければならないだろう。

本セッションの意義

以上、前田・秋葉の両報告およびその後の討論をまとめたが、ここで、オスマン帝国の教育史を専門とする筆者から見た本セッションの意義および今後の課題や展望を考えてみたい。

まず意義として言及しておきたいのは、一九世紀の教育・福祉・慈善を対象とする本セッションにおいてオスマン帝国が取り上げられ、議論の俎上に載せられたことである。これまでの教育史研究においては、本研究会による叢書を含め、対象とされる地域は、日本を含む東アジアと、欧米のいくつかの国家に限定されがちであったが、近年、歴史学とくに東洋史出身の研究者が、オスマン帝国をはじめとする中東・イスラーム地域の教育史について、刊行・未刊行の一次史料に基づく本格的な研究を開始した。報告者の秋葉はまさにその旗手であるが、本セッションのような場においてオスマン帝国を対象とするということは、研究史上の空白を埋めるだけでなく、比較をおこなう際にも上記の諸国間の比較に終始しがちであった思考の枠組みを、よりバランスよく再編するという、さらに積極的な意義も有するということを強調しておきたい。

第二に、両報告において、国家の役割が相対化され、社会の側のイニシアティブが重視されたことを挙げておきたい。本セッションで扱われたフランスとオスマン帝国は、従来の研究では国家のイニシアティブが非常に強調されがちであったが、本セッションではこうした通説が批判的に検討された。上述のように、この点は橋本の提議においても指摘されていたが、とかく国家主導のイメージがあるフランスとオスマン帝国を対象とした本セッションでの検討により、今後このような研究視角は、多くの研究者に共有されることとなろう。ただし、そうであるからといって、国家の役割を過度に軽視するのもまた行き過ぎであろう。前田報告においても、ギゾー法が重要な位置を占めていたことを想起されたい。

課題と展望

次に、本セッションでの報告と討論をうけて、今後議論を深めるべき問題をいくつか提示したい。その一つは、橋本の提議と前田の報告において検討されていた世俗化の問題である。オスマン帝国は、ムスリムが支配した他の王朝と同様、人びとを宗教に基づいて区分し、非ムスリムには彼ら自身の信仰や法の保持を許しつつも、その代償として人頭税や一定の行動制限を課していた。しかし、橋本のいう「非宗派化」は、一九世紀のオスマン帝国においてもなされ、一八三九年のギュルハネ勅令により、君主の恩恵は臣民にあまねく行き渡ることとされ、たとえば軍医学校にも非ムスリムが受け入れられた。そして一八五五年には人頭税が廃止され、翌五六年には、秋葉報告にもあるように、改革勅令によってムスリムと非ムスリムの法的平等が明確に宣言された。その結果、国家の中枢機関にも非ムスリムが徐々に参入するようになり、中等教育以上の官立学校においても、学校によりかなり差があるとはいえ、ムスリムと非ムスリムの共学が実現した。

このようにオスマン帝国においても「非宗派化」は確認されるものの、オスマン期においては、ムスリム、非ムスリムともに、けっして「非宗教化」はなされなかった。しかし、オスマン帝国の直接の後継国家であるトルコ共和国（一九二三年〜）においては、とくにその建国当初、橋本のいう「非宗教化」が強力に推し進められた。たとえば、カリフ制の廃止、メドレセの閉鎖、シャリーア法廷の廃止、神秘主義教団の修行場や聖者廟の閉鎖、イスラームを国教とする憲法条項の削除などである。トルコ語の表記をアラビア文字からラテン文字にあらためた文字改革も、アラビア文字と不可分の関係にあるイスラームの影響力の排除が企図されていたため、こうした政策の一つとして数えられる。

このとき参照されたのが、フランスのライシテであった。もちろんここでいうライシテは、前田報告が対象とした一九世紀前半ではなく、第三共和政が開始された一八七〇年代以降とくに強調され、実際にフェリー法（一八八一〜一八八二年）や政教分離法（一九〇五年）などの法制化を伴った概念であることは、前田報告からも明らかであり、しかもトルコの場合、首相府のなかに宗務局が設置されたように、国家による宗教統制の側面が強いのであるが、いずれにせよ、フランスとトルコそしてその他の地域を比較と連関のうちに扱い、世俗化に関する議論を深める場を設けることは、今後の課題の一つであろう。こうした試みは、近年東京大学の「共生のための国際哲学研究センター」や「イスラーム地域研究」の上智大学拠点においても進められ、論集や文献目録が刊行されているが、本研究会においても、とくに教育や福祉に焦点を当てた研究に取り組む必要があるように思われる。

第二の課題として、「帝国」の比較史を挙げておきたい。ここで筆者が念頭に置いているのは、秋葉報告や討論において言及されたオスマン、ロシア、ハプスブルクに清朝を加えた、第一次世界大戦前後に解体した四つの帝国である。いうまでもなく、帝国と称された政治体における教育のさまざまなあり様は、『帝国と学校』など既刊の叢書においてもすでに扱われているが、オスマンと清をも視野に入れ、しかも比較の軸を明確にして体系的な叙述をおこなう試みは、北海道大学の「比較地域大国論」などにおいて開始されているとしても、とくに教育や福祉に関する議論を本研究会においてさらに深める必要があろう。

このうち、オスマン帝国とそれに関わる地域については、本セッションの秋葉報告に続き、次の叢書が計画されている。こうした成果を踏まえて、いずれ近い将来、清朝史研究者などを含めた新たな部会が組織され、比較を明確に意識した実証研究が蓄積されれば、歴史学と教育学の双方に資するであろう。すでに多くの識者が指摘しているように、このような比較研究は、それぞれの地域の専門家を、かなり偏りがあるとはいえ相応に有する日本ならではの試みである。もちろん英語圏においても可能ではあるが、清朝など東アジアをも対象とする場合は、日本は非常に有利な位置に立つ。このような立場を存分に活かした比較研究を、本研究会において追求していきたいと考えている。

（長谷部圭彦）

参考文献
新井政美『トルコ近現代史――イスラム国家から国民国家へ』みすず書房、二〇〇一年。
粕谷元編『トルコ共和国とラーイクリキ』上智大学イスラーム地域研究機構、二〇一一年。
――編『文献目録 トルコの世俗主義（ラーイクリキ）』上智大学イスラーム地域研究機構、二〇一一年。
粕谷元・多和田裕司編『イスラーム社会における世俗化、世俗主義、政教関係』上智大学イスラーム地域研究機構、二〇一三年。
澤江史子『現代トルコの民主政治とイスラーム』ナカニシヤ出版、二〇〇五年。
塩川伸明『民族とネイション――ナショナリズムという難問』岩波書店、二〇〇八年。
伊達聖伸『ライシテ、道徳、宗教学――もうひとつの一九世紀フランス宗教史』勁草書房、二〇一〇年。
羽田正編『世俗化とライシテ』東京大学グローバルCOE「共生のための国際哲学教育センター」、二〇〇九年。
「イスラーム地域研究」のサイト：
http://www.islamicareastudies.jp/
「比較地域大国論」のサイト：
http://src-h.slav.hokudai.ac.jp/rp/index.html

5　ドイツにおける社会国家形成と教育福祉職の成立
――ジェンダーの視点から

小玉亮子

はじめに

ドイツにおける幼稚園などの就学前施設や初等・中等教育の学校には、教師（Lehrer）ではないが、子どもの教育に関わるいわゆる教育福祉職（Sozialpädagoge）といいうる専門職がいる。彼らについて『ディ・ヴェルト』紙で、最近、次のような報道がなされた。

「福祉職は期限付きの職となりつつあり、報道によればこういった期限付きの職がこの間三〇パーセント増加し、賃金もケースによっては、明らかに標準賃金を下回っている」。ここでいう福祉職は、ドイツにおけるいわゆる社会的教育学（Sozialpädagogik）の専門家を指すのだが、記事は続けて次のように指摘している。「ソーシャルワーカーや教育福祉職、および幼稚園教師や保育士といった職のうち七三三八人が、期間契約労働者となっている」[1]。

この背景には、近年、ドイツにおいて乳幼児保育の拡充が社会問題としてクローズアップされることにより、急ピッチで保育所増設が目指されているなかで生じているという、きわめて今日的な問題状況があることは否めない。急速な保育園の拡充によってもたらされる公的支出の拡充を少しでも抑えるために、不足する労働力を、できるだけ低賃金の期限付き労働者によって補おうとするところは、日本の状況を思い起こせば納得がいく。しかしながら、この記事のなかで最も問題とされていることは、今日見られる労働契約上の賃金問題ではなく、もともと「その高い専門性と責任を鑑みても、適切な給与が支払われていない」状況があったことにある。このことは、さらに別の記事のなかでは、はっきりと書かれている。すなわち、こういった職業の社会的地位が低く見なされてきたことが、最大の問題であると[2]。

前記の『ディ・ヴェルト』紙で言及されている職のなかの、教育福祉職は、社会（Sozial）という言葉と教育をおこなうもの（Pädagoge）を指す言葉をあわせた言葉である。吉岡はこれに「教育福祉専門職」という言葉を当てて、この領域のさまざまな職の総称であるという位置づけを与えている[3]。この職種の内容が、いわゆる福祉的な領域を指し示すものであることから「教育福祉専門職」という日本語のカテゴリーが与えられているのであるが、具体的には、幼稚園などの就学前施設におけるケアや教育から、青少年の養護や保護・教護活動などがここに含められる。これらの職に就いた人たちは、学校組織の外でその活動をおこなうこともあれば、学校のなかで仕事をすることもある。学校のなかでおこなわれる彼らの仕事としては、当然のことながら教師のように何かの専門科目を教えるのではなく、一例としては、問題行動を起こした生徒に対する指導を担当するといった、いわば生活指導を受け持つこともある。あるいは、学校のなかに設置された学童保育の指導員として活動する場合もある。学校の外であれ、学校のなかであれ、いずれにせよ、青少年を対象とするこの活動は、学校教師との協働、コミュニケーションを不可欠とするものであり、今日、頻発する青少年問題に対処するうえできわめて重要な職であることは間違いない。

しかし、先に見たように教育福祉職の給与は低く、社会的地位も低く見られている。学校のなかでともに働く場合においても、給与も地位も教師に比べると低くなっている。では、なぜ、教育福祉職の地位は低いのか。教育のみの職よりも、教育と福祉が結びついた職において、その地位が低くなってしまうのはなぜなのだろうか。以下において、教育福祉職の地位が低いことを念頭に置きながら、この教育と福祉が結びついた職の成立のプロセスを再検討することを試みたい。そして、この過程をドイツにおける社会国家形成の過程のなかで検討することで、ドイツの社会国家がどのように教育と福祉の接合をはかったのか、明らかにしたいと考えている。

ドイツにおける社会国家形成とジェンダー

以下において、社会国家において教育と福祉が接合していく過程を見ていくに際して、まず、社会国家という概念について、それがどのようなものと考えられてきたのかについて整理しておきたい。

ドイツの社会国家の形成に関しては、まずは、橋本の以下の指摘を参照したい。

近代から現代にかけてヨーロッパの国家や社会は、資本主義体制のもとでの階級対立構図を内に孕みながら、国民の政治的参加権に基づく大衆民主主義を作り上げていったのだが、このことを与件とした国家は、国民の社会権・生存権を承認し、保険制度などによって社会的連帯を組織しながら弱者の保護やリスクの管理をはかることで、自らの正当性を調達するようになってきたというのである。このような、福祉国家ないし社会国家と呼ばれる国家のあり方は、かつて「危険な階級」と観念された人びとを社会的に包摂する介入主義的行政国家と言い換えうる（本書14～15頁）

周知の通りドイツは、一九世紀のビスマルク以降保険制度などが早くから整備され、一定の成果を上げてきたと評価される国である。橋本の議論は、ヨーロッパに関する議論であるが、この議論の一つの典型ともいうべき国家形成をおこなった国がドイツであるといえよう。この議論のなかでは「福祉国家ないしは社会国家」というように、福祉国家と社会国家という二つの言葉が併記して使われているのであるが、これについて川越は、社会国家と福祉国家概念をいったんは区別して、「一般論としては、「社会国家」とは福祉国家のドイツ語表記である」[4]という。その上で川越は、社会国家概念が単にドイツ型福祉国家を指すだけではなく、ともすれば誤解をまねきやすい福祉国家概念よりも「広くかつ明晰な内容を持つ」概念であることに注目している。というのは、社会国家概念が、福祉という言葉から招かれうる誤解を避けることができる概念であるためだという。ここでいう誤解とは、福祉という言葉が困窮者への社会的扶助を指すものとしてのみ理解される場合のことを指しているのであるが、このような誤解のもとで福祉という言葉を使うと、そこには、自立した個人による社会保障制度の部分が排除されてしまう。そこで、福祉国家ではなく、社会国家という概念を使用することで、こういった福祉概念に対する誤解をまねくような理解を、回避することが可能となるというのである。この川越の議論は、社会国家という概念を福祉国家概念より広く比較可能な概念として設定しているのであるが、基本的に橋本の理解と重なるものと考えてよいだろう。

加えて、ここでとくに注目しておきたいことは、川越の議論においては、社会国家は現実的には「上からの操作の強化」と「自己決定の強化」の「両義性」を持つものであることに言及している点である[5]。つまり、川越の議論では、社会国家において人びとは操作的に社会に包摂されるだけではなく、同時に、自己決定の結果として自ら社会に適合していく側面もあるというのである。すなわち、上からの一方的な包摂のプロセスのみならず、民衆が自ら包摂されていく、ということに川越は注目する。この点は後半で検討する重要な論点となることを指摘しておきたい。

いずれにせよ、こうしてもともと福祉国家のドイツ語版であった社会国家という概念は、その意味するところが包括的なものであることから比較可能な概念として認識されるようになり、このことによって逆に、ドイツの社会国家のあり方はさまざまな国の社会国家のバリエーションのうちの一つという位置づけを与えられることとなる。国によって社会国家のあり方にさまざまなバリエーションが生じるのは、各国の社会国家体制の成立とそれ以降の歴史的プロセスがそれぞれ異なるからであろう。

ドイツの場合の社会国家の生成と変化について、本章では、冒頭で論じた教育福祉職の成立に焦点を当てて、ドイツの社会国家の一つの側面に光を当ててみたい。というのも、橋本が論じたように「社会的・文化的な国家機能のなかに、主として年少期の人間の成長・発達に対する意図的介入としての学校や教育の仕組みがどのように組み込まれてきたのかを考えることは教育史の認識にとって重要な課題である」（本書15頁）と考えられるからである。

社会国家の形成にあたり、子どもの「成長・発達に対する意図的介入」はどのようになされてきたのだろうか。この論点のもとでは、当然のことながら、社会国家における教育制度の構築が、重要な論点になるのであるが、ここではより対象を限定し、義務教育や中等教育や高等教育ではなく、教育福祉職がどのように成立してきたのかに焦点をあてて検討してみたい。というのも、教育と福祉が接合された教育福祉職こそが、福祉国家ともいいうる社会国家形成を考えるうえで、まさに鍵を握るものの一つであると考えられるからである。

さらに、この点を検討するにあたり、橋本の次の言葉は示唆的である。すなわち、

福祉国家は、制度構築と実践を支えるための理論と、そのための知識を備えた理論・実践双方の専門家（研究者と実務家）を必要とする。ドイツで社会政策学会の結成、国家的な社会政策の推進、社会事業学校の創設が継起的に進んだことは偶然ではない。（本書22頁）

ドイツの教育福祉職の成立においても、理論と実践の両方を必要とした。そのため、一方で社会的教育学という学問分野が教育学上の注目を集めつつ登場し、理論的に精緻化されていき、同時に他方では実践的な職業として制度化されるという経緯をたどる[6]。

教育福祉職に関する理論と実践を考えるうえで、その起源として参照されてきたのがペスタロッチである。周知のように孤児院を作ったペスタロッチは、貧困のなかで寄る辺のない子どもたちと寝食をともにした孤児院経営の実践家であるとともに、多くの教育方法に関する教育書を残した、まさに理論と実践の両方を担った人物であった。教育福祉職は、その起源においては、このような卓越した一人の人物によって理論と実践が担われたが、これが制度化されることとなる一九世紀末から二〇世紀の初頭は、一方でこの職の理論的枠組みが精緻化されていき、他方で、実践がおこなわれながら、実践の場の制度化もまた推進されることになる。すなわち、この時期に、理論としての社会的教育学が議論され、実践家としての教育福祉職が専門職として成立・制度化されてくるのである。とくに、その制度化にあたっては、専門家のあり方、そして専門家養成に国家がどのように関与する

かをめぐって、政治的な議論もまた重ねられていくことになる。専門職の養成機関では理論が求められ、他方で、養成機関が制度化されることによって実践家の専門性がオーソライズされることとなる。

二〇世紀初頭に、社会的教育学の実践のために国家レベルでのその制度化を直接担った人物の中に、ゲルトルート・ボイマーという一人の女性がいた。ディースターヴェークの流れに位置づけられると思われるボイマーは、社会教育学の実践者たちである教育福祉職の制度化のキーパーソンともいえる人物である。しかし、これまでの教育学研究において、ボイマーに関する研究は正面からおこなわれてきたとはいえない。ドイツのフェミニズムの歴史研究において欠くことのできない位置づけを与えられているこの人物の研究が、教育史では正面から取り扱われてこなかったということは、「包括的な「ジェンダーの比較教育社会史」がなお書かれていないことを銘記しておく必要があろう」（本書43頁）という橋本の指摘とも通じるものである。

ドイツにおいて福祉と教育が接合される時にもっとも重要な役割を演じたのが、このボイマーという、ドイツジェンダー史上のキーパーソンの一人であったことの背景には、以下のような社会構造の変動があった。


一九世紀の社会構造の変動に関わって指摘しておくべきもう一つの論点は、ジェンダーである。教養と財産によって垂直的に分断された近代の階級社会は、これに加えて人種や民族による分断と性による分断からなる三次元的な統合と排除の構造を形づくっていたと捉えられるが、そのうちの性による分断に関わる次元である。（本書42頁）

すでに述べたように、社会国家は生活に困窮する人びとへの社会的扶助の制度化を進め、階級対立の先鋭化を和らげようと施策を打っていった。しかし、社会国家が包摂しようとした人びとは階級によって分断された人びとだけではなかった。この時代は、階級対立のみならず、人種による分断や性による分断が可視化されてくる時代であった。社会国家はそういった複雑な分断に対応しようとした国家であったともいってよいだろう。「国家が社会国家・福祉国家的な方向に舵を切った前世紀転換期には、社会の相貌もさらに大きく変化した」のであり、そこには従来の「家族像やジェンダー構造にも大きな変化が生じている」（本書50頁）というような状況があった。そこでは、階級による分断、性による分断、人種や民族による分断が複雑に絡み合いつつ、変化が生じていたということができよう。

家族の変貌は、そこで成長する子どもたちの世界の変貌に直結する。社会国家は、変貌する家族とその中で次々に生じる子どもたちの諸問題への対応に迫られ、その結果、教育福祉職という職の制度化が試みられることとなったと考えられるのではないだろうか。ここでは、とくに、この制度化を担ったのが一人の女性であり、二〇世紀初頭の女性解放運動のリーダーであったことを強調しておきたい。

ヴァイマル期における女性運動と教育福祉職

先に、教育学においてボイマーがほとんど正面から扱われてこなかったことは指摘したが、ボイマー自身については、九〇年代以降の姫岡の研究[8]を嚆矢として最近の赤木による詳細な研究[9]など、日本でも多くの研究がなされるようになっている。それらの多くは女性解放運動家としての彼女の活躍に焦点を当てるもので、教育に関しては、彼女たち活動家が進めた女子教育改革に焦点が当てられてきた。確かにボイマーは女性解放運動の立場から社会運動を進めた活動家という側面が強く、教育史の分析対象となりにくいことは理解できる。その意味では、彼女にディースターヴェークやナトルプと同様の狭義の教育思想家という位置づけを与えるのは難しいかもしれない。しかし、このボイマーが教育福祉職の制度化において、政治的な側面において非常に大きな役割を果たしたことは、ドイツにおける教育福祉職の成立と展開を考えるうえで、そして、ひいては、ドイツにおける教育と福祉の関係を考えるうえで重要なポイントになると思われる。

ボイマーは、女性解放運動を推進した運動家であっただけでなく、実際に政治家として議会で活躍した人物でもあった。赤木の研究によれば、一九一〇年から一九一八年までドイツ市民女性運動の最大組織であるドイツ女性協会連合の会長を務め、政治的活動としては、ヴァイマル期以前からナウマンとともにリベラル左派のグループに属して政治活動を行い、ドイツ人民党を経て一九一八年にはドイツ民主党の結成に加わり、一九三〇年まで党に所属して仕事を進めた。他方で、ハンブルグの女子社会事業学校の設立に関与し、一九二一年まで校長として経営にあたるなど、まさに教育福祉職養成のための実践の場も経験した人物である。なにより、教育福祉職に関しては、一九二〇年にはドイツで初の女性の参事官となり、内務省で学校教育や青少年保護の制度化に携わったことは、教育福祉職の形成を考えるうえで、決定的に重要である[10]。

ボイマーが所属していた女性運動団体は、政治的中立を掲げていたこともあり、彼女が自らの政治的活動の足場に選んだのが、男女平等を正面から掲げた左派の社会民主党ではなく比較的中道寄りに位置するリベラル派であったことはいわば当然のことであったのかもしれない。さらにボイマーの政治的スタンスは、彼女に先立って女性運動のリーダーであったヘレーネ・ランゲの立場とも無関係でない。ボイマーの師でありパートナーでもあったランゲは、「市民階級と労働者階級の二つの階層を現実の問題として区別し、長時間ひたすら単純作業に従事せざるをえない労働者に同情を感じつつも、それぞれに必要な教育は異なると考えていた[11]」人物である。ランゲと同様にボイマーもまた教養市民層の出身であり、その立場を等しくしていたといっていいだろう。彼女たちは、女性の男並み化ではなく、女性は女性であることを前面に出しつつ社会で活躍することを目指すべきであるという立場から、そして、自らは、労働者の立場からではなく教養市民層という立ち位置から女性の運動を推進しようとした。

政治的には、ボイマーは、リベラル派の政党のなかで自らの力を着実に示しつつ政党内における地位を確実なものとし発言力を増していった。画期的と評価されるものの実は多様な思惑の妥協の産物であったヴァイマル憲法において、男女同権の思想がなんとか明文化されることになったのは、社会民主党のみならずリベラル政党に属するボイマーら女性解放運動家たちの力なしには不可能であった[12]。

このように女性解放運動を推進してきたボイマーが、内務省参事官として教育問題に携わることになるのであるが、彼女は「学校と家庭以外のすべての教育。社会的教育学は、学校の外でおこなわれる社会的および国家的な教育福祉事業を意味する[13]」と書きのこしている。この文章は、ノールらが編集した『教育学事典』の第五巻（一九三三年）の巻頭論文でボイマーが執筆したものである。この事典は、全部で五巻から構成されており、その第一巻は「教育制度の発展と理論」、第二巻は「教育学の生物学的、心理学的、社会学的基盤」、第三巻は「一般教授学と教育学説」、第四巻は「学校と学校構成の理論」、そして、第五巻が「社会的教育学」となっている。このように、全五巻の教育学事典のなかで、そのうち一つの巻がすべて社会的教育学を論じたものであることは、いかにこの時代の教育学が、教育と福祉の関連性を重視していたかを示すものといえるのではないだろうか。そして、ここではその巻頭部分を執筆したのがボイマーであることに注目したいと思う。これに関連して、付け加えていえば、この第五巻は全部で六章から構成されているのであるが、そのうち一、二、六章はボイマーら女性によって執筆されており、三章と五章も女性たちが執筆に参加している。ここから、この領域自体が多くの女性たちによって担われていることがわかる、といっても言い過ぎではないだろう。

このように女性たちが教育福祉領域の活躍している背景については、以下の吉岡の指摘が参考になる。吉岡は、教育福祉職という専門職が成立してくる背景に次の四つの運動があったと論じる。その運動とは、第一に、「フレーベルの幼稚園運動に代表される幼稚園関係者の運動」、第二に「女性ソーシャルワーカーの養成・資格制度の創設運動」、第三に「一九世紀にはじまる政府による「青少年育成（Jugendpflege）」政策」、第四には、「「青少年教護（Jugendfürsorge）」と呼ばれてきた、「罪をおかした」あるいは「不良化する虞のある」青少年に対する保護と育成活動」である。吉岡は「以上の運動は、いずれも教育運動であると共に福祉運動でもあった」という[14]。

吉岡も指摘しているが、これらの運動において中心的役割を果たしたのは、多くの女性たちであった。たとえば、第一に挙げられている幼稚園運動において、その中心的運動家は女性たちであった。幼稚園運動は、もちろん、幼稚園を考案したフレーベルから始まる動きであるが、フレーベルの後、多くの女性たちの手によって進められてきた運動である。この運動がドイツ国内はもとより海外にまで広く普及されていった経緯については、すでに多くの研究によって明らかにされてきた[15]。そのなかで、必ずといってよいほど言及されてきたのは、幼稚園の教員養成をおこなってきた団体であるペスタロッチ＝フレーベル協会であり、この協会の中心的人物であったフレーベルの姪のシュラーダー＝ブライマンである。シュラーダー＝ブライマンは、社会改良の担い手には女性こそがふさわしく、女性であるならば誰でも持っている「精神的母性」によって、「母性的資質の発揮という課題は男性には代替不可能なものであり、女性特有の活動分野が社会の中に存在すると主張した」人物である。彼女の思想はドイツの幼稚園運動において大きな影響力を持ったのみならず、姫岡が指摘するように、「ブルジョア女性運動に継承され、女性運動の精神と文化を象徴する概念となるのである[16]」。

母性が支えるもの、母性が分断するもの

ボイマーやランゲたちが推進してきた教養市民階級の主導する女性解放運動において、いわば旗頭となった概

念がこの母性であった。ボイマーたちの運動において、女性が女性であることを前面的に押し出しつつ、公的世界での女性の地位を高めようとするためには、女性のみが持ちうる母性という概念は、もっとも有効な概念であった。幼児のケアと教育には、母親の持つ母性がもっとも重要である。あるいは、病んだ人・貧困に苦しむ人に手を差し伸べるのは母のような優しさである。また、社会の荒廃のなかで荒れ果てた心を癒すのは母の愛である等々。このような議論は、男並み化を目指すような女性運動とは異なり、近代社会の公私二分法に基づく性別役割分業社会を揺るがすような女性の社会進出に対する抵抗を回避することを可能にする議論であった。

抵抗があったというのは、この時期、女性が社会的ステイタスのある職に就くことに対する圧力やそういった職へと参入した先駆者たちに対する反発がかなりのものであったことを意味している。たとえば、学校教師という職は古くから存在したが、一九世紀末からの教育福祉職の成立に先立って、教師という職に就く女性たちは少なからずいた。しかしながら、そういった女性の教師たちに対する男性教師からの反発や圧力というのは、繰り返し見られているし、同じ学校段階においても女子教育施設の教員は男性教員も女性教員も給与が低く、低いステイタスに位置づけられていた[17]。このような状況下において、女性の特性にあった新しい専門職は、男性との間での軋轢を避ける絶好のスタンスであったといえる。

とはいえ、女性の特性にあった職として登場してきた教育福祉職が公的に承認されるのは、この時代において画期的なことであった。この承認の一つの象徴ともいえるものが、一九一一年にプロイセンで発布された「幼稚園教師と少年指導員養成のための、女子学校に編成された課程に関する諸規定」である。この規定で定められた「少年指導員」という資格を、吉岡は教育福祉職の職業資格の起源として位置づけているのであるが、これは具体的には、「多人数編成の幼稚園、学童保育所、子どもの家及びその他の校外青少年保護・教育施設を指導する」ものであり、幼稚園教師としての経験を持つものが得ることができる上級職を意味するものであった[18]。

この一九一一年規程について詳しく論じた大崎功雄は、この規程を促した動因を「中・上流階層出自の婦人の職業的・社会的地位向上の要求であった」として、「いわゆる「保母」（Kleinkinderpflegerin, あるいはKleinkinderlehrerin や Schwester などの呼称で呼ばれた人々）の地位向上や、また、これら「保母」の担う保育活動一般の改善を直接目指したものではなかった。むしろ、幼稚園教師と「保母」の区別、あるいは、「保母」の地位からの「幼稚園教師」の離陸を直接の要求として提起したのである」と指摘している。ここで指摘されたことは、まさに、ボイマーらの女性運動のスタンスと一致する。政治的発言力を持ったボイマーらが、自らの出自である教養市民階級と単純労働に就くような労働者階級を区別していたことは先に述べた通りである。彼女たちの運動は、女性たちの中にある階級的分断状況の上に成り立ち、その上位に位置するもののスタンスからおこなわれていたものであった。一九一一年規程は、女性の職業進出の要求があくまで上位に位置づく階層のための要求であったことを表すもので、結果的に階級的分断を明確にしたものとして、実現したといえるのではないか。

加えて、大崎は、一九一一年規程が目指したものが「幼稚園は学校教育の系列に位置づけられる」というものであったと論じている。すなわち、「保育活動を専門的資質と資格を必要とする教育活動の系列に位置づけることを通じて、専門的要請を不可欠の課題として周知・公認させ、もって幼稚園教師の社会的・経済的・制度的地位の確立が目指されたのである」と論じている。この指摘はきわめて重要である。というのも、このようなやり方での資格要求は、結果的に彼女たちの意図とは正反対の結果を生み出したからである。(19)

正反対というのは、以下のような意味である。すなわち、こういった学校教育の系列での資格要求は、もともとは福祉領域からの離脱を意図するものであった。大崎は、この資格要求が具体的には、次のプロイセン文部省の見解、すなわち、「まだ学齢に達していない子どもの優れた教育者や教師に求められるべき資質は、彼女たちの知識や技能にあるというよりもむしろ彼女たちの心情（Gemüt）、機才、全人格により多くあるのであり、それゆえ、本来の適性は通常の試験からはみ出るのである」という見解に対する異議申し立てであり、専門的知識や技能を持った専門職としての地位を目指すものであり、「福祉の活動からの決別」を求めたものであったと指摘する。[20]

しかし、実際には、一九二二年のヴァイマル少年福祉法において、明確に幼稚園は福祉施設として、そして、教育福祉職は、教育の系列ではなく、福祉の系列として位置づけられることになる。一九三〇年には、「幼稚園は、満二歳から六歳までの、少なくとも一〇人の幼児が全日もしくは一日の一部を、教育福祉の目的のために収容される、半公開の児童福祉の施設である」と定義されることになる。[21]

確かにそれらが、専門職としての位置を与えられたことには、一定の意義が認められなければならないだろう。しかし、それは、「専ら「善意」(Wohltatigkeit) と「機才」(Takt) によって担われる「福祉」の活動」としての地位であった。一定の知識や訓練を要求するというよりも、それを担う人の人格や心持ちの問題の方が重要視されることになり、専門的知識を学び訓練を受けた教師という職の下に位置づけられることとなったのである。教師並みの高いステイタスを望んだ教養市民階級の女性たちの要求は、下層の女性たちとの差異化を実現したものの、しかしながら、教師に比べてより低い社会的ステイタスを与えられるという結果に終わることになる。

では、なぜ、彼女たちの望みは実現しなかったのか。

そのことは、実は、彼女たちの運動の理念それ自体が結果を生み出したと考えられるのではないだろうか。彼女たちの理念の中核に母性があったことはすでに述べたところである。当時、母性は、訓練によって備わるものとして考えられていたわけではなく、子どもを産むことで備わるものでもないと考えられていた。それは、女性であれば、誰もがその資質を持つと考えられる「精神的母性」であって、それゆえ、子どもを産み育てた女性でなくても持ちうる資質であるとされた。もともと、この時代の女性の社会的職業獲得の要求は、結婚という形で生活をできない上層の女性たちがその地位と名誉を汚すことなく生きていくための要求であった。つまり、結婚しない女性たちの生活のための要求でもあった。必然的に、ここでいわれる母性とは、子どもを持たない女性でも持ちうる資質であり、男性に比較して持っている「優位性」である。すなわち、経験や学習によって持ちうる資質ではないのである。

そして、この母性をてこにして、幼児教育における女性の重要性を主張したのが、シュラーダー＝ブライマンに代表される幼稚園運動であった。幼稚園運動においては、フレーベルの母子合一の思想を幼稚園教育の理念とし、母の愛を幼稚園教師の理想として掲げた。幼稚園は従来の学校的なものではなく、できる限り家庭的であることが求められ、幼児は遊びのなかで成長することが目指された。

このような理念は、ヴァイマル期の教育観、すなわち、子どもの教育は一義的に家族のものであるという教育観と齟齬はない。一九一九年のヴァイマル憲法において明記され、一九二二年のヴァイマル少年福祉法においても謳われたこの理念が、教育福祉職の位置を決定づけることになる。

一九二二年のヴァイマル少年福祉法で、幼稚園は福祉制度の中に位置づけられるのであるが、この法の制定に先立って、幼稚園が教育なのか、福祉であるのかに決着をつけたのが、一九二〇年にベルリンで開催された全国学校会議[22]であった。いまだ、教育と福祉の狭間で公的にその位置づけが定まっていなかった幼稚園は、この会議において学校制度の外に置かれ明確に福祉の分野に属するものとして位置づけられることとなる。

その際の論理は、議事録によればこうである。第一に「幼稚園は経済的理由あるいは母親の無理解のために家庭の自然的な教育義務が果たされないような家族を補うための制度であり、そういった使命を持っている」。第二に「幼稚園は学校への移行機関として、また、その教育活動のための準備機関と見なされたり、認定されたりしてはならない。確かに幼稚園はその教育方法や活動方法によって子どもの発達を促進する状況を保持しており、子どもを学校へ行けるように準備するのではあるが。子どもたちの利益のために、そして家庭生活のために、幼児に就学強制を拡張してはならない」[23]。すなわち、幼稚園は、本来家庭がその教育義務を果たせない場合に求められる機関であり、子どもたちの利益のためには、就学強制をしてはならないというものである。それは、むしろ、家庭への権利侵害として見なされること理解される。

全国学校会議における詳細な審議過程に関しては、別稿に譲りたいと考えているが、ここで強調しておきたいことは、全国学校会議において、幼稚園も青少年福祉（Jugendwohlfalt）も独立委員会として議論されながらも、最終的に、それらは、学校制度の外に置かれるものとして明確に位置づけられることとなったこと。そして、その根拠は、それらがあくまでも家庭の教育を補うものであるという認識から来ていることである。確かに、全国学校会議において、教育福祉職に専門教育が必要であることが議論されているという点は、一九世紀からの運動の一つの成果の表れと見ることができよう。しかしながら、それらの運動が目指した教育制度の枠に位置づけられることは果たされることはなかった。そして、さらに、教育福祉職は、あくまでも、家庭で当然おこなうべき教育がおこなえない場合、そして、本来果たすべき役割を母親がおこなえない場合に、次善の策としておこなわれるものという位置づけが与えられたのである。家庭の意義を強調することによって、結果的に、教育福祉職は、学校教育のような子どもにとって不可欠な専門職という地位を得ることはなかったのである。

おわりに

一九世紀から二〇世紀にかけて女性運動が求めた教育福祉職の地位向上は、ヴァイマル期において一定の成果を得つつも、最終的に挫折することとなった。彼女たちは、教育福祉職が教育制度の内側に位置づけられることを熱望したにもかかわらず、結果的にそれは教育制度の外に置かれることとなる。その理由は、教育福祉職のおこなう仕事が、本来家庭がおこなうべきものであるから、あるいは、本来母親が担うべきものであるから、というものである。この論理こそが、実は教育福祉職を推進してきた彼女たち自身の論理であったのではないか。ブルジョワ女性運動も、幼稚園運動も、女性ならではの母性という特質が子どもにとって重要であると主張し、子どもにとっての家族的雰囲気の重要性もまた強調した。だとするならば、そのような教育は、家庭が、そして、母親が果たすことがもっとも望ましいことであるということになり、それが果たせない場合に限って補完的に求められる、という論理となる。すなわち、女性の地位向上のための論理が、そして、女性の固有性を掲げての社会進出の論理それ自身が、その地位向上にとっての足枷となったといったら言い過ぎであろうか。

ブルジョワ女性運動は、一九世紀には顕著となっていたジェンダーに関する分断を乗り越えるべく活動し、近代ドイツの社会国家のなかに一定の地位を占めることに成功した。自らの論理、すなわち、女性の持つ母性という論理でその優位性を主張しつつ、社会国家の枠のなかに着実にその地位を固めていったともいえる。その限りで、彼女たちは、社会国家に上から包摂されたのではなく、主体的に社会国家の内部に位置づいていったということができる。しかしながら、それは、同時に自らの地位を低く押しとどまらせる論理にほかならなかった。ジェンダーの分断を乗り越えるための運動が、新たな分断を生み出し、そしてそれは現代にいたるまで固定化されている。(24) 彼女たちが推し進めた教育福祉職は、教育から差異化され、教育の下に位置づけられることで、教育と福祉との分断の一つの表れとなったといえるのではないか。結果的に、新たに求められるようになった福祉領域それ自体もまた、教育とは差異化され位置づけられることとなったのではないだろうか。

実際、近代ヨーロッパの複線型教育モデルが端的に示すように「近代学校」や「教養」は、階級・階層的な分断装置として機能し、特定の社会集団を排斥する一方、他の集団には特権的な地位を与えてきた。そうであるならば、福祉国家の平等理念と教育の反平等主義的な性格はどのように和解しうるのであろうか（本書23頁）

橋本のこの指摘は、学校制度と福祉制度の関係を考えるうえで重要である。教育福祉職が教育職としての地位を確立しようとしたその時に、「教育の反平等主義的な性格」は、まさに、福祉それ自体を教育の下位に位置づけることとなった。

もともと、ブルジョア女性運動が、教育システムのなかにおいて教育福祉職の地位向上を目指した時、それは、低い身分の女性たちが担ってきた幼児に対するケアの仕事を下層階級の仕事に押しとどめ、自らはそういった職からの離脱をはかろうとするものであった。女性の公的な地位の向上を狙う戦略は、同時に、女性の内部の階級・階層的分断の上に成り立つものであった。そして、彼女たちが拠りどころとした論理、すなわち、それこそが母性であったのだが、その論理が、教育と福祉が接合したその時点で、新たな分断を生み出すこととなった。この分断は、教育システムとそして、ジェンダーシステムによって構築されたということができるのではないだろうか。そして、その構図は、解消されないままに、現代にまで維持されているのである。

注

（1）*Die Welt*, 2012. 6. 12.

（2）*Die Welt*, 2012. 11. 24.

（3）吉岡真佐樹「教育福祉専門職の養成と教育学教育――ドイツにおける教育福祉専門職養成制度の発展と現状」『教育学研究』第七四巻第二号、二〇〇七年、九〇頁。なお、本章では、通常日本語で用いられる社会福祉職や保育職と対比する意味をこめて教育福祉職と表記することとしたい。

（4）川越修「社会国家の世紀」川越修・辻英史編『社会国家を生きる――二〇世紀ドイツにおける国家・共同性・個人』法政大学出版局、二〇〇八年、三頁。

（5）同前、五頁。

（6）とくに理論的変遷については Jürgen Reyer, *Kleine Geschichte der Sozialpädagogik*, Schneider Verlag, 2002 を参照。

（7）吉岡「教育福祉専門職の養成と教育学教育」、二二八頁。

（8）姫岡とし子『近代ドイツの母性主義フェミニズム』勁草書房、一九九三年。

（9）赤木登代「ドイツ第一派女性運動における女子教育（第二報）――ゲルトルート・ボイマーの思想と実践（その一）」『大阪教育大学紀要　第一部門』第五九巻第二号、二〇一一年、一～一四頁などを参照。

（10）赤木登代「ドイツ第一派女性運動における女子教育（第三報）――女子教育の改善から婦人参政権に向けた闘い」『大阪教育大学紀要　第一部門』第六〇号第二号、二〇一二年、一～一四頁。

（11）同前、六頁。

（12）小玉亮子「ヴァイマル憲法第一一九条の成立――国制に家族はどう位置づけられたのか」比較家族史学会編『比較家族史研究』第二一号、二〇〇七年、一～二三頁を参照。

（13）G. Bäumer, Die historischen und sozialen Voraussetzungen der Sozialpädagogik und die Entwicklung ihrer Theorie, in H. Nohl und L. Pallat Hrsg., *Handbuch der Pädagogik Bd. 5, Sozialpädagogik*, Julius Beltz, 1933, S. 1.

（14）吉岡「教育福祉専門職の養成と教育学教育」、二二八頁。

（15）さしあたり、酒井玲子「一九世紀後半のベルリンにおけるフレーベル運動と保育者養成」岩崎次男編『幼児保育制度の発展と保育者養成』玉川大学出版部、一九九五年、一四五～一六二頁を参照。

（16）姫岡『近代ドイツの母性主義フェミニズム』、一二五頁。

（17）同前、二八～二九頁。

（18）吉岡「教育福祉専門職の養成と教育学教育」、九一頁。

（19）大崎功雄「二〇世紀初頭プロイセン・ドイツにおける保育者養成制度の形成過程——一九一一年の「幼稚園教師養成規程」、と「卒業試験規則」の成立」岩崎次男編『幼児保育制度の発展と保育者養成』一九九五年、一八四頁。

（20）同前、一八四～一八五頁。

（21）同前、三四一頁。

（22）全国学校会議は、一九一九年のヴァイマル憲法における「学校問題の権限の国家の移行は、国民教育の目標と国民の内面的基礎の刷新に関する大規模な変革を示していた」ために開催されることになった（江藤恭二他「『全国学校会議』研究ノート（一）」『名古屋大学教育学部紀要（教育学科）』第二七巻、一九八〇年、四六頁）。

（23）*Die Reichsschulkonferenz 1920: Ihre Vorgeschichte und ihre Verhandlungen.*（1921=1972）, Verlag Detlev Auvermann KG, S. 691.

（24）ドイツでは、現在でも連邦レベルで、就学前教育制度は福祉領域に属するものと位置づけられている。

6　前世紀転換期イングランドにおける教育の政治空間

――ロンドン学務委員会における女性議員を中心に

内山由理

はじめに

本章では一九世紀末から二〇世紀初頭までの橋本の「提議」について、以下の二点について言及したい。まず、橋本が神野直彦に示唆を受けて提示した「教育財政構造の国際比較」という研究テーマについてである。前世紀転換期のヨーロッパ諸国では第二次世界大戦後に現れる福祉国家・社会国家のいわば布石となるような、乳幼児から高齢者にいたるさまざまな福祉立法が制定され、二〇世紀後半の現代の国家と教育のあり方に大きく影響している。「教育財政構造の国際比較」の提案の背景には、そのような福祉国家・社会国家の生成において教育の機会の平等化がいかに達成されたのかをあらためて問おうとする橋本の意図があり、後続の研究者たちに対する興味深い提案であると感じている。そこで本章では筆者の力量の許す限りにおいて、少なくとも一九世紀末から二〇世紀初頭のイングランドの事例を挙げて、前世紀転換期の教育財政構造について検証する手立てを考えてみたい。

さらにもう一つ取り上げたいのは、女性とジェンダーについてである。前世紀転換期の女性たちは私的領域の境界線を押し上げ、看護や教育、貧民救済といった分野で社会進出していった。ミドルクラス以上の女性たちには高等教育や中等教育の機会が拡がり、社会で活躍するための「多様な専門職分野が開発され、女性がそこに参入していった」（本書51頁）時代である。すでに比較教育社会史研究会が女性の高等教育と専門職について取り上げてきたが（叢書『女性と高等教育――機会拡張と社会的相克』昭和堂、二〇〇八年）、橋本はなおも「ジェンダー的分断線の融解ではなく、その変容」に注目したさまざまなテーマを扱った「ジェンダーの比較教育社会史」（本書43頁）を提案している。女性たちが現代においても公的な生活での責務を果たすことと、伝統的な家庭生活を営むための義務を果たすことのコンフリクトに悩む現実を見据えれば、公的な生活への平等なアクセスを否定されてきた女性にとって社会進出とはどのようにあったかを考えることはいまだ本研究会のトピックであると思われる。本章では公的な場における女性の活動とジェンダーについて、前世紀転換期のイングランドの地方の教育統治機関（学務委員会、地方教育当局）に進出した数少ない女性たちを取り上げて考察することで橋本の提議への応答としたい。

教育財政構造への着目

一貫して現代の福祉国家、社会国家と教育のあり方を強く意識する橋本は、前世紀転換期は「一九世紀の古典的自由主義の時代にも局面に応じて問題に対応してきた国家の社会政策は……社会保険制度などを皮切りに、介入的な社会国家／福祉国家へと向かう歩みを開始」（本書44頁）した転換点にあったとしている。そして、福祉国家（社会国家）と教育システムの接合点（本書54～55頁）がすでに芽生えていたと指摘し、なかでもヨーロッパ諸国において同時代的に教育の機会の拡大が進み、国家規模において教育への関心が格段に高まったことに注目したうえで、「国家の教育に対する態度を測定する一つの指標として教育財政を取り上げてみよう」（本書47頁）とわれわれに提案している。しかし橋本は自身の提案をあくまで仮説段階にあるとして、いくつかの「国家」による経年的な財政支出の動向を例示するにとどめ、国際比較をおこなうための具体的な研究方法を詳細に語っていない。少なくとも国民教育制度への財政支出というフィールドから教育財政構造を検討するのならば、国家の教育への財政収支を明らかにするだけではなく、国家の統治した州や領邦などの地方自治体や民間の慈善団体などのさまざまなエージェンシーによる国民教育制度への投資を考慮する必要があるだろう。前世紀転換期のヨーロッパ諸国では中世以来自律性を保ってきたさまざまなエージェンシーによる教育活動が徐々に国民教育制度へと収斂されたが、そうした歴史的転換のダイナミズムを教育財政構造によって示すこともできるのではないだろうか。以下この点に留意しながら本章ではイギリスを事例に検証を試みたい。

まず前世紀転換期のヨーロッパ諸国の社会政策に関する動向を確認しておこう。大都市や農村の貧しい人々の「貧困問題」が大きな社会問題としてクローズアップされ、一八八〇年代から貧民の健康状態や住居、犯罪、精神状態に関する社会調査が各国でおこなわれ、それまでの貧困対策であった救貧法に頼らない新しい貧困予防システムが考案された。ドイツで初めて導入された社会国家の胎動というべき拠出型保険制度は、ヨーロッパ諸国に大きなショックを与え、スカンディナヴィア、オーストリア、ベルギー、オランダ、フランス、アメリカで議論され、一九〇〇年代初めには早くもオーストリアとイタリアで導入された。イギリスではイングランドの自由党政権が一九〇九年に救貧法調査委員会で既存の救貧法のあり方を見直し、一九〇八年の老齢年金や一九一一年

図1　連合王国における総公共支出の項目別推移（1885～1915年）

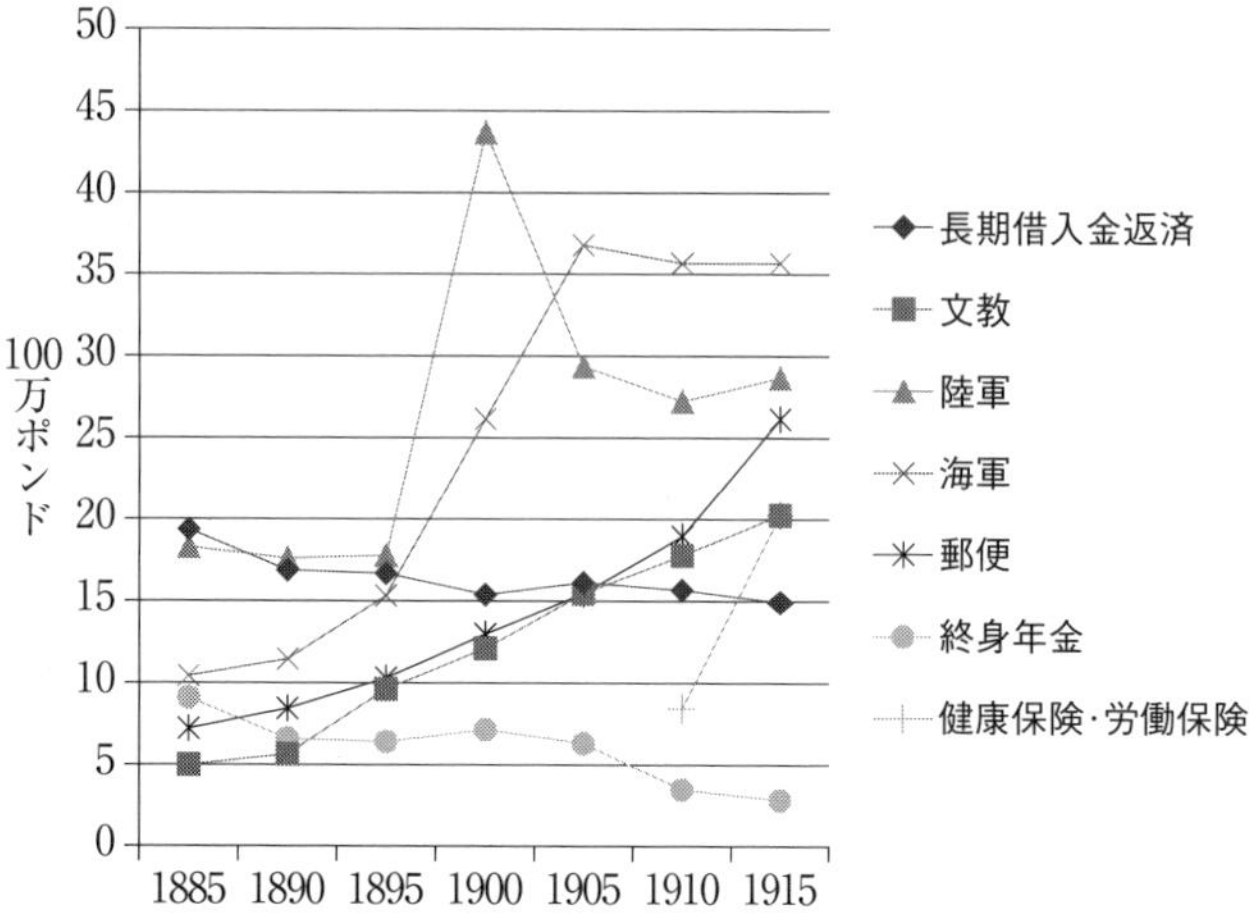

出典：B.R.ミッチェル編（中村壽男訳）『イギリス歴史統計』原書房、1995年、588-591頁より筆者作成。

の国民健康保険（医療、失業）によって、一時的な貧困に陥った個人を民間団体が支援する体制が整えられた(1)。このような政策動向を受けて一八世紀以来、財政軍事国家を基調としていたイギリスの国家財政は大きく変化した。まず、国家の主な税収源は、一九世紀初めには関税と消費税だったのにたいして、二〇世紀初頭には所得税に取ってかわられた。また、税の支出項目は、当初は陸・海の軍事諸関連費がその大半を占めていたが、国民健康保険法が議会を通過して成立すると、保険関連事業への支出は瞬く間に膨れ上がり、一九一五年には全支出額のなかで、軍事関連支出を除くと第二位に達していた。

加えてイングランド政府は就学年齢にあたる児童のための階級に応じた教育改革も進めた。一九〇二年バルフォア教育法（イングランド・ウェールズを含む）は、より多くの教育を望む労働者階級の上層や中流階級の子弟のために、地方教育当局のもとで初等学校と中等学校を接続させたシステムを導入し、彼らの教育機会は拡大した。また貧しい労働者の児童のためには就学を支援する教育法が施行された。一八九一年の無償教育法は世帯収入の著しく低い家庭の児童の授業料を一部無償化した。二〇世紀初頭には一九〇六年教育（学校給食）法、一九〇七年教育（医療視察）法が、通学する貧しい児童の心身の状態をケ

表5　連合王国・地方政府の総公共支出における文教費・教育費の割合（1880年〜1915年）

	1880	1885	1890	1895	1900	1905	1910	1915
国　費	4.9%	5.7%	6.4%	9.7%	8.4%	10.4%	11.4%	3.6%*
地方税	6.5%	7.2%	8.5%	10.7%	11.5%	20.3%	21.8%	21.3%

出典：ミッチェル『イギリス歴史統計』588-591頁、612-613頁より筆者作成。国費に対しては文教費、地方税に対しては教育費の割合を示す。

＊第一次世界大戦の勃発により、臨時に特別遠征軍・政府信用支出金が発生し、それに伴い総支出も増加したことによって、文教費の割合が見かけ上低下している。特別遠征軍・信用支出金を総支出から除いて計算すると、文教費が総支出に対して占める割合は9.9%となる。

図2　イングランド・ウェールズ地方政府による公共支出の項目別推移（1885〜1915年）

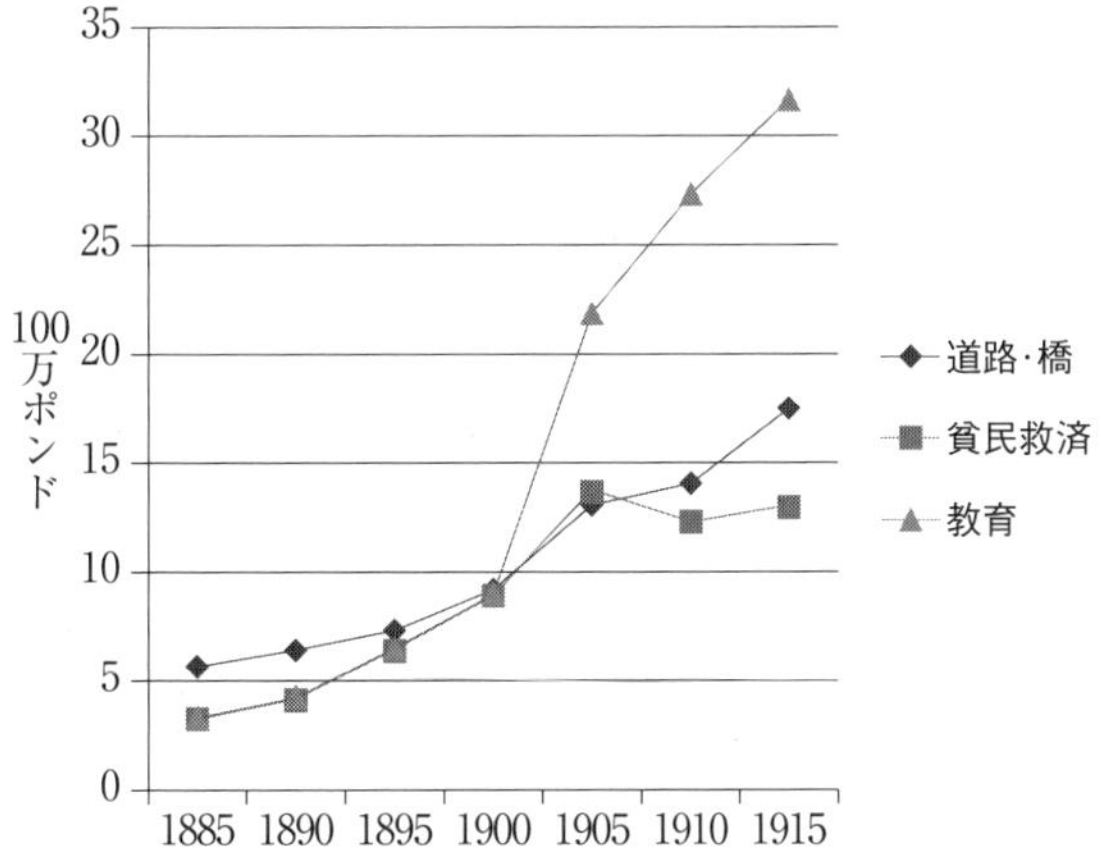

出典：ミッチェル『イギリス歴史統計』612-613頁より筆者作成。

アすることを地方教育当局に義務づけた[2]。

　これによってイギリスの公共総支出における教育費の割合も上昇した。一八七〇年代の初めには教育は民生費の一部として小規模な支出額にすぎなかったが、その後急激に支出額が上がり、一八九〇年代に民生費のなかで第一位の支出額を占めるようになった。一九〇〇年代に公共総支出のなかで軍事諸関係費を除く第二位につけており、国民健康保険が導入された一九一五年に、教育は軍事諸関係費を除いて全体の第三位であった。一八九〇年〜一九一五年にかけて、国家の教育への財政支出額は実に二倍以上に増えたのだった。橋本の提議で例示された同時期のフランスとドイツの事例（本書48〜50頁）に比べれば、イギリスの教育への国家予算の投資は高い割合ではなかったが、国家における教育への期待値はけっして低くはなかったといえるだろう。

また国家だけではなく、地方でも教育への財政支出は増えていた。表5に示すように、国家と地方自治体の教育に関する財政支出を比べると、地方の支出の方がはるかに伸びている。同時期の地方の教育費の割合は三倍以上に上昇している。図2は貧民救済とほぼ同じくらいであった教育費が、一九〇〇年を皮切りに、地方ではもっとも高い支出項目になっていたことを示している。

このような教育への地方税支出上昇の背景には、一九〇二年の教育法によって地方に新たに設置された地方教育当局の法的権限が拡げられたことがあった。その範囲は初等教育に加えて中等学校、技術学校、大学にまで及び、地方税の補助する額も上昇したわけである。莫大な基金を持ついわゆるパブリック・スクールや有名大学は補助の対象からは外れていたが、とりわけ中等学校には地方税から国庫よりも多くの補助金が出された。ロンドンでは基金の少ない私立の中等学校のために投入された公的補助金額のおよそ七割を地方税が負担していた。[3]

また公的な報告書には詳細に記されていないが、地方では貧しい労働者の児童の就学を支援する諸施策（給食、医療補助、児童虐待防止、就業支援）のために慈善団体による多額の慈善基金が使われていた。一九〇七年学校医療視察法を除く児童の就学を支援する諸施策は、地方税に委ねられたものだった。しかし地方では公的な支援によって貧しい児童の養育意識が「堕落」してしまうことを懸念する声が拡がっていた。そこで地方教育当局に貧しい児童の支援をおこなっていた慈善団体の人びとが集められ、彼らを児童の支援をおこなう担い手としたのである。[4]たとえば学校給食については、ほとんどの児童の食事を慈善団体の基金に依存していた。ロンドンでは一九〇五年に通学児童のなかには欠食と認められる児童が三万人もいたが、彼らの食事支援をおこなった慈善団体は約二〇〇弱存在し、その総基金額はおよそ一万ポンドであった。[5]一九〇六年に学校給食法が施行されると、より多くの児童の食事を支援するために、三万ポンドの慈善基金がロンドン市基金として集められた。一九一四年には八万人もの児童に八五〇万食が提供されたが、地方税からの補助は一九〇六年から一貫して教育費全体の約三パーセントに抑えられ、けっして増えることはなかった。学校給食はかなりの規模の慈善基金によって賄われていたと考えられる。(6) 以上の検討から、前世紀転換期のイングランド政府による国民教育制度の財政構造は国家財政だけではなく、それ以上に地方税や慈善基金などのさまざまな資金が投入される仕組みになっていたといえる。

このような地方や民間団体に依存した前世紀転換期の国家のあり方について、エイサ・ブリッグスの古典的な解釈は、一九四五年以前のイングランドを中心としたイギリスは現代の福祉国家のように国民の所得や医療・教育を保障する主体ではなく、むしろその前段階としての社会サービス国家であると表現した。ここで社会サービス国家とは「困窮者の貧困削減と自立支援のために、社会の諸資源を共同のものとして用いる国家」として説明された。(7) たとえば自由党政権によって導入された社会政策は、それ以前から続いていた社会のさまざまな集団（地方自治体や友愛組合、慈善団体、宗派グループ、血縁関係など）による貧困のセーフティネットをより多くの人びとのための自立を支援する共同の資源として活用するために、国家による介入と統制は最小限にとどめ、社会政策の主要な担い手をさまざまな集団の活動に依存していた。(8) こうした原理は一九〇二年のバルフォア教育法や一九〇六年学校給食法の性格にもあらわれている。一八七〇年初等教育法以来、地方の教育を地方税納税者主体で運営できるように、各地に公選制の学務委員会が設置されていたが、一九〇二年バルフォア教育法は、より多くの教育を望む人びとの子弟のために、既存の私立の初等学校や中等学校の自治や宗派間の調整をはかり、以前よりも多くの教育機関に地方税を補助できるよう法的権限を拡げた。その一方で同法は、地方の政治・宗派の影響を受けやすい公選制の学務委員会を廃止し、新たに地方教育当局を設置することで、全国的に統一された国民教育制度を実行しようとした。また一九〇六年学校給食法は、貧しい人びとの児童に食事を提供するために、各学校でヴォランタリーな慈善活動が効率的におこなえるよう制度上の仕組みを整えることを地方教育当局に命じただけで、具体的な制度のあり方は地方教育当局の決定に任せていた。また地方教育当局もほとんど慈善団体の活動を統制することはなかった。こうした地方や民間団体の活動に依存した国家統治は自由主義国家イングランドに特徴的なものであるが、異なる統治の形態をとったヨーロッパ諸国でも地方や民間団体の自律性は、二〇世紀後半に比べれば格段に担保される傾向にあった⑨。

教育財政構造の国家比較では、より多様で重層的な福祉国家あるいは社会国家の教育財政構造の生成を捉える試みとして、国家財政だけではなく、少なくとも領邦や州などの地方自治体や民間団体などの下部構造にあたるレベルにも注目する必要があるだろう。またさまざまな社会集団がどのように国家に収斂されていったのか、収斂される側の立場から教育財政構造を検討する視点も必要である。そしてそれらの資金がどのような人びとのために使われていたのかということも重要だろう。前世紀転換期の教育改革は、橋本も述べるように「階級的格差構造を温存したまま教育機会の配分構造に若干の変更をもたらした」だけで（本書46頁）、大多数の労働者階級の児童は中等学校へ進学することはできなかった。また貧しい児童の就学支援は慈善基金だけでは満足な程度に施すことは不可能であったし、〝リスペクタブル〟（自立した生活のできる）や〝デザービング〟（望ましい道徳的な資質を持った）といった個人の道徳的な資質を基準とする選別救済によって支援を受ける児童の数は制限されていた。こうした矛盾に関する論点もまた教育財政構造分析に含み込むことも必要であろう。今後の本研究会で、さまざまなアプローチが議論されることを期待したい。

地方の教育の政治空間と女性

次に第二の検討事項である前世紀転換期の女性とジェンダーについて取り上げたい。一八八〇年代から一八九〇年代にかけて高等教育や中等教育の機会が拡がり、看護や貧民救済、教育などの分野で女性にふさわしいとされる専門職が開発されるなど、女性の社会進出への門戸が開かれていった。またそれだけでなく、当時、議会政治に直接参加することのできなかった女性が、地方当局や民間団体の活発な政治活動家として活躍し、徐々に政治の世界にも進出し始めていた。[10]

しかし近代に始まる「母性を根拠とした「女性固有の世界」「女性の天職」への封じ込め」（本書42〜43頁）は女性の公的な生活に強い影響を与え、女性たちが家庭での良き妻・母という役割から解放されることはなかった。女性の社会進出によって変容した「ジェンダー的分断線」は、女性たちを公的な生活と伝統的な家庭生活から切り離すのではなく、むしろそれらの境界線を曖昧にさせることで――「第三の領域」の創出――社会における女性の活動を制限してきたといえる。[11] 以下では、「ジェンダー的分断線の融解ではなく、その変容」（本書43頁）に立たされた女性たちが、男性中心の空間にどのように参入し、女性の活動の場――第三の領域――を切り開いていったのか、一九世紀末のイングランドで初めて地方の教育の政治空間に参入した女性議員たちを取り上げて考察したい。

イングランド初の全国的な教育法である一八七〇年初等教育法（ウェールズを含む）は、労働者の子弟を対象とした地方税立の初等学校の設置・運営をおこなう学務委員会（一八七〇年〜一九〇二年）を各地方においた。学務委員会は三年おきの選挙で選出された地方税納税者の代表を議員として構成されていた。学務委員会が、他の地方当局に先駆けて民主主義的な選挙に基づく公選制を敷いた理由は、一八七〇年初等教育法の制定過程で、対立の激化していた宗派問題や地元の政治的利害の調整を地方に一任したからであった。そのため地方税納税者であれば被選挙権が与えられた学務委員会の選挙は、台頭し始めた社会主義運動や労働運動と保守派の政治闘争の場になっていた[12]。選挙には少数ではあったが労働者階級や上・中流階級の女性も名乗りを挙げており、大多数を上・中流階級の男性が占めるなかで当選する立候補者もいた。たとえば乳幼児のための保育学校の創設や、学校給食法や学校医療視察法に影響を与えたマーガレット・マクミランもまたブラッドフォードの学務委員会の女性議員の一人であった[13]。なかでもロンドン学務委員会はイングランドでもっとも多く女性が当選した学務委員会であり、一八七〇年から一九〇四年の間に議員を務めた三二六人のうち、女性が二九人を占めていた[14]。

ここではロンドン学務委員会でどのような女性たちが議員となったのか、若干のプロフィールを見てみたい。当選した女性議員たちはほぼ上・中流階級出身であり、保守派の政治集団に属し、夫を持たない女性が当選しやすい状況であった。進歩派の女性は議席を確保することが難しく、在任年数は保守派の女性議員の方が圧倒的に有利であった。たとえば保守派のダヴェンポート・ヒルは一〇年間以上もこの職を務めたが、進歩派のアニー・ベサントはわずか三年間であった。婚姻状況は、家庭を持たない独身の女性の方が当選する場合が多く、子どもや夫のいる女性議員は少数であった[15]。

表6は女性議員たちを世代別に示したものである。女性議員たちはさまざまな教育を受けた経験を持っていたが、世代ごとに比べると一九世紀中葉から末にかけて見られた女性たちの教育機会の変化が読み取れる。ほぼ五〇代で当選した第一世代は、ガヴァネスや血縁者による家庭での教育が主で、寄宿学校にわずか数年在籍しただけであり、その後は兄弟や家族らを通じたサロンなどでの議論に参加することで政治への関心を高めていったとされる。第二世代は、女性の高等教育機関（ガートン・カレッジ、ベドフォード・カレッジなど）の創設に関与

表６　学務委員会の女性議員の世代間の多様さ（サンプル１９名）

第一世代（～1828年）	誕生年	第二世代（1828-48）	誕生年	第三世代（1849-71）	誕生年
Rosamond Davenport Hill	1825	Annie Beasant	1847	Mary Bridges Adams	1855
Elizaveth Surr	1825	Jane Chessar	1835	Margaret Dilke	1857
		Emily Davies	1830	Ruth Homan	1850
		Alice Garrett	1842	Maude Lawrence	1864
		Elizabeth Garrett	1836	Susan Lawrence	1871
		Emma Maitland	1844	Hilda Maill-Smith	1861
		Edith Simcox	1841	Florence Fenwick Miller	1854
		Helen Taylor	1831	Honnor Morten	1861
		Julia Augusta Webster	1837		

出典：Jane Martin, *Women and the Politics of Schooling in Victorian and Edwardian England*, Continuum, 1999, p.51.

したものたちで占められている。彼女たちはフェミニスト運動や労働運動に参加しながら、オックスブリッジの男性と広く親交を持つ一方、ランガム・プレイス・サークルを作り、政党や宗派を超えた女性同士の強いネットワークを作ることにも熱心であった。(16)教育を受けた後の彼女たちの進路を見ると、兄弟や友人を通じて教職（教員や学校理事）、医療職を経験したものが多く、なかには司法職や救貧官として地方当局に勤務したものもいた。第三世代の女性たちは、第二世代の創設した高等教育機関で教育を受ける機会に恵まれたものが多かった。また財産や高い教育の機会には恵まれなかった労働者階級出身の女性も当選するようになり、彼女たちはカレッジでの短期間の研修や全国女性教師組合や全国労働教育連盟などのさまざまな成人教育サークルに参加するなど、労働者階級の女性に多様に拡がり始めていた学びの場を利用していた。

こうした女性の教育機会や各種の慈善活動やフェミニズム運動は、血縁者や友人を通じた個人的・私的なネットワークによって拡げられ、(17)やがては女性たちが地方の政治空間に参入する大きなきっかけを生むのであった。すなわち女性たちを学務委員会の議員として強力に支持する男性たちと出会っていった。また党派を超えた女性同士のつながりも、男性の支配する政治空間における女性の存在を支えたのだった[18]。

それではロンドン学務委員会の女性議員たちは、どのように政治活動に関わったのだろうか。女性議員たちの学務委員会での発言回数や発言内容を分析したジェーン・マーティンによれば、財政や法律に関する議題では男性議員が優位であり、女性議員は消極的であったが、女性に関する議題（女性教員の待遇改善〔給料など〕や女生徒の環境、女学生のための教育課程）や、貧しい児童の福祉に関する議題（無償教育、体罰防止、学校給食）には女性が積極的に発言していた。これはジェンダーの境界線が学務委員会での女性議員の活動をかなり制限していたことを示している。また、マーティンは女性議員たちの発言には同性の平等と権利を求める女性同士の連帯意識や、慈善活動の対象である貧しい労働者階級の子弟への「社会的な母性」を体現するレトリックが隠れていたと指摘している[19]。ここではロンドン学務委員会の女性議員たちの「社会的な母性」の表し方について見てみたい。

貧しい児童の福祉に関する議題、すなわち無償教育と学校給食導入などの議題は、一八八〇年代にフェビアン協会や労働組合協議会などの政治運動に傾倒する進歩派議員が当選するようになってから、ロンドン学務委員会で活発に出されるようになった。学務委員会ではこれらの議題をめぐり、進歩派と保守派の間で一〇年以上にわたる論争が続いた。その争点となったのは、著しく貧しいとされる家族の定義（救貧法による基準か、世帯ごとの収入額か）や、貧困の原因（個人もしくは社会の過失）、救済の担い手（慈善団体か、公的な教育当局か）であった。この場面の女性議員の発言についてジェーン・マーティンは、「社会的な母性」についておよそ三つの側面（規律化、保護、エンパワメント）を見出したアイリーン・ヨーの定義[20]を援用しながら、保守派と進歩派の女性議員の傾向を分析した。

この分析によれば保守派の女性議員たちは、貧しい状態によって堕落しつつある家族の養育責任を強化する（規律化）傾向があった。たとえば女性医師として名高いエリザベス・ガレットやガートン・カレッジの創設者であるエミリー・デイヴィスは、学務委員会が授業料あるいは食事を支援することには反対した。彼女たちによれば、そもそも既存の救貧法が救済している児童――父親が障がい者や病弱、母親が寡婦、そのほか養育の困難な家族のもとにいる児童――以外の場合、家族に働くことのできる父親などの肉親がいるのだから、慈善活動によって親に倹約や摂生をおこなうよう助言する方が望ましいと主張した。[21]またダヴェンポート・ヒルは、女生徒に良き妻であり母親となるための家政教育（料理や裁縫や家計）を導入することの方が重要だとした。[22]

一方、進歩派の女性議員たちは、貧しく不衛生な生活状態や不道徳な習慣を持つ親から児童を守り（保護的な側面）、児童の教育と健全な心身の育成を保障（エンパワメントの側面）するよう求める傾向があった。一八七〇年代末に学務委員会で初めて無償教育の導入を求めた社会民主同盟出身の進歩派議員ヘレン・テイラーは、著しく貧しい家族の親に授業料の負担を強いることで、かえって児童の通学を困難にさせていると訴えた。[23]一八八〇年代にフェビアン協会出身のアニー・ベサントは、ラウントリーらの貧困調査をもとに週六ペンス以下の世帯収入の家族の場合、慈善活動からの支援を受けたとしても生活を維持することは困難であり、無償教育や学校給食の導入が必要だと訴えた。[24]一八九〇年代末にメアリ・ブリッジズ・アダムズは、貧しく不衛生な状態にある児童のより良い教育環境を整えるために、学校給食や学校医療視察の導入を求めた。[25]

こうした分析からは、ロンドン学務委員会の女性議員たちが単に所属政党の主張を繰り返していたのではなく、圧倒的多数の男性議員に対して、私的領域に近接した「社会的な母性」という独自の文脈を用いて、社会問題に対する女性たちの多様な政治的意見を表明できたことがわかる。ロンドン学務委員会の多くの女性たち、すなわち保守派の女性議員は一九世紀中葉に引かれた私的領域と公的領域の境界の維持に努め、伝統的な慈善活動による貧しい家族の支援を支持した。一方で進歩派の少数の女性議員たちは、女性たちが国家や学務委員会による貧しい児童のための教育の機会および児童保護・養護の拡充に強い関心を抱いていることを社会にアピールした。議会法の成立に直接関わることのできなかった女性たちにとって地方の政治空間は、新しく生まれつつあった社会変革に女性が立ち会う貴重な機会を与えていたのだった。

しかし一九〇二年のバルフォア教育法が地方の政治闘争の舞台となっていた学務委員会の公選制を廃すと、女性たちが議員として地方の教育の政治空間に関わる時代は終わりを迎えた。新たに設置された地方教育当局は、地方の教育専門家として当局の任命を受けた教育委員で構成されるようになった[26]。もはや女性たちは政治的な主張をおこなう地方議員としてではなく、教育の専門家として地方教育当局に関わることが求められるようになったのである。女性たちは教育委員への任命から排除される傾向があり、学務委員会時代に比べて地方の教育に携わる女性の数は激減した[27]。この局面において女性たちは、新しい「ジェンダー的分断線」に立たされた。地方教育当局は、女性たちがこれまで慈善活動に従事した豊富な経験者であることは認めており、貧しい児童の就学支援という職務を女性固有の専門分野であると見なしたのである[28]。一九〇六年に学校給食法が成立するとロンドンの地方教育当局は、かつての学務委員会の女性議員や際立った教育や社会経験を持つ中・上流階級出身の女性たちを、地方教育当局と慈善団体の間を取り持つ「ヴォランタリー・ワーカー」として雇用するようになった[29]。女性たちも、自分たちが当局のなかでは唯一「ソーシャル・ワーク」をおこなう専門職者であることを自覚していた。登用されてからわずか数年で、彼女たちは地方教育当局の男性官僚と劣らぬ社会的地位を求めるようになり[30]、当時の女性の他の職業に比べて高額の報酬を受け取るようになった[31]。また彼女たちは、貧しい児童の出席監督をおこなっていた男性の出席監督官（労働者階級出身）を児童に出席を強制する「番犬」と呼び、慈善的な支援と助言をおこなう自分たちとはまったく異なる職種であることをアピールした[32]。この努力の結果、地方教育当局では第二次世界大戦まで、少数の有給の女性ワーカーを頂点とする数千人の女性ワーカーたちの手によって貧しい児童の就学支援が続けられたのだった。

おわりに

前世紀転換期は、国民の教育の機会保障や平等化に向けて、確かに目新しい変化、境界線の揺らぎをもたらしたといえる。しかしそこから現代の福祉国家へは長い距離があった。国家の諸改革は、それ以前の時代から続いていた地方や民間団体の自律的な活動にゆっくりと手を加えながら進んでいた。国家財政よりも地方財政に依存した国民教育制度は第二次世界大戦まで続いていた。また前世紀転換期に社会進出した女性たちの舞台もまた、国家よりも地方や民間の慈善団体にあった。地方の学務委員会や地方教育当局の女性たちは、時代の状況に翻弄されながらも、自らジェンダーの保守性と革新性の文脈に立ち向かい、自らの居場所を確保する努力を続け、「ジェンダー的分断線」は何度も引き直されていった。なお今日のようにイギリスで児童の就学の支援をおこなう教育福祉官（教育ソーシャル・ワーカー）が、かつて男性によっておこなわれた出席監督と女性のおこなったソーシャル・ワークの職務を融合するようになったのは第二次大戦後のことである。(33)「スタートチャンスでの著しい格差の公教育制度による是正」を目指した福祉国家の登場によって、「ジェンダー的分断線」は再び大きな転換を迎えるのであった。

注

（1）小野塚知二編著『自由と公共性――介入的自由主義とその思想的起点』日本経済評論社、二〇〇九年、八一～一五四頁。Bernard Harris, *The Origin of the British Welfare State - Social Welfare in England and Wales, 1800-1945*, Palgrave Macmillan, 2004.

（2）いずれの法もイングランド・ウェールズを対象としている。スコットランドでは一九〇七年に学校給食、一九〇八年に学校医療視察に関する教育法が施行された。この他にも同時期には児童を対象とした保護・教育法の制定が相次いだ。一八九九年精神薄弱児教育法や、一九〇八年（児童虐待防止条項を含む）児童法、一九一〇年教育（職業選択）法がある。

（3）イングランド・ウェールズ全体では国税が一一四六万四七四一ポンドに対し、地方税やバラ基金が一二七一万四九二二ポンド支出していた。Parliamentary Papers, *Expenditure, Receipts and c., of each Local Education Authority in 1911-1912*. 当時、地方税は個人の不動産を基準に課税されたが、地価の高騰したロンドンでは他の地域に比べて課税は高くなり、結果として補助金として支出された地方税もまた高額であった。

（4）ロンドンではこれら諸施策を児童保護委員会として統合し、児童虐待防止協会、病弱児協会、セツルメント、カウントリー・ホリデー協会などさまざまな慈善団体と接続した。S. Williams, Patrick Ivin, and Caroline Morse, *The Children of London: Attendance and Welfare at School 1870-1990*, London, 2001, pp. 39-63.

（5）London County Council, *Annual Report of the Joint Committee on Underfed Children*, 1905-1906.

（6）London County Council, *Annual Report of the Education Committee*, 1913-1914 Diagram B.

（7）Asa Briggs, "The Welfare State in Historical Perspective"（1961）, *The Origins of the Welfare State*, 2000.

（8）岡村東洋光・高田実・金澤周作編著『英国福祉ボランタリズムの起源――資本・コミュニティ・国家』ミネルヴァ書房、二〇一二年。

（9）パット・セイン（深沢和子・深沢敦監訳）『イギリス福祉国家の社会史』ミネルヴァ書房、二〇〇〇年、一一八～一四八頁。

(10) 小関隆『プリムローズ・リーグの時代――世紀転換期イギリスの保守主義』岩波書店、二〇〇六年、二三一～二六八頁。

(11) Jean Spence and Sarah Jane Aiston, *Women, Education, and Agency, 1600-2000*, Routledge, 2010, p. 1.

(12) ブライアン・サイモン（成田克矢訳）『イギリス教育史二』亜紀書房 一九八〇年。

(13) Carolyn Steedman, *Childhood, Culture and Class in Britain-Margaret Mcmillan 1860-1931*, Rutgers University Press, 1990.

(14) ロンドン学務委員会と女性に関する研究については London Feminist History Group, *The Sexual Dynamics of History: Men's Power, Women's Resistance*, Pluto Press, 1983; Patricia Hollis, *Ladies Elect: Women in English Local Government 1865-1914*, Clarendon, 1987; Jane Martin, *Women and the Politics of Schooling in Victorian and Edwardian England*, Continuum, 1999; Joyce Goodman and Sylvia Harrop, *Women, Educational Policy-Making and Administration in England Authoritative Women since 1880*, Routledge, 2000 を参照。 近年ではイングランドだけでなく、一八七二年に学務委員会が設置されたスコットランドの学務委員会と女性に関する研究もある。Jane McDermid 'School board women and active citizenship in Scotland, 1873-1919' *History of Education* Vol. 38, Routledge, 2009 がある。

(15) 女性議員は独身が圧倒的に多く、夫のいない女性は二〇名（未婚、未亡人、離婚）であった。既婚者はわずか九名であった。Jane Martin, *Women and the Politics of Schooling*, Continuum, 1992, p. 61.

(16) Martha Vicinus, *Independent Woman*, The University of Chicago Press, 1985.

(17) 女性の公私にまたがった多様な教育経験を伝記から読み解いた研究については Jane Martin and Joyce Goodman, *Women and Education*, Routledge, 2004; Spence and Aiston, *Women, Education, and Agency*, 2010 を参照。

(18) Jane Martin, *Women and the Politics of Schooling*, 1992, pp. 62-68.

(19) *Ibid.*, pp. 113-134.

(20) Eileen Yeo, "Social Motherhood and the Communion of Labour in British Social Science, 1850-1950", *Women's History Review*, 1 (1), 1992.

(21) *School Board Chronicle*, 22 April 1871.

(22) *School Board Chronicle*, 26 January 1889.

（23）*School Board Chronicle*, 2 April 1881.

（24）*School Board Chronicle*, 26 January 1889.

（25）*School Board Chronicle*, 18 December 1898.

（26）大田直子『イギリス教育行政制度成立史――パートナーシップの原理の誕生』東京大学出版会、一九九二年、二八九～三〇八頁。

（27）ロンドンの地方教育当局には四二人の教育委員が任命されたが、女性はわずか五人であった。

（28）Elizabeth Macadam, *The New Philanthropy: A Study of the Relations Between the Statutory and Voluntary Social Services*, George Allen and Unwin, 1934.

（29）Williams, Ivin, and Morse, *The Children of London*, pp. 49-51.

（30）London County Council, *Children's Care Work*, May 1912.（LCC/EO/WEL/01）.

（31）一九一二年の主任オーガナイザーの年俸は九六〇ポンドであり、アシスタント・オーガナイザーの年俸は二五〇ポンドであった。これに対し女性教師の平均年俸は八〇～二〇〇ポンドであった。Williams, Ivin, and Morse, *The Children of London*, p. 60; Dina Copelman, *London's Women Teachers: Gender, Class and Feminism 1870-1930*, Routledge, 1996, p. 76.

（32）Honor Morton, *Report of a Lecture on the Duties of Care Committee*, June 1910.

（33）「教育福祉」という言葉が登場したのは、一九三〇年代の議会法が児童や青年への福祉や保護の文脈を強めたことに乗じて、男性の出席監督官が児童の就学を強制する「番犬」という忌まわしいイメージに嫌気がさし、自らを教育福祉官と名乗り始めたのをきっかけとしていた。Nicola Sheldon, "The Attendance officer 1900-1939: policeman to welfare worker?", *History of Education*, 36, 2007.

討論のまとめ【福祉国家／社会国家への転轍】

はじめに

本稿では、「一九世紀末から二〇世紀初頭の前世紀転換期における構造変動」に関して、ドイツとイギリスを事例とした報告をもとになされた討論をまとめ、最後に本セッションと同時代を対象とした日本の教育と子ども福祉施設に関する研究をしている立場から若干のコメントを加える。

はじめに、小玉・内山の報告を受けて橋本から、二つの論点が提示された。第一に教育と福祉との分節化の問題である。まず、橋本は教育と福祉は機能的に対立する側面と相互補完的に機能する側面の両方を持つが、他方でそれらの機能がどのように制度化されるのかは別の問題であり、両者の機能がどのように制度化され、あるいは分節化されるのかは、各国ごとに差異が認められるであろうと指摘した。こうした差異は官僚制の組織化のされ方に規定されるが、問題は、教育と福祉の制度化のされ方や分節化によって、「教育／福祉とは何か」、「教育／福祉がカバーする範囲はどこまでか」という社会的合意が形成されるという側面である。橋本は、日本における重度の障害を持った子どもたちに対する処遇は、近年にいたるまで、医療、福祉、教育のいずれかの領域に配置されると、それ以外の領域における支援から排除されてしまっていたという事例に言及し、制度的な分節化がときに権利の保障というよりも阻害として働く場合もあるということに注意を喚起しつつ、そうした制度的分節化が形成する「教育」や「福祉」に関する社会的合意のなかで、教育職や福祉職のジェンダー的編成が理解されるべきではないかと指摘した。

第二は公的関与の内実をめぐる問題である。橋本によれば、教育財政構造の分析の難しさはデータの信憑性以上に、地方政府の位置づけにも由来している。たとえば、連邦制国家の場合と中央集権国家の場合で地方政府の位置づけは異なる。こうした差異を明らかにしていくためには、たとえば地方政府のレベルにまで下りた財政分析によって、その位置づけを精緻化する必要がある。こうした作業を通じて、地方政府による教育や福祉への公的介入もまた、国家的公共性を代理するのか、国家的な次元とは異なる地方的な公共性という意味合いを持つのか、という差異を見極めていかなければならないという点が指摘された。

橋本のコメントは、福祉国家形成のプロセスを機能と領域という二つの観点から分析する必要を示唆したものといえる。つまり、一方では教育・福祉職の資格化や専門化に見られるように、それまで渾然としていた教育と福祉という機能が制度化の進展と平行しつつ分節化し、異なった機能として整序されていくという側面がある。他方で、この時期に国家や地方公共団体といった公的（官的）セクターが突出し、それまで福祉や教育を担ってきた私的セクターや民間セクターとの関係が再編成されていくという側面がある。公的介入の進展や女性の社会進出といった直線的な歴史像ではなく、機能分化に伴う逆機能の存在や、各アクターの関係性の再編に伴う社会編成のあり方の変容といった観点を含む、より立体的な歴史像を描く必要性が指摘されたといえる。

ジェンダーの比較教育社会史研究に向けて

以上の橋本の応答を受けながら、全体討論は大きく三つの論点に収斂した。第一に、「ジェンダーの比較教育社会史研究」に向けて深めるべき論点である。小玉報告は、教育・福祉職の制度化と専門化の過程において生じたのは単純な女性の社会進出ではなく、教育・福祉にまたがる領域の女性化（男性の排除）であると同時に、その領域内部での差異化や分断化（幼稚園教員をあくまで「教育職」として、保母のような「福祉職」より高い地位にとどめようとする）である、ということであった。これに対して、こうしたジェンダーによる差異化の構造は、社会教育というより広い視野で見たときにどこまで当てはまるのか、という問いが提出された。この時代以降、就学前教育だけでなく、非行少年への矯正教育なども含めた学校と家庭以外のすべての領域を対象とする社会教育の理論が教育学のなかに入り込み、とりわけ青年期の対処と絡んで第一次大戦後には男性の社会教育領域への進出が進む。こうした視点を考慮するならば、生じていたのは教育と福祉の分節化と教育・福祉領域の女性化ではなく、福祉領域への教育の拡大と脱ジェンダー化とも理解しうるのではないか、という論点であった。小玉は、報告は就学前段階を扱ったもので青年期の問題は十分に触れていないことを認めつつも、現在の教育福祉職の職業的な地位やジェンダー構造から、主として専門学校で養成される女性の割合が高い教育福祉職は、大学で養成される教員よりも職業的な威信が低く位置づけられているであろうと応答した。フロアからは、中産階級向け教育機関としての幼稚園と貧困層のための保育所という階級的な差異が強固に存在し続けたこと、また一九二〇年代以降においても教育福祉職への男性の進出は限定的なものであり、かつジェンダーによってその職業が持つ社会的地位が異なっていた（男性にとって福祉職は中産下層階級以下が生計を支えるためやむをえず就くものであったのに対して、女性にとっては中産階級以上が象徴的な意味合いにおいて就くいわば「名誉職」であった）という点も補足された。

さらに制度化の問題に関しては、ドイツの場合抵抗勢力としての男性教員の存在が強かったため教職の女性化が他国ほど進まず、教育福祉職のような「隙間産業」が形成されてくるのではないかという教職の専門性に関わる経路依存性の側面が指摘された。教育福祉職が正規教員とは別個に、かつそれよりワン・ランク低いものとして制度化されるのか、それとも初等教育段階全般が中等教育段階以上の教育階梯と差異化され、かつ教育的な要素と同じくらいケア労働の要素が強いものとして位置づけられるのか、という制度的な差異は、ジェンダー的な観点からも、また教育と福祉の機能がどのように分節化されているのかという社会編成上の観点からも比較教育史研究上の重要性を持つ。この時期の教育・福祉職の制度化と女性との関わりは、単に子どもや青少年への公的介入の拡大とそこへの女性進出というイメージではなく、ジェンダーや階層的な差異、および先行して形成されていた既存の教育と福祉の制度との関係を考慮に入れつつ、その全体像が描かれなければならないであろう。

「公／私」領域の変容と再編成

第二の大きな論点は、公的領域と私的領域の変容と再編成に関わるものであった。この論点は二つの側面に分けられる。第一の側面は、国家や地方公共団体といった公的機関の介入の程度と範囲の問題である。両報告では前世紀転換期前後に福祉と教育の境界領域に対する公的介入が強まる動きと平行しつつ、むしろそれを利用する形で女性の社会進出が（構造的な差異化を含み込んだうえで）進行したという点が強調された。しかし、小玉報告が対象とする就学前教育、内山報告が対象とする初等教育段階という学校階梯上低位の領域での公的介入と女性進出という現象は、民間団体の自律性がより担保されていた他の教育階梯、たとえば中等教育以上の教育機関を含めた観点を組み込んだ場合、どのように位置づけられるのか、という質問がなされた。この質問に対して内山は、初等教育段階よりも比較的自律性が担保されていたとはいえ、この時期には私立学校に対する国家および地方公共団体の介入と統制が進展していくという点では、初等教育と同様の傾向性を見てとれるとし、さらにこのことは教育に関わるアクターが相互により緊密に連関していくことによって私立と公立の分け目や、またその結果、公的機関とフィランソロピーの領域が融解していったことを意味していると考えられると応答した。

もう一つの側面は、内山が学務委員会の分析にあたって提起した「第三の領域」という概念に関わっている。この分析概念は、学務委員会といった政治空間だけでなく、より広範な社会領域にも適用可能な概念ではないかという指摘がなされた。この時期の女性に典型的な働き方はパート・タイム労働や状況に応じて多種多様な職業を変えていくといったものであったが、こうした柔軟な形態の労働こそが衣食住を含めた都市経済を根底から支えるものであった。こうした観点からすれば、ソーシャルワーカーに典型的な教育福祉職もまた、セミ専門職化や職業化といった「公的」資格が明確化されていく過程としてではなく、むしろ福祉社会を根底で支えていた公私の区別が曖昧な活動や領域における一つの事例として理解することも可能であり、公的領域が男性に、私的領域が女性に割り振られてきたとするこれまでのジェンダー史的な通説を相対化する契機があるのではないかという点が、今後の議論の可能性として提案された。内山が応答したように、こうした領域に関わる女性の間にある階級的差異に注意が払われなければならないであろうが、他方で学務委員という「頂点」からソーシャルワーカーやビジターといった「底辺」までを公私の曖昧な「第三の領域」と把握することによって、公私領域分離論を相対化しつつあらためてジェンダー的な視点を導入し、両者を統一的に理解する視点が開かれることもありえよう。このことは単に女性の社会進出という文脈だけではなく、専門職と官僚制によって特徴づけられることの多い福祉国家が、実際にはどのような現実的な基盤によって支えられていたのかという歴史的社会的条件を抉出することによって、福祉国家の全体像の修正といった大きなテーマ点にもつながなる論点である。

前世紀転換期における社会構造の変容と福祉国家の形成

第三の論点は、本セッションの中心テーマである、一九世紀型の国民国家から二〇世紀型の福祉国家への転換における、教育と福祉のあり方や社会構造と国家の機能の変容についてである。

はじめに提起されたのは、この時期の職業構造と家族構造の変容と福祉国家との関係に関するものであった。具体的には、教育・福祉職の整備と制度化によって、女性の社会進出は本当に進んだといえるのか、という論点である。すなわち、両報告は教育・福祉職への女性の進出という側面を強調していたが、そうした傾向は一部あるいは結婚までの限定的な期間にとどまるものであり、この時期はマスで見ると、むしろ中産階級の上層から下層まで専業主婦化が進んだ時期であった。女性の進出という現象は、こうした全体的な動向のなかに位置づけられなければ、総体としての時代認識を誤ることになるのではないか、という問題提起である。これに対して、量的動向と、ある現象が象徴的・質的に持つ意味は別個に把握されるべきであるという応答がなされ、単線的な下方化ではなく、各階級に応じた、また同一階級内部における、複線的な展開を見る視点が提示された。福祉国家の成立に伴う限定された領域における女性の社会進出が、他の職種や公的領域への女性の進出を後押しすることになったのか、あるいは性別役割分業イデオロギーに抵触しない範囲に収まり、さらには「理想的な女性（妻・母）」像を提供することによって専業主婦化をむしろ強化することになったのか、今後より詳しい研究が待たれなければならない。

続いて、福祉国家形成の要因に関する議論がなされた。第一に、公的介入の必要性といった国家の論理とはひとまず別の次元で、この時期に教育や福祉に関して利用可能なテクノロジーが増加するという技術的な条件を確認しておかなければならないという指摘である。たとえば子ども史の領域で近年共通理解となっている、「前世紀転換期における子ども期の制度化」を支える条件として、このようなテクノロジーの次元をまずは考慮に入れなければならない。一九世紀を通じてヴォランタリー・セクターを含めた学校が公的統制のもとに組み込まれていく過程は、医療や福祉の拠点としても学校が機能するようになるという前世紀転換期の変容を可能にしたという点で、こうしたテクノロジーの重要な一部をなしたと考えることもできよう。

もう一つ、国家の論理とは別の次元で福祉国家形成を促進した要因として議論されたのは、公的介入と国家による保護に対する下からの同意形成という問題であった。家族・親族や近隣共同体から教会・任意団体までを含む中間領域によって織りなされる重層的な福祉複合体のなかで人びとの生活が支えられていたということが第Ⅰ部・第Ⅱ部５・６の議論の前提をなしていたが、この時期にはそうしたアクターのなかで国家の存在が突出し始め、かつ労働者や社会主義者を含めた広範な人びとが、国家を正統的で公共的なものとして選び取っていくという変化が確かに認められるし、そうした国家への期待という下からの同意抜きには、福祉国家形成の過程は理解できないであろう。ジェンダーの問題に議論が集中したため十分に展開されたわけではなかったが、こうした下からの福祉国家形成という側面は、ナショナル・アイデンティティの創造と注入という「上からの国民化」とは別様の国民化のあり方を明らかにするために必要な視角であろう。

おわりに

近代日本の教育の検討を、子どもと家族に対する施設（孤児院や保育所、夜学校）と孤児や貧児とその家族、およびそれらと学校や家族のシステムとの関わりに焦点化し、社会・経済・政治の構造にも可能な限り留意しながら取り組み始めている筆者にとって、本セッションを通じて思索を巡らせたことは多岐にわたる。それは日本研究や教育学を専門とする点にも起因するものであろうが、おわりに一点だけ記しておくことにしたい。

本セッションの全体討論の最後に橋本は、「工場法のなかにある児童労働」のような「個別の事例」を再吟味していく必要性を強調した。すなわち、「下からの同意形成」について述べる前に、「福祉」の概念のような抽象的な対象を検討するのではなく、行為や機能に焦点化しながら、「福祉」と呼びうるものに注目していくことが重要であると指摘した。筆者にはまだ、本セッションにおける「福祉国家と教育」をめぐる歴史認識に新たな視点を加える力量はないが、「個別の事例」の再検討の重要性には共感を覚えた。個別の事例や、さらにはミクロな教育や福祉の実践を隣接領域と関わらせながら検討することは、新たな教育史像の構築に向けた今回の討議を今後補い、発展させるという意味において、いまなお重要であろう。そしてこの教育史像の再構成への試みは、近年、厚みを増やしている戦後教育学批判や伝統的教育史学批判とも密接な関わりを持っている。全体討論で共有された課題の深化は、既存の枠組みを踏襲するのではなく、歴史上の個々の事例の再検討によってなされることを、筆者なりに再確認したことを述べて、本稿を結ぶこととしたい。

（稲井智義）

参考文献
青柳宏幸『マルクスの教育思想』白澤社、二〇一〇年。

福祉国家・社会主義・新自由主義

7　アメリカ型福祉国家における連帯の問題

長嶺宏作

はじめに　アメリカ型福祉国家の特徴

本章では、「福祉国家と教育の関係性」という課題に対して、欧州型の福祉国家の対極にあるアメリカ型福祉国家の特質を明らかにしていくことで、「提議」（橋本伸也）に応答していきたい。橋本は提議のなかで福祉国家について次のように述べる。

「福祉国家」という概念は、社会保障や狭義の福祉サービスの提供主体としての国家に加えて、広義の福祉概念が内包する教育的契機にも注目して意味づけられたものである。これは、後掲のカウフマンの言葉を借りるならば、「人々の生活の質の保障に積極的にかかわろうとする国家」ということになる。（本書12頁）

しかし、渋谷博史はアメリカ型の福祉国家について次のように欧州との差異を指摘している。

福祉国家論の常識からは、①狭義の福祉がシステムの中核を成してその外延に②社会保険が配置され、その外側に③民間福祉が補完的な位置を占めるという理解になるかもしれないが、アメリカ社会の論理からは逆に③が原則であって、それを②が補完し、①は全く例外ということになる。[1]

橋本が述べる福祉国家の概念からすれば、アメリカは福祉国家でないといえるかもしれない。アメリカは、自由主義経済の盟主として自由と機会を最大限尊重することで、福祉政策が構成された。ハイエクは次のように述べる。

福祉国家の目的の一部は、自由を害する方法によってのみ達成しうるものではあるが、その目的すべてをそのような方法によって追求することもできるかもしれない。今日の主要な危険は、政府のある目的がひとたび正当なものとして受け入れられると、つぎには自由の原則に反する手段でさえ正当に利用しうると想定されることである。（傍点原著）[2]

ハイエクは、失業・病気・老齢などの不十分な備えに悩んでいる人びとをすべて救うことは、包括的でしかも強制的な計画が必要になり、その計画は政府に排他的で独占的な役割を与え、福祉増進という目的以上の損失、つまり、自由の喪失をもたらすと考えている。

しかしながら、周知の通り、一九六〇年代以降のアメリカにおいては、リベラルなケネディ・ジョンソン大統領期に「豊かな社会」を目指すとともに、「貧困への戦い」において、さまざまな福祉政策が進展し、ハイエクが述べた原理から逸脱し、「大きな政府」へと変貌を遂げた。ただし、その展開においてハイエクが述べた原理がなくなったわけではなく、一九八〇年代以降のレーガン大統領の登場と一九九〇年代以降の新自由主義的な政策において再び息を吹き返したといえる。

しかも、もう一つ重要な点は、この自由の理念は「連邦主義」の理念に基づく制度にも支えられていることである[3]。その理念とは三権の分立とともに、連邦と州と学区という統治単位における権力の分割である。このことによって地方自治による各政府の自由が保障され、教育の自由と多様性が生まれることになるが、一方では、集権的な調整を必要とする再配分政策の障害となっている。

そこで以上の大きな見取り図のなかで、アメリカの福祉国家の発展と挫折を分析することで、福祉国家と教育の関係性についての現代的な示唆を得たい。

財政構造と自治構造

一九世紀から二〇世紀の世紀転換期に橋本が指摘するようにフランスやドイツでは公教育における国家負担率が増大し、福祉国家の範囲が教育にまでも拡大する（本書48頁・49頁表1～4）。アメリカでも世紀転換期に公立学校が普及していくが、それは地方学区を基盤としている点に特質がある。[4]

一九世紀後半のアメリカにおいて、公立学校への国庫補助金を支出する試みがおこなわれてきたが、大桃敏行が、アメリカにおいて国家と教育の関係性は、教育の自由を優先させるために、国家による再配分政策を抑制させてきたと次のように述べる。

専門化集権化された教育の統治システムの構想が、自助と参加に依拠した伝統的な地方自治論の抵抗を受けただけでなく、連邦であれ州であれ国家がその構成員に等しい教育の機会を保障し共通の教育を提供するという理念自体が、親の教育権を核とした多様性と選択の自由論によって揺さぶりを掛けられることになるのである。[5]

ハイエクが指摘するように福祉国家の拡大は、巨大な行政国家を生み、結果的には教育への統制にもつながるが、地方自治を優先させることは、国家による調整のないところで平等の実現を目指さなければならず、その具体化が難しくなる。

アメリカにおいては、そもそも教育の分野に限らず日本の地方交付金などのような財政移転が少なく、州と地方学区の独自財源が占める割合が高い。ただ、そのかわりに州と地方学区に広範囲の課税権が認められており、各政府の課税を通して政策の経費が支出される。[6]この構造からアメリカでの公教育の普及は、学区ごとの財政力によって左右されるために不平等な構造が保持されるものの、地域住民の要求による政治的な機運が直接的に教育行政に反映されることで、公教育が整備されるという特質が見られ、[7]教育行政が住民の自発的な参加を通した民主主義の場として機能してきた。

具体的には、教育費における連邦・州・地方学区の負担率は、一九五〇年代までは、地方学区が七割程度を負

表7　連邦と州と学区の教育における再配分政策の変遷

	GNP における割合					
	1962	1967	1972	1977	1982	1990
連邦	0.3	0.5	0.6	0.6	0.5	0.4
州	1.71	2.18	2.67	2.76	2.88	3.05
学区	1.95	1.97	2.13	1.73	1.48	1.81

出典：P. E. Peterson, *The Price of Federalism*, New York, 1995, Table3-3, 3-4, 3-5 より筆者作成。

担し、残りの三割を州が負担する構造を持っていた。連邦政府は高等教育、職業教育、科学教育の分野に限定され、付随的な立場にとどまっていた。しかし、一九六五年の貧困児童に対する補助金を交付した「初等中等教育法」の成立以後、連邦政府は七~九パーセント程度負担するようになり、また、州が学区間の財政の不均衡を是正し始めたために少しずつ負担率が増大し、連邦一〇パーセント未満、州と地方学区が四五パーセントずつ負担する構造へと変化した。

こうした展開はピーターソンが指摘するように、一九六〇年代以降は連邦政府と州政府が再配分政策において主導的な役割を果たしたことで、連邦主義の問題はある程度緩和された[8]。そこに、表7に見られるように、一九六〇年以降、州が再配分政策に果たした役割が大きいことがわかる。

というのも、地方自治の領域に対する介入する手段の一つとして一九五四年のブラウン判決以降、司法介入による平等化が進められ、教育財政の平等化は州が中心となったためである。

一九七三年のロドリゲス判決（San Antonio Independent School District v Rodriguez.）では合衆国憲法には教育に関する条項がないために、憲法一四条の平等条項に基づいて審議され、連邦最高裁は劣悪な環境は認めたが、教育は州の責任であるとして連邦政府に判断する権限はないとして原告の訴えを退けた。そこでロドリゲス判決以降、州に舞台を移し、州憲法の平等条項や教育条項に基づいて争われた。現在も各州で財政訴訟が継続し、訴訟が敗訴した場合であっても州の地方学区に対する補助金が拡大している。その結果として州が四五パーセントにまで財政負担を拡大したことからは、一定程度の学区間の格差は是正されたといえる。ただし、一方では、再配分政策が実施されるほど、教育費への負担に対する不満が顕在化していった。

たとえば、一九七六年にカリフォルニア州では学区間格差が一〇〇ドル（一人当たりの教育費）を超える場合は違憲と見なすという画期的な判決（*Serano v. Priest*〈Serano II〉）が出された。しかし、セラノ判決により州によって支出が制限され、税の一部が他学区へ再配分されることで住民税と地方学区教育費との関係性が弱められ、州主導による税負担を支持しなくなる住民が多くなった[9]。アメリカにおける地方自治と教育税の結びつきは地方自治の象徴でもあり、州政府による再配分政策は住民税と地域の教育制度の結びつきを弱め、地域住民に対して税負担への理解を失わせた。その結果、貧困学区を中心として教育財政訴訟がおこなわれ、裕福な学区を中心として「納税者の反乱」がおこなわれるという学区間の対立が顕在化し、地方自治の行き詰まりをもたらした。

橋本は近代国家における福祉政策の進展を次のように指摘する。

> 国家は、国民の社会的生存権を承認し、保険制度などによって社会的連帯を組織しながら弱者の保護やリスクの管理をはかることで、自らの正当性を調達するようになってきた（本書14〜15頁）

アメリカにおける一九六〇年代以降の福祉政策の進展は、この指摘の通り、黒人、女性、マイノリティー、障がい者などを取り込むことで社会的なリスクを包摂し、国家の正当性を勝ち取ってきたが、一方で福祉政策の進展は利害関係者を増やし、政策自体の意味を喪失させ、社会的連帯自体を傷つけるという問題が浮上することとなる。このことについて次節で検討する。

福祉政策における政治的合意の限界

一九六〇年代の福祉政策は、市場に参加するための最低限の保障から、「豊かな生活」のための条件整備へと転換が目指された。その背景には経済成長とベビーブームによる人口の増大が政策を支えていたが、一九八〇年代以降の経済不況と社会の高齢化は自由主義経済による終わりなき成長という神話を崩し、「大きな政府」に制限を与えた。この点でいえばレーガン政権による福祉政策の削減や新自由主義的な政策による効率性の追求は資源が制約される現状への適用と見ることができる。

しかし、それだけでなく福祉政策が進展するなかで、政策の意義が①フリーライダーの問題②平等と効率のトレードオフ③利益誘導政治への不信という点から揺らぎ始める。

ロウィは、原因や結果が明確にわからないままに無責任に福祉政策を拡大させたことで、さまざまな利益集団を引き寄せてしまい、福祉政策の目的を堕落させたと批判した。[10] たとえば、「初等中等教育法」では一九七〇年の改正時に父母の参加が義務づけられ、貧困児童の親の意見を反映させ、さらにラディカルに受益者のニーズに対応した教育を実現しようとした。この背景には一九七〇年代の教育統治は、連邦政府による介入よりも地方学区に存在する教育行政の官僚支配と専門職支配が問題とされていたためであった。[11] そこで地方学区ではなく、さらに細分化された校区、とくに都市貧困地域に住むマイノリティーが主体となって政策が実施されうるコミュニティコントロールの考えが登場する。

コミュニティコントロール自体は、一九六〇年代に「参加民主主義」が公民権運動の高まりとともに生まれ、そのなかであらゆる政治制度における黒人の「最大限《マクシマム》可能な《フィーズィブル》参加《パーティスペーション》」が目指されたことに端を発する。たとえば、ジョンソン大統領のもとで一九六四年に成立した「経済機会法」では、コミュニティ・アクション・プログラムのなかにコミュニティの活動家に対する支援がおこなわれ、いままで無償でコミュニティの政治・社会活動に関わってきた多くの活動家の仕事に資金を与えることになった[12]。

しかしながら、黒人の政治参加の進展は既存の政治勢力と対立を招いていく。もっとも典型的な事例は、一九六六年～一九六九年にかけてニューヨーク州のオーシャンヒルーブラウンズビル学区で起きた対立である。オーシャンヒルーブラウンズビル学区では一九六四年の「公民権法」の成立を受けて、人種統合教育が進められてきた。しかし、人種統合教育は、白人住民とあまりに官僚的な統合教育の運用実態に反発した一部の黒人住民によって批判され、黒人のための学校の設立を目指すコミュニティスクール運動が起きた[13]。黒人にとっては白人のエリートと専門職に支配された学区教育行政から離れ、政治参加と意思決定に関与するためのコミュニティスクールであった。

成立当初、コミュニティコントロールはうまく進展していくが、教員の人事権にまで及んだ時に教員の地位保全を主張する教員組合との対立が激化し、状況が一変していった[14]。このような情勢はリベラル派に苦渋の選択をせまるものであった。というのも、リベラル派は黒人の権利を守るために人種統合を推進してきたのにもかかわらず、黒人層から批判され、さらに黒人層と自分たちの学校を維持したいと考える保守的な白人層が連帯するという結果を招いてしまった。また、一九六〇年代後半からマルコムXに代表される黒人分離主義者などの民族的な価値を前面に出したニューポリティクスが台頭し、公民権運動によるリベラル白人層と黒人との連帯が崩れ始めた。

ロウィは、マイノリティーの政治参加が実現されたからこそ、マイノリティーの利益と反する政治勢力との間に利害対立を招き、再配分政策への不信が高まったと鋭く指摘し、生活の質の保障という無限定なサービスは利害政治を生み、政治的に合意が得られないあらゆるニーズを実現しようとするものとなったと批判した。しかも、教育は保障するべき内容とそうでないものを線引きすることが難しい領域である。たとえば、障がい児教育の分野では一九七一年のペンシルバニア州知的障がい児協会判決（*Pennsylvania Association for Retarded Children* (PARC) *v. Commonwealth*）によって、障がい児の教育環境整備が連邦政府主導のもとに派生的に進められた。障がい児教育においては、問題となる障がいが明確であり、解決の手段の見通しがつきやすい。

しかし一方で、先述した通り、ロドリゲス判決において問題となる教育格差が何を要因として、どのように介入すればよいのかは明確ではない。教育格差は学校、教員、経済的な理由、家庭背景、人種などの多様な要因からなり、かつ、それに介入する手段は包括的な社会政策を必要とする。しかも、包括的な社会政策は、地方自治の原則と対立する。福祉政策において、平等を実現しようと教育政策を進めようとすれば、明らかに国家による介入を単に外在的なレベルに留めるのではなく、より深いレベルの介入が必要となる。これを避けようとすれば、ある種の福祉国家のパターナリスティックな政策を成立させるほかないのかもしれない。

自由権は、公私区分論、危害原理などで特定の内容に関与することなく法体系を構成することができるようにするために、国家による介入に制限を与えることができた。しかし今日においては、価値がコミットしないパターナリスティックな福祉国家と、個人主義的な権利要求（私的な要求と区別できないため）は、市場原理に基づく新自由主義的な政策と親和的に展開されている。

したがって、本論の結論を先取りすれば、フランス革命以来の自由・平等・博愛の三原則において、福祉国家は自由だけでなく平等についても語ってきたが、それを調和する博愛（連帯）が、いかにして生まれ、保全されるかについては正面切って議論されなかったのではないか。とくに教育は、自由と平等よりも博愛（連帯）について語る必要があるのではないか。私的な権利基盤は、私的なままであり、公的な問題や関心とうまくつながることができない。また、福祉国家と教育がつながってきたのは、教育が個人の問題ではなく、集団としての公的問題を扱い、連帯を形成してきたからではないだろうか。

コミュニタリアン的アプローチの再評価

そこで再び議論をオーシャンヒル―ブラウンズヒル学区の事例からコミュニティの持つ意味を考えていきたい。というのは、教育においてコミュニティとは何かという問題について、マイヤーとギッテル[15]のコミュニティコントロールの理念に興味深い相違があるからである。

フォード財団が後援した、一九九六年にニューヨークの教育関係者が集まっておこなわれたラウンドテーブルがある。そこで、マイヤーとギッテルの興味深い議論がある。[16]ギッテルは、オーシャンヒル―ブラウンズヒルのコミュニティコントロールを理論的にも活動家としても支え、教育における地方分権政策を支持し、都市部の学校において親が選出した「学校理事会」が全教職員の人事権、予算権、教育課程の編成権を持つことを提案していた。ギッテルのラディカルな主張の背景には、親やその他の人びとは無関心であり、「人々が影響を与えると感じなければ、参加しない」[17]という認識があり、学校理事会が政治参加を喚起することができると考えている。というのは、ギッテルは参加を通して、政治やコミュニティの関心を引き出し、公民権の実質的な意味をマイノリティーが感得していき、コミュニティと、その教育を改革できると考えているからである。

しかし、マイヤーは、このギッテルの主張に対して厳しく批判している。マイヤーは、親の参加は尊重されるべきであるが、どのような統治構造が学校の改善に結びつくのかは証明できていないと述べ、権限論ではなく、子どもそれぞれの教育的な目標に向かって、どのような学校コミュニティを形成するのかを考えるべきだと主張する。もちろん、地域のコミュニティとの関係は尊重されるものであるが、それは進歩主義の伝統に沿って展開される教育実践、つまり「学びのコミュニティ」を通して学ばれる民主的な価値に基づくものである。

さらに、マイヤーは「この学校を作ろうと考えた一つの理由は――いままであまり口にしてこなかったが――個人的に教師として、もっと自律性が必要だと考えていたからだった[18]」と述べ、次のように言う。

我々はもし自分たちに裁量権があれば、このような教育ができるはずだというビジョンのもとに結集したのである。保護者の存在は非常に重要だが、彼らの発言は助言として受けとめるようにした。保護者に当校を選択してもらうということは、ある意味、我々の自律性を高める手段でもあった[19]。（傍点原著）

マイヤーのコミュニティとは、教員の裁量の余地が最大限活かされる、教員の専門性を基盤としたコミュニティである。そのため地域を基盤としたコミュニティとは一線を画し、学校において親と教員と子どもが教育的な目標に基づいて協同する学びのコミュニティである。だからこそギッテルは次のように厳しくマイヤーを批判する。

開かれて、参加しやすい政治制度はもはや目的ではなく、地域が運営する学校は新しい改革者が持ってきた専門職によって組織されたチャータースクール、オルタナティブスクール、コラボレイティブスクールに取ってかわられてしまった。専門職である改革者は、彼らの努力を制度全体の変革に傾けることをあきらめ、かわりに個々の学校を改革することを求める。［中略］セオドア・サイザーとデボラ・マイヤーという、教育改革の新しい専門職の教祖は、専門職の支持を得ると同時に、学校改革のアジェンダを再設定するための強い基盤を勝ち取った[20]。

このように述べ、ギッテルは教育専門職に主導された改革が、財政上の公平性の問題に働きかけることや教育実践を広げるための制度的な取り組みをおこなわないと批判した。

マイヤーの学校は、ギッテルが述べるような、地域を改変していく場としてのコミュニティコントロールとは異なる。しかし、マイヤーの学校は学びのコミュニティとして、学校が独立した教育理念を持ち、それに賛同する教師たちが目標に従って学校設立し、そこに生徒が集まるからこそ学校の裁量の余地が生まれ、政治と行政からの介入を避けることができる。ただし、それは学校全体への広がりを制度として広げる仕組みを同時に妨げている可能性がある。というのは、教師の裁量権を保障しているものは、それが地域から独立した教育コミュニティを形成しているからだといえるからである。

教育行為それ自体は目的的な人間的な行為であるために、より良き教育は一定の価値基準を持つ人びとが集まった密度の高いコミュニティにおいて展開しやすいが[21]、そのことによってより良き教育は閉じた空間において行いやすく、その学びのコミュニティを拡大再生産することを困難にする。

実は、ここに逆説的にギッテルの限界がある。ギッテルは地域のコミュニティとして学校理事会に親の代表や地域の代表を入れることで、地域とのつながりを得るが、学びのコミュニティとして教育的な目的に沿った要求や決定が必ずしも学校に要請されるわけではないために、学校は地域の要請に左右され、教育的な営為からズレる可能性がある。教育的な営為を認めようとすると、コミュニティコントロールは必ずしも教育的な効果を発揮されない可能性は大いにある。

教育活動が政治的に支持されるには、明らかに地域住民を含めた広範囲の同意と参加が必要であるが、学びのコミュニティの特質としてある、その独立性は、おそらく地域とのつながりを希薄化させてしまう。一方で学びのコミュニティが開かれて、さまざまな利害関係者の影響を受けるほど、それは民主的であるが教育的な目的や理念とズレていく。そこでギッテルは、地域に開かれて教育的な目的についての理解を得られたときに、広範な支持を得られる参加が見出されやすく制度全体の改革へとつながっていく可能性があるとして、シカゴの学校改革を評価する。シカゴの学校改革では各学校に「学校委員会」が作られ、そこに親と地域と学校の代表者が協同して学校を統治する分権改革がおこなわれ、しかも「学校委員会」を支える市民団体に改革が支えられていた。

シカゴの学校改革を分析した小松茂久がコミュニティにある非公式的なセクターについて次のように指摘する。

> 市民の自発的な教育意思の発露、発展形態でありつつも、行政との関係を調整する重要な組織として位置づけられるし、教育改革を推進するのに重要な機能を果たす可能性を秘めている。(22)

地域を包摂するということは、利害関係を超えた横断的な連帯を作る基盤となり、政策実施を現実のものとすることができる。さらに、なによりもこうした豊かな地域組織の存在やネットワークは、地域のコミュニティのなかで教育政策を議論する場を与え、市民の教育への理解を深め、民主的でありながらも教育的な価値についての理解を得る前提を与える。(23)

この議論は、アメリカでは学区間の財政格差の問題を考えるときには避けては通れない問題である。つまり、裕福な学区と貧困な学区の格差を埋めるには、裕福な学区から財政の再配分をおこなわなければならないが、地方分権的な構造のなかで、その必要性を説得するには制度全体を調整することへの住民の同意が必要である。その同意は、学びのコミュニティではなく、地域のコミュニティに開かれていなければ説得を調達する政治的な可能性が低くなる。

おわりに

教育は、主体形成とともに相互承認の場でもあり、それは利害政治に走ることなく理性的な議論を続けるのに必要な「われわれ」という認識をもたらす。貧困問題や他者に対する配慮は、教育やコミュニティによって形成され、福祉国家と個々人をつなげ、再配分の政治を機能させているのではないか。

アメリカにおいて権利は、一九六〇年代の福祉政策の進展にともない、恩恵的な性格から権利へと確立してきた。しかし、権利の進展は私事化した現代社会においては、かえって公的な問題を議論することを難しくさせる要因ともなっている。バーバーは民主的な参加や議論のプロセスの重要性を次のように述べる。

> 権利という道徳的な力は神の与え給うたとか、自然に与えられたとかを示唆していることが多いが、実際には権利と義務は変わらず、国家体制が創り出したものであり、その生命は健全なる市民権にかかっている。権利を称揚しているがそれを直接的に守ろうと積極的にならない人は、やがて称揚する基となるもの自体を失ってしまうであろう。(24)

実際問題として、公教育は自由の原理だけでなく、特定な価値を強制、あるいは、集団としての共通の判断や価値について構成してきた。にもかかわらず、こうした面は国家による介入への制限が前面に立ち、福祉政策のような集権的な調整を必要とする政策についての政治的な同意や理解の調達については、あまり注目してこなかったのではないか。アメリカ型の福祉国家の問題から見えるものは、人びとの同意なくして福祉国家が成立せず、自由と平等の追求ではなく、社会的な連帯をどのように考えるかが求められているということなのではないだろうか。

注

（1）渋谷博史『二十世紀アメリカ財政史二――「豊かな社会」とアメリカ型福祉国家』東京大学出版会、二〇〇五年、一二一頁。

（2）フリードリッヒ・ハイエク（嘉治元郎・嘉治佐代訳）『ハイエク全集（新版）七　自由の条件三――福祉国家における自由』春秋社、二〇〇八年（初版は一九六〇年）、一二頁。

（3）もともとアメリカの連邦主義は「二元的連邦主義（dual federalism）」と今日では呼ばれるもので、連邦政府は「夜警国家」として対外政策をおこない、内政は州の役割とされ、連邦政府と州政府と地方政府が明確にその領域を分けながらも共同して統治する考えである。しかし、「二元的連邦主義」の構造は、一九三〇年代のニューディール政策と一九六〇年代の「貧困への戦い」によって連邦政府の介在が必要不可欠となり、州政府の領域である内政問題へと連邦政府が関与していくことによって変化した。この連邦政府のあり方は「協力的連邦主義（cooperative federalism）」と呼ばれ、連邦政府の介在を認め、州と地方政府への補助金などによって地方政府の手に余る問題に関与する理念が生まれた。D. B. Walker, *The Rebirth of Federalism*, Chatham House Publishers, 2000.

（4）アメリカでは、合衆国憲法一〇条に「この憲法によって合衆国に委ねられておらず、またそれによって州に禁じられていない権限は、それぞれの州または人民に留保されている」とあり、教育は合衆国に委ねられていない州の留保事項とされ、さらに実質的には地方学区が教育行政を全面的に担ってきた。

（5）大桃敏行『教育行政の専門化と参加・選択の自由』風間書房、二〇〇〇年、一七七頁。

（6）アメリカの財源構造は、地方学区は固定資産税が中心となり、州は法人税、売上税、所得税が中心となり、連邦政府は関税、所得税、社会保障税が中心となる。ただし、所得税がない州などもあり、州と学区の課税方法と課税率は異なる。また、アメリカにおいて財政移転を目指した補助金の創設は過去に一九七一年にニクソン大統領の、「歳入《レベニュー》分与《シェアリング》法案」があったが、共和党保守派による連邦政府の権限に対する危惧だけでなく、民主党側からも既存の特定補助金によって保障された教育へ特定された連邦政府の政策意図が、州と地方学区へ委任された場合に歳入分与（一般補助金）金となった場合に崩れるという恐れから支持しなかった。R. A. Diamond and W. Elder, *Education for a Nation*, Washington, D. C., 1972, p. 31.

（7）W. A. Fischel, *Making the Grade: The Economic Evolution of American School Distircts*, University of Chicago Press, 2009.

（8）P. E. Peterson, *The Price of Federalism*, Brookings Institution Press, 1995.

（9）W. A. Fischel, "Did Serarano Cause Proposition 13?", *National Tax Journal*, 41, 1989, pp. 465-473.

（10）セオドア・ロウィ（村松岐夫訳）『自由主義の終焉――現代政府の問題性』木鐸社、一九八一年。T. J. Lowi, *The End of Liberalism: The Second Republic of the United States*（*2nd ed.*）, Norton, 1979.

（11）坪井由実『アメリカ都市教育委員会制度の改革』勁草書房、一九九八年、一三五頁。

（12）N. A. Naples, "From Maximum Feasible Participation to Disenfranchisement", *Social Justice*, 25（1）, 1998, p. 47-.

（13）坪井『アメリカ都市教育委員会制度の改革』。

（14）R. D. Kahlenberg, *Tough Liberal: Albert Shanker and the Battles Over Schools, Union, Race, and Democracy*, Columbia University Press, 2007.

（15）デボラ・マイヤーは、学校選択制の実験がおこなわれたニューヨークのハーレムにある第四学区のセントラルパークイーストの設立者であり、校長として学校を運営し、目覚ましい教育成果を上げた。第四学区の実験は、学校選択を通したコミュニティの再編であり、スモールスクールと呼ばれる小規模学校を親と教員の主体的な教育参加によって設立し、教育改善を導き出すものであった。問題となるのは、こうして作られたコミュニティが、公的な関心に支えられたものであるかという点にある。

（16）ラウンドテーブルは一九九六年の五月に開催されて、「スタンダードに基づく改革」の進展にともない、地方分権的な改革が見直され、かつチャータースクールなどの新しい教育政策が登場してきたことを背景に、ニューヨークの教育政策に関係する七人が集まって議論されたものである。七人は、ミリ・ボニラ（ブロンクスを拠点とする母親たちによる市民団体の代表）、サイモン・フリーゲル（コミュニティスクール学区の行政官）、マリリン・ギッテル（ニューヨーク市大学教授）、ガレン・カークランド（アドヴォカシーフォーチルドレンのニューヨーク支部代表）、デボラ・マイヤー（セントラルパークイーストの設立者）、マイケル・ラベル（教育財政訴訟の専門家）、デイビッド・シェーマン（ニューヨーク市教員組合、ＵＦＴ副代表）であった。

（17）E. Sachar, "New York City Roundtable: Whichway to Quality Schools?", *The Ford Foundation Report, 27*（3）, 1996, Summer / fall, pp. 12-15.

（18）デボラ・マイヤー（北田佳子訳）『学校を変える力――イーストハーレムの小さな挑戦』岩波書店、二〇一一年、三三頁。

（19）同前、三三頁。

（20）M. J. Gittell, "Conclusion: Creating a School Reform Agenda for the Twenty-first Century", in Marilyn J. Gittell eds., *Strategies for School Equity*, Yale University Press, 1998, p. 235.

（21）松下丈宏「公立学校コミュニティ論の再検討」『日本教育政策学会年報』第一八号、二〇一一年、五三～六三頁。

（22）小松茂久『アメリカ都市教育行政の政治』人文学院、二〇〇六年、三六四頁。

（23）山下晃一『学校評議会制度における政策決定』多賀出版、二〇〇二年。

（24）ベンジャミン・バーバー（竹井隆人訳）『ストロング・デモクラシー――新時代のための参加政治』日本経済評論社、二〇〇九年。

8　福祉国家と教育の関係をどう考えるか

広田照幸

はじめに

本章では、本書第Ⅰ部で二〇世紀について展開されている議論（橋本伸也）に応答する形で、その問題点を指摘しながら、橋本の議論に欠けているいくつかの視点を提示してみたい。

橋本は、近現代世界における国家・社会・教育の関係を構造的に把握するための補助線として、「福祉国家と教育」という視点を立てている（本書12頁）。そこでいう「福祉国家」とは、「カウフマンの言葉を借りるならば、「人々の生活の質の保障に積極的にかかわろうとする国家」ということになる」とされている（本書12頁）。

ところが、よく目配りをしてうまく整理された一九世紀末〜二〇世紀初頭までの時期についての議論に比して、二〇世紀半ば以降についての橋本の議論はとても粗い。二つの疑問が湧いてくる。

第一に「福祉国家」は単数なのか、それとも複数なのか。橋本は、「国家の関与や介入についての段階論ないし類型論的把握が必要となる」（本書24頁）としながらも、橋本の視点は、もっぱら二〇世紀後半期に多くの国に共通に見られる要素や共通の経験である。すなわち、二〇世紀に関しては、次の四つの「理念型的な論点提示」（本書56頁）がなされているが、かなり大くくりの論点にとどまっている。

（1）憲法規範化と国際規範化
（2）総力戦体制
（3）社会主義の問題
（4）現代福祉国家と教育改革

確かに、個々の社会がたどってきた歴史的経路のある部分は、これらの重要な政治的出来事で説明されるかもしれない（社会主義国家の遺産とか、総力戦体制の帰結とか）。しかしながら、一九七〇年代以降の新自由主義の台頭による福祉国家の変容を主要な考察のポイントに据えようとするときには、その分析に使えるツールが不十分だといわざるをえない。

一九八〇年代に福祉国家の見直しをめぐる政治が多くの先進諸国で浮上してきたとき、それぞれの国の状況の違い、とくに経済構造の違いが注目されるようになった[1]。新自由主義の台頭は、なによりも経済次元での大変動である。そうであるならば、二〇世紀に起きたいくつかの重要な政治的出来事に注目するだけでは、眼前の福祉国家のあり方の分岐を作っている要因を十分に捉えられない。さまざまなタイプの福祉国家の分岐を生み出し、押し広げている経済次元の力を把握していくツールが必要なのである。

こうした弱点を意識してか、橋本はドイツ型／アメリカ型の類型を設定したハイデンハイマーの議論を紹介している。(2) だが、その位置づけはあくまで「補説」であり、とくに二〇世紀の変容を考察するためには十分なものとはいえない。

第二に、福祉国家の変容と新自由主義の席巻は、はたして単線的で不可避な変化なのか。福祉国家の復興・再生への期待に対して、橋本は「そもそも福祉国家を成立させた歴史的条件が解体していることを抜きにした議論は意味をなさない」と述べている（本書23頁）。教育についても悲観的である。「現代福祉国家による教育改革は、すべての者により長期にわたる学校教育の機会を提供して経済的な生産性向上と社会的平等を実現しようとしたものの、「それにもかかわらず、平等化は達成されなかった」。また、「より根本的な平等を志向したはずの社会主義は、メリトクラシー的要素を忍び込ませた「延命」策にもかかわらず、あえなく崩壊した」。そして、橋本は次のように述べる。

> こうした二つの「失敗」（「失われた世紀」!?）の先に到来したのが、新自由主義的な規制緩和と市場化と競争に基づく教育改革の時代であり、福祉国家の変容のもとでの教育戦略の変更、すなわち労働力の不断の質的更新のための教育と訓練の制度化＝「生涯学習」の時代であった。それはまた、「卓越性」の名の下にあからさまなエリート主義的教育の「再建」に向かう動きが顕在化する時代であり、消費としての教育がいっそう蔓延する時代でもあった（本書63頁）

では平等への希求や平等化戦略は、もはや時代遅れになり失効してしまったといってよいのか。世界中のあちこちで、いままさに福祉国家の再編をめぐる政治的葛藤が、それぞれの固有性を持った様相で繰り広げられていることを考えると、悲観的な宿命論にとどまるわけにはいかない。現代における福祉国家の多様性＝世界史の多様性の切り口を探し、そこから教育改革の選択肢の多様性を考えていけるような視点が必要であろう。そのために、ここでは、福祉国家の類型論を展開したエスピン－アンデルセンの議論にまず触れ、それを活かしながら橋本の議論に欠けているものを補う視点を紡ぎ出したい。

エスピン－アンデルセンの「三つの世界」

福祉国家の類型論として有名なのが、G・エスピン－アンデルセンの『福祉資本主義の三つの世界』である。[3] 彼は、「各国は社会的保護を推進するという共通の目標に対して、質的に異なったアプローチを採っている」という観点から、「福祉国家レジーム」という考え方に基づき、「社会民主主義レジーム」（北欧諸国）、「保守主義レジーム」（大陸諸国）、「自由主義レジーム」（アングロサクソン諸国）という三つの類型を抽出している。彼が三類型を抽出するための指標として用いたのが、「脱商品化」と「階層化」という二つの指標である。

エスピン－アンデルセンが「脱商品化指標」と「階層化指標」をもとに同書でおこなった統計的分析自体は追試で疑問が投げかけられている。[4] また、エスピン－アンデルセン自身は、その後「福祉国家レジーム」という語から「福祉レジーム」という語へシフトしたし、[5] 比較の指標とした「脱商品化」概念をほとんど使用しなくなり、むしろ人的資本への投資を高めて就労機会を保障することを強調するようになっている。[6]

そうした分析の問題点やエスピン－アンデルセン自身の視点の変化はあるけれども、にもかかわらず、『福祉資本主義の三つの世界』でなされている説明は、福祉国家と教育との歴史的関係を考えていくうえで示唆に富んでいると思われる。

というのも、①福祉を提供する主体を（排他的に）国家に限定しないことで、現代福祉国家以前、および、高度成長期型福祉国家の見直し以後の、多様なアクターによる福祉提供をトータルに視野に収めることができる（福祉多元主義、あるいは福祉ミックスという視点）。②脱商品化という指標を据えることで、福祉国家の形成を政治の次元だけでなく経済の変動の次元へと視野を拡大でき、資本主義の展開と福祉国家形成・変容との関係を射程に入れることができる。③労働の商品化と脱商品化という観点から、教育と雇用や労働の関係の問題を、福祉国家論の文脈に持ち込むことができる。④教育の機能を商品化に対応したものと同時に脱商品化にも対応するものとして位置づけることができる。それによって教育のあり方をめぐる多様な紛争を、福祉国家再編の政治の枠組みのなかに位置づけることができる。

こうした点は、単数で単線的な福祉国家の形成と変容のなかに教育の変容を置く像を超えて、多元的な世界史的展開を考察していくためのアイデアを提供してくれるのではないだろうか。

脱商品化

『福祉資本主義の三つの世界』におけるエスピン－アンデルセンの「脱商品化」（decommodificaton）の概念をもう少し説明しよう（以下、同書からの引用は頁数のみ示す）。脱商品化とは、「市民が仕事、収入、あるいは一般的な福祉の受給権を失う可能性なしに、必要と考えたときに自由に労働から離れることができる」程度のこと（一四頁）である。労働力の商品化は、資本主義の勃興と展開のなかで進展した。前資本主義社会は、労働力の商品化がまだ進んでいない時代であった。

資本主義以前の社会においては、労働者が自らの労働力の売買にその生存を委ねるという意味で全面的に商品化されるということはまずなかった。個人の厚生が全面的に貨幣関係（cash nexus）に依存するようになるのは、市場が普遍化し社会全体を方向づけるようになってからである。社会から労働契約以外に社会的な再生産を保障する一連の制度をなくしてしまうことで、人々は商品化されたのである（二三頁）。

注目すべきは、「個人の厚生が全面的に貨幣関係に依存するようになる」動きに対して、保守主義が労働力の商品化に批判的であったという指摘である。資本主義の進展により、個人は共同体や他者の庇護を失い「自由な主体」になった。しかし、その自由は、失業や疾病や高齢化などによる生存の危機に立ち向かうのには、「自由な主体」としての個人はあまりに脆弱なものであった。だから、保守主義はどこの国でも、労働力の商品化を批判し、窮した人たちに保護の手をさしのべた。

エスピン－アンデルセンは、商品化の動きに対して、保守主義の対応を三つに整理している。第一には、封建的なものである。他者への隷属の代償として得られる庇護である。ただし、「封建的パターナリズムを遠い過去の遺物として片づけるべきではない。今日みられるパトロネージやクライエンタリズムも、もとを辿れば同じ現象なのである」（四三頁）。

第二は、コーポラティズム的なものである。同業的な組合によるものなどがそれであり、ドイツでは、共済組合や社会保険の仕組みにつながっていった。

第三は、国家主義的なものである。社会権の考え方は、ここに胚胎している。「国家主義的な保守主義は、社会権を「社会問題」に対する解決手段であると考えた」（同）。

それゆえ、「大陸ヨーロッパ諸国に見られる相対的に高い脱商品化は、左翼の政治的動員だけの帰結ではなく、保守主義およびカトリックによる改良主義の長い伝統のもたらしたものである」（五八頁）。

保守主義だけでなく、自由主義も社会主義も、程度や原理の差はあれ、国家による福祉の提供への道を進んだ。一九世紀に勃興した自由主義は、資本主義的な労働市場に一人前に参加できない個人の生存を危機にさらすことになる。「素朴な自由主義モデルはすべての個人が市場に参加する能力を有していると考えるが、もちろんそれは事実と違う。老人、虚弱者、視覚障害者、身体障害者は家族に依存することを余儀なくされる」（四七頁）。そこで、自由主義者に受容されうる対応は、①ミーンズテスト付きの社会的扶助の枠組み（残余的福祉）、②慈善活動や社会保険、の二つである（四八頁）。

社会主義は、ブルジョア国家における社会権の拡張を支持すべきかどうかについて、内部で激しい論争を交わした。ニードに基づく給付を額面通り受け取った者は、ミーンズテストに基づく限定された扶助型の政策構想を支持し、より広い給付を求める者と対立した。また、階級のみを対象とする考え方と、普遍的なアプローチとの関係も論争的な主題であった。しかし、社会権の範囲とその内容の拡大を、さらなる闘争の発展のための条件と見なす見解が次第に優位を占めるにいたって、社会主義は福祉国家をその長期的なプロジェクトの焦点に据えるようになった（五一頁）。

第二次大戦後の数十年間は、順調な経済成長の条件のもとで、社会権の理念が広がり、異なるイデオロギーの先進諸国がいずれも福祉国家化の道をたどった歴史であった。「脱商品化効果をもつ福祉国家」（二四頁）の登場である。「現代的な社会権が導入されるようになると、労働力は純粋な商品という性格を薄めていく。社会サービスが人々の権利とみなされるようになり、また一人の人間が市場に依存することなくその生活を維持できるようになって、労働力の脱商品化が生じる」（二三頁）。

すなわち脱商品化自体は、資本主義以前からの長い歴史を持っているけれども、国家がそれを十全に保障する責任を負ったのはごく最近だ、ということである。
エスピン－アンデルセンのこうした議論から示唆を得て、橋本論文に欠けている二つの視点を持ち込んでみたい。

「福祉多元主義」「福祉レジーム」論の視点

第一に、「福祉国家」という概念を使うのではなく、一九九〇年代以降に広く使われるようになった「福祉多元主義」「福祉レジーム」論の視点の方が、さまざまな時期や場所の多元性をうまく認識・説明できるのではないかということである。

橋本は「福祉国家」の意味を、実は広狭二つの意味で使っているように思われる。先に挙げた「人々の生活の質の保障に積極的にかかわろうとする国家」という定義はとても広い。それは橋本が整理しているように直接にはビスマルクの改革まで、間接的には近代初期にまでさかのぼりうるものである。歴史をさかのぼって橋本が論じているのは、この「福祉国家」である（これを「広義の福祉国家」と呼んでおく）。しかし、二〇世紀に関する橋本の議論で用いられているのは、戦後の一時期に完成体に達したかに見える、ある特殊な「福祉国家」像であるように思われる。それは、国家が国民の完全雇用と普遍的生活保障、平等な機会の保障に独占的かつ十分に責任を持つ体制、というきわめて限定された意味での「福祉国家」である（これを「狭義の福祉国家」と呼んでおく）。

確かに「狭義の福祉国家」は、二〇世紀後半期に広く先進諸国共通のものとして見出すことができるし、また、経済成長の頭打ちや財政的な理由などから、容易に維持できなくなっている点も疑いがない。しかしながら、前者の意味での福祉国家、すなわち「人々の生活の質の保障に積極的にかかわろうとする国家」は終焉してはいないし、まさに新自由主義的な社会構想をもその一部に含み込みながら、新しい展開を遂げていると見ることができる（「トリクルダウン」というレトリックを見よ）。

そうであるとするならば、狭義の福祉国家の衰退と見えるものを、広義の福祉国家の再編成と位置づけることもできるのではないだろうか。もしもそう捉えるならば、単線的で宿命的な変動像（福祉国家から新自由主義国家へ）ではなく、国や社会の状況によってまったく異なる軌道をたどる福祉国家の再編成過程（福祉レジームの変容）として、近年の変化を位置づけ直すことができるはずである。

もちろん、「福祉多元主義」「福祉レジーム」を今後あるべき方向という規範概念として用いよといいたいわけではない。「福祉多元主義」には「ネオリベラリズムの亜種とみなすか、それともこれに対抗するものとして位置づけるか、という問題があ」り、「(a) 結果としての所得不平等を容認すると同時に、(b) 公的サービスの提供に貨幣原理や選択原理を導入しようとするものであ[7]」るがゆえに、原理的には新自由主義と親和性を持っているのは確かだから、この概念を規範化するのは危うさを持っている。

そうではなくて、福祉の提供主体の多元化のような変動を長い時間的射程で捉えるには、「福祉多元主義」「福祉レジーム」の視点が有益だろう、ということである。「国民の完全雇用と普遍的生活保障、平等な機会の保障に独占的かつ十分に責任を持つ国家」という第二次大戦後の一時期の理想（かつてはそれへの収斂論があった）を分析の概念として用いるならば、その理想からの距離という形でしか現代の変容を記述できなくなってしまうし、第二次大戦以前はその前史という位置づけしかできなくなってしまう。それに対して、「福祉多元主義」「福祉レジーム」の視点をとれば、多様な歴史的時期を含み込み、多様なアクターの消長を客観的に認識・記述できることになる。

もちろん、レジームの違いを超えて、新自由主義的なイデオロギーによる世界の制覇が進み、（広義の）福祉国家的なものはあまねく消失していくというふうなシナリオは考えられる。グローバル資本主義が世界を一元化していき、そこでは「底辺への競争」があまねく広がる、というふうな世界像である。だが、下平好博がいうように、それはたくさんあるシナリオの一つにすぎない。「①グローバル化の影響から市民を守るため、その影響を吸収するバッファーとして、福祉国家の果たす役割が今後ますます重要になる」「②グローバル化を契機に、先進国の競争相手となる中進国や途上国において、〈ソーシャル・セーフティネット〉を整備する動きが強まる」ことを重視する議論もあるのである[8]。

もしも福祉国家が縮小・解体へと一元的に収斂してはいかないとすると、歴史的経路と、現代の選択肢に対する政治的選択とが、それぞれの国の未来を決めていくことになる。大きな歴史的変容を考えようとする研究においては、そうした分岐もしくは多様性を考慮に入れること、すなわち各国史の考察が重要性を持つことになる。現在の福祉国家は多元性と未確定性を持っているからである。

いずれにせよ、「福祉多元主義」「福祉レジーム」論の視点を活かして、（狭義の）福祉国家の衰退論ではない把握の仕方が必要だと私は考える。

労働／雇用を組み込んだ視点が必要

もう一つ、橋本の議論に欠けているのが、労働や雇用のような経済次元と福祉国家との関わりへの視点である。橋本が挙げているのは憲法体制にせよ社会主義にせよ、政治や体制の要因であって、経済構造が福祉国家の形成や再編に与えてきたインパクトが軽視されている。だが、エスピン－アンデルセンの議論のように、二〇世紀の福祉国家の形成を、資本主義の広がりによる労働力の商品化の進展に対する国家による脱商品化の動きとして捉えるとすれば、経済構造、とくに労働／雇用との関係を抜きに福祉国家を論じられないことになるはずである。労働／雇用との関係を視野に入れることで、一つには、経済構造からのインパクトを、先進諸国に共通な時代的変容として捉えることができる。人的資本形成の装置として教育が経済との結びつきを深めたのは、第二次大戦後のことである。教育機会の拡大と産業化の進展は、労働力の商品化を社会各層に拡大するとともに、教育制度がその商品生産のパフォーマンスに重要な役割を果たすという事態をもたらした。それゆえ、教育―労働／雇用―福祉のトライアングルが形成されることになった。

実際、第二次大戦後の福祉国家においては共通に、雇用の拡大と機会の拡大という政労使の「合意」が存在した。経済的ナショナリズムである。

二〇世紀の第3四半世紀における人々の生活を保証するものとして繁栄・安全・機会の三つの原則を一体化したことに、経済的ナショナリズムの独自性がある。……この三つの原則を結びつけていたのは、国家は繁栄と安全と機会を提供する力を有するとともに、そうすることが国家の責務でもある、という考え方である。そして、この考え方を支えていたのは、完全雇用による経済的安定と教育・社会福祉・職業移動を通じた機会の提供こそ、経済成長と収益を達成する最も効率的な方法だ、という国家と大企業の認識であった。(9)

この文脈でいうと、狭義の福祉国家は雇用と教育との特殊な関連によって支えられていたことになる。経済成長が生み出す完全雇用と、拡大によって平等化が企図された教育機会との組み合せである。それが国家による再分配や公的サービスの拡大を可能にした。「特殊な」と書いたのは、国民国家の大きな自律性と、高い経済成長や平等化を志向する政策イデオロギーの広がりなどを、先進諸国が共通に経験していた、という時代制約性である。

　ところが、一九八〇年代以降は、この組み合せが変容した。経済の低成長化、知識経済の勃興、グローバル資本主義による国民国家の政策の制約などが、労働／雇用の量や質を変えた。それが、福祉を提供するべき国家の財政（税収）にも教育にも大きな影響を与えた。労働／雇用の変容が福祉や教育の再編成をめぐる葛藤の根底にあることを見落とすわけにはいかない。こうした事態に対して、ハルゼーらは新自由主義的な「新しい合意」が形成されてきたこと、そして同時に、それが多様な葛藤を生み出していることを指摘している[10]。それもまた、基本的には、多くの先進国に共通する動向であるといえる。

　労働／雇用との関係を視野に入れることで、もう一つには、福祉や教育の国家間の差異を経済次元との関連から説明できることになる。たとえば、日本では、第二次大戦後の民主化のなかで、労働組合の運動が職員と工員との区別をつけない形の運動を展開し、高度成長期にはブルーカラーも長期雇用と企業福祉を享受する、いわゆる日本的雇用システムが作られた。国家による給付やサービス提供の拡大は抑制され、結果的に、企業と家族が福祉提供の重要な部分を占める福祉国家が形成された。そこでは、教育が、制度化された長期トラックのどの入口に配分されるかを決める競争の場として機能することになった。日本のわれわれがいま直面しているのは、高度成長期に作られたこの固有な編成の揺らぎと、この固有な編成に由来する固有の対立構図のもとでの紛争である。

　日本に限らずどの国も、労働／雇用－福祉－教育を固有の関係で構造化した。それゆえそれぞれが固有の危機を経験し、固有の対立構図や争点の葛藤を経験している、と考えることができる。

　このように見てくると、橋本論文のように福祉と教育との関係をダイレクトに結びつけるのではなく、労働／雇用を入れた三者の関係を捉える視点が必要になってくるのではないだろうか。

福祉国家と教育との順接的関係と対立的関係

ここまで、福祉国家と教育との関係についてはは十分触れずにきた。しかしながら、福祉国家の形成や再編の過程に対して、教育はどういう役割や機能を持ってきた／持ちうるのだろうか。福祉国家（福祉レジーム）が多様でありうるとすると、教育はそのなかにどう位置づくことになるのだろうか。研究の視点のうえでも、実際的にも、考えてみなければならない問題である。

橋本が論文中で注意深く指摘しているように、福祉国家と教育との関係は、順接的あるいは相補的な側面と対立的な側面との両面を観察することができる。教育は、「福祉国家的施策の一環」とも見なせるし、「福祉国家的平等原則」と敵対するものと見ることもできる（本書13頁）。

福祉国家と教育の順接的あるいは相補的な側面について、橋本は、次の四点を挙げている（本書22頁）。

（1）人生の初発時点での格差是正のための装置としての教育
（2）公的な「給付」の一環としての教育
（3）福祉諸施策の目的達成の手段としての教育
（4）福祉諸施策を支える理論形成と専門職者の養成

しかしながら、福祉国家と教育との関係は（1）～（4）で尽きているのか。また、（1）～（4）の相互の関連も不明確である。

もう一つ、対立的な側面をどう考えるのかも重要である。橋本は教育費の削減やエリート教育の例を挙げているが、無条件の福祉供給にかわって職業訓練の受講などを義務づけるワークフェアとか、学校選択制やバウチャーの導入などをどう考えるのかなど、考えてみるべきことは多い。いや、もっと根本的に、福祉の提供と教育機会の提供がトレードオフの関係であるような主張も検討が必要である。

ホーケンマイヤーらの実証研究では、「福祉と教育のトレードオフはある」という結論が示されている。[11] 彼らはエスピン–アンデルセンの三類型論によりながら、ＯＥＣＤ加盟国一八カ国のデータ（一九六〇〜一九九〇年）で重回帰分析をおこない、①自由主義レジームの国（日本はここに分類されている）は教育への支出が多く、福祉の支出が少ない、②保守主義レジームの国は福祉の支出が多く、教育への支出が少ない、③社会民主主義レジームの国は、両者の中間に位置づく、という結果を示している。また、自由主義レジームの国は、中等教育段階での普通教育の割合が大きく、他の二つは職業教育の比重が高い、という点も指摘している。自由主義レジームの国では十分な量の教育を提供するかわりに、福祉は残余的なものになりがちだということ、逆に保守主義の国では手厚い福祉が提供されるかわりに教育への支出は抑えられている、ということである。

ホーケンマイヤーらの考察は、かなり単純なモデルと前提に基づくものなので、「福祉と教育のトレードオフ」を納得させるには不十分である。また、彼らの研究以降、一九九〇年代以降は多くのＯＥＣＤ諸国で高等教育の拡充（財政投入の拡大）がなされたことも考えないといけない。しかし、少なくとも、教育と福祉の関係はかなり微妙なものがありそうである。

なぜ福祉国家と教育との関係が微妙なのだろうか。教育が福祉国家に対して果たす役割・機能が、両面性を持っているからだと考えることができないだろうか。すなわち、教育の機能には、福祉国家を支える側面と、福祉国家を弱める側面とがある、というふうに。

次節では、「商品化／脱商品化」の観点から、教育が持つ機能の多様性という観点から整理して、何がどう福祉国家をめぐる政治的葛藤につながっているのかを考えてみたい。

教育が果たす機能の両面性

考えてみれば、教育は、①労働力の商品化、②労働力の脱商品化、の両側面に関わっている。

まず、教育は労働力の商品化と関わっている。労働力として商品化される主体の生産の機能を教育が果たす。人的資本論の枠組みでは、教育は、一般的な能力や専門的な知識・技能を付与することで、人の労働生産性を高める。教育を受けるということは、労働市場に出ていく個人の市場能力を高めることを意味している[12]。学校は、共同体や家族に包摂されていた子どもを「能力を高めるべき個人」として扱い、競争と評価の対象とする。この側面から見ると、教育システムが生み出すのは、市場能力に差異をつけられた、商品としての労働力である。社会の連帯を破壊し、人びとの集合的な行動を困難にし、業績主義（≒能力主義）の原理によって、教育を十分に受けなかった（受けられなかった）者が低賃金や失業に甘んじることを、教育は正当化する役割を果たす。なお、教育がもしもこの労働力形成にのみ役割を特化すると、教育が単なる職業訓練の手段として編成される「職業教育主義 vocationalism」[13]を生み出す。

しかしながら、労働力商品を形成するという教育の機能は、福祉国家にとってマイナスばかりではない。一つには、福祉国家における再分配（給付や公的サービス）の原資を生み出すのが教育（を通した高度な知識や技能を持った個人の労働）だからである。教育の高度化が新たな雇用を生む独立変数になりうるかどうかは論争的な課題である（エンプロイアビリティ論）けれども[14]、近年は、どのレジームにおいても、教育により積極的な政策を打ち出すことで、経済的なパフォーマンスを高めようとしている。

もう一つには、職業達成の機会の不平等の是正と結びついた「教育機会の平等」という理念自体は、もしも「条件や環境の不平等の緩和」を目指すものと解釈されるならば、困難な層への再分配やサービス供給を根拠づけるものとなる。教育機会の不平等の是正をつきつめて進めようとすると、単に提供する教育サービスの形式的平等化にとどまらず、貧富の差や文化資本の差を緩和するための措置をも要求することになるからである。「機会の平等」の解釈をめぐる対立は、福祉国家をめぐる政治とこの面でつながっている。

ここまでは、教育が労働力の商品化に関わっているという面を論じた。しかしながら、教育はもう一方で、脱商品化する主体の生産として機能していると見ることができる。

具体的には、第一に、教育－学習を通して学ばれるものが、コミュニケーションの道具となったり、文化享受の基礎となったりして個人の生の意味を作り出す。なにげない会話の内容や、趣味やレジャーは、気づかれにくいが教育を通して学ばれたものが基礎になっている（江戸時代展を見にいくとか海外旅行をするとか）。「お金を稼ぐ」という活動だけでは、人間の生の意味は充足されない。個人の生きがいや理想は、普通、教育を通して学習された言語や観念を通して構築される。商品化に抗う個人を作り出す作用である。

第二に、他者との交流や社会理解を通して、社会の能動的形成者、社会連帯を生み出す。職業の場面以外の多様な関わりを他者との間に持つ個人――住民・国民・市民――が、教育によって生み出されるのである。公教育の使命として国民ないしは市民形成が強調されてきた歴史は、まさに社会の連帯を作り出す役割が教育に対して期待されてきた歴史を示している。

ただし、そこにはいくつかの方向（選択肢）がある。まず、共同体的一体化を志向する連帯、価値の多元性や多様性を含み込んだ連帯、という分かれ道がある。ナショナリズムやローカリズムを教育の理念に掲げるか、多文化共生や脱ナショナリズムを教育が目指すべきとするか、そこには対立がある。

さらに後者に関しては、多文化主義による社会の分断・棲み分けという道と、文化的差異を非本質的なものとし、価値観や文化の異なる他者を民主社会の資源と見なす多元主義的統合という道の、分かれ道がある。

福祉国家のこれまでがどうだったのか／これからがどうなるのか、言い換えると、それぞれの社会の連帯や相互扶助の制度や実践がどういう形態をとるのかは、教育を通して形成される個人が、どういう社会連帯のあり方を望むのかによって決まるだろう。政策の選択や選挙や運動や批判など、人びとの活動を通して選択されていくわけである。今後についていえば、福祉国家を見捨てる選択も、再創造していく選択も、ともに可能である。メンバーシップの範囲や、相互の権利義務をどう設定するかについても、人びとの選択にかかっている。

このように、教育は矛盾した多面的な機能を併せ持っている。また、教育によって人びとが思い描くことになる社会構想は多様である。だから、教育は、福祉国家再編をめぐる政治の重要なアリーナになる。教育が孕む商品化と脱商品化の二面性の間での葛藤がありうる（職業教育重視と普通教育重視など）。社会連帯のさまざまな構想のなかから特定のものを至上のものとして教え込もうとすることをめぐる葛藤がある（自己責任論の強調やナショナリズムの称揚など）。社会連帯のさまざまな構想への批判能力を形成することをめぐる葛藤もある（シティズンシップ教育や道徳教育をめぐる対立など）。このように、教育のあり方をめぐる多様な葛藤が、福祉国家をめぐる政治の一環として展開されていると見ることができる。

また、それとは別に、人生の機会の構造を教育機会が大きく左右するようになった現代においては、教育制度の設計もまた、福祉国家の再編をめぐる政治の一環となっている。誰にどうチャンスが割り当てられるべきかをめぐる対立である（学校選択制やバウチャー制の是非、学校やコースの種別化の是非、アファーマティブ・アクションや奨学金政策の是非など）。

おわりに

二〇～二一世紀における（狭義の）福祉国家形成－再編の政治では、教育がそのアリーナの一つとして存在してきた。現代の教育改革の主要なトピックも、さまざまな形で福祉国家再編の政治と結びついている。それゆえ、教育システムの再編成がそれぞれの国や地域においてどういう葛藤を生んできた（いる）のかは、福祉国家再編の政治がどういう歴史的文脈と社会的条件のもとで展開しているのかという点と密接に関わっている。逆にいうと、二〇世紀後半～二一世紀初頭の教育システムの変容の問題は、労働／雇用を含めた福祉レジームの歴史的展開のなかに位置づけ直して整理される必要があるだろう。

注

（1）藤村正之「福祉国家・福祉社会の社会学的文脈――その再検討の構図」三重野卓編『福祉国家の社会学』東信堂、二〇〇一年。
（2）Arnold J. Heidenheimer, “Education and Social Security Entitlement in Europe and America,” in Peter Flora and Arnold J. Heidenheimer eds., *The Development of Welfare States in Europe and America*, New Brunswick / London, Transaction Books, 1981.
（3）G・エスピン－アンデルセン（岡沢憲芙・宮本太郎訳）『福祉資本主義の三つの世界――比較福祉国家の理論と動態』ミネルヴァ書房、二〇〇一年。

（4）下平好博「グローバル化と「雇用レジーム」」三重野編『福祉国家の社会学』、一四四、一四五～一四六頁。
（5）三重野卓「グローバル化・共生・福祉社会」下平好博・三重野卓編著『グローバル化のなかの福祉社会』ミネルヴァ書房、二〇〇九年。
（6）田中拓道「現代福祉国家論の再検討」『思想』第一〇一二号、岩波書店、二〇〇八年。
（7）橋本努『帝国の条件』弘文堂、二〇〇七年、一五三～一五四頁。
（8）下平好博「グローバリゼーション論争と福祉国家・福祉社会」下平・三重編著『グローバル化のなかの福祉社会』、一四頁。
（9）A・H・ハルゼー他（住田正樹他編訳）「序論――教育と社会の変容」A・H・ハルゼー他編『教育社会学――第三のソリューション』九州大学出版会、二〇〇五年、二～三頁。
（10）同前。
（11）Karl G. Hokenmaier, "Social Security vs. Educational Opportunity in Advanced Industrial Societies: Is There a Trade-off ?", *American Journal of Political Science*, 42 (2), 1998; Gunther M. Hega and Karl G. Hokenmaier, "The Welfare State and Education: A Comparison of Social and Educational Policy in Advanced Industrial Societies", *German Policy Studies / Politikfeldanalyse*, 2 (1), 2002.
（12）A・ギデンズ（市川統洋訳）『先進社会の階層構造』みすず書房、一九七七年。
（13）広田照幸「学校の役割を再考する」神野直彦・宮本太郎編『自壊社会からの脱出』岩波書店、二〇一一年。
（14）Phillip Brown, Anthony Hesketh and Sara Williams, *The Mismanagement of Talent: Employability and Jobs in the Knowledge Economy*, Oxford University Press, 2004.

討論のまとめ【福祉国家・社会主義・新自由主義】

はじめに

ここでは「福祉国家」という概念で分析しうる内容の射程を確認しつつ、主に、福祉と教育の結節点に生成する「労働」や教育によって構築される「連帯」について語られた議論の一端を紹介する。とくに、生存保障実践である福祉の一部、あるいは福祉の一段階として「教育」が浮かび上がってくるのではないかと考える議論の展開を示すことに重点を置く。

加えて、一方で明示的に論じられることがほとんどなくなった「社会主義」と、他方で理論図式を単純化しすぎるきらいのある「新自由主義」について出された見解を整理し、今後、教育社会史や教育社会学、ひいては教育の理論研究に期待される課題を提示したい。

「福祉国家」という理論枠組

「福祉国家と教育の関係」を考えるためには、福祉国家再編の一局面として教育システムが構築されてきた／いる歴史的文脈や社会的条件を視野に入れた研究を蓄積していく必要がある。その際、完全雇用による社会保障を前提とした戦後の一政治形態を「福祉国家」と想定する分析枠組みは、議論の射程を狭くするのではないか。とりわけ二〇～二一世紀の教育システムの変容については、限定された「福祉国家」像との関係を問うのではなく、労働／雇用という視角を含む「福祉レジーム」（エスピン－アンデルセン）などの分析枠組みを通して整理していく必要があるだろう、という問題提起が広田からなされた。

　対して橋本からは、積極的に論じることのなくなった社会主義を、「福祉と教育」の議論に入れ込む必要が指摘された。それぞれの地域における歴史的文脈や経路に依存して構築される「福祉と教育」の構造を究明する際、社会主義という思想や実践、あるいは国際化という流動性を入れて考えてみると「福祉国家」はどう見えてくるのか、「福祉と教育」の関係はどう組み立てることが可能なのか、という問いが出され、議論が進められた。さらに、新自由主義的なイデオロギーの構成が進んでくるなかで、国家による介入を社会主義や全体主義と結びつける形で批判する言説が興隆していることへの憂慮が橋本から示された。国家による福祉政策を国家介入として批判する「新自由主義」的立場が、いかに事実の誤認であるかについて、橋本は、ヨーロッパの現代史家であるトニー・ジャットの言葉を紹介しつつ次のように指摘した。つまり、「保守主義者も左翼も、ともに国家が手を入れなければ社会がもたないと考えて動かしていたのが福祉国家システムであって、それを左翼に結びつけて理解するのは不当」であり、「全体主義論を持ち出して福祉を攻撃するのは極めてミスマッチな議論」だということである。国家によるなんらかの介入を通じて人びとの生活が組織され、人びとの生活が変容する。そこには、時代や地域を超えて共通する変化が生み出されており、それは、左翼か右翼かとか、社会主義か自由主義かということとは、異なる次元の事柄ではないかということであった。

　こうして「福祉と教育」のつながりの多様性を捉える場合、単数の福祉国家を想定することは議論の射程を狭くしてしまうのではないかという問いから始まった当セッションでは、全体主義批判の文脈で国家の責任や役割を否定的に捉える新自由主義的言説への注意が喚起されるなかで、あらためて国家という枠組みの有用性やその意義を考えてみる必要が意識された。現在起きている国際的な福祉政策の変容を「福祉国家から新自由主義へ」という単線的な移行として描くことはなくとも、福祉がどのように人びとの生活に根づいてきたのかを考える場合、国家というアクターを外すことはできないということである。それと同時に、労働という切り口から福祉レジームあるいは福祉国家についての考察を深めようとする議論も、次のように展開された。

「労働」の射程

分析枠組みを「福祉国家」とするか「福祉レジーム」とするかが問題なのではない。むしろ、類型化された福祉レジーム論をもとに、現在にいたるまでの福祉国家の形成のプロセスを教育と絡めながら描き直す作業が必要ではないかという意見が出された。その際、「授産」（＝生業の付与）という言葉がキーワードとして示された。仕事を与え、働くことによる生存保障である「授産」が構想されるときに現われてくる「教育」がある。それを捕捉することが、「福祉と教育」についての考察を深めるのではないか、という問題提起であった。

たとえば、働いていない貧民がいる。放っておいたら死ぬかもしれない。このままにして死なせるわけにはいかない。最初は、施しを与え、現物を給付するやり方で助ける。でも途中で、仕事を与えるというやり方が出てくる。仕事を与えるということは、自動的に最低限の職業訓練に結びつく。それが平時からの職業訓練や、労働から離れた教育を与えることにつながっていく。このように「福祉と教育」が不可分に生成してくる地平として「労働」を捉えることの重要性が指摘された。

おそらく二〇世紀にいたるまでには、社会秩序の観点から貧民をどこかに隔離し、強制労働のような意味で働かせていた段階から、貧民を区分けする技術や姿勢が定着し、学校に回すか、生業を付与するか、病院に送るかといった選別を常態とする段階に移行した社会がいくつか存在するだろう。こうした議論は、貧しい人間の処遇を、単なる生存保障から教育による能力増進に分岐させていく各地域の具体的な状況を把握する必要性を確認させた。と同時に、雇用システムと生存保障システムのマッチングを分類した福祉レジーム概念の有効性が、あらためて浮き彫りになった。

資本主義の展開

労働を「福祉と教育」を読み解く重要な視角と位置づけていく議論のなかで、労働および労働市場の変容も重要な論点となった。資本主義が深化し賃労働の契約だけが生存を保障する状態を完全に「商品化された」（アンデルセン）社会だとすれば、それは歴史的に新しい形態であり、また特定の地域に構成されたシステムにすぎない。

たとえば、江戸時代は家制度で子どもの世話をしていたし、イスラム地域では伝統的な庇護施設の仕組みが連綿と続いている。こうして相互扶助による生存保障が機能していた／いる社会がある。ただし、資本主義が個をむき出しにし、働けない人は食わせない、失業した人は誰も面倒を見ないという状況になったときには、国が重要な保証アクターにならざるをえなくなる。古いネットワークや庇護の仕組みが資本主義によってどんどん失われていった後に、国が福祉の担い手として登場してくるのではないかということが論じられた。

加えて、一定の読み書き能力が必要とか、今度は読み書き能力プラス・アルファがないと雇用されないとか、労働市場の変容が教育内容を規定していく側面がある。つまり、いまや、明治初期のように「授産」で仕事を与えたらそれでやっていけるということとは随分違う資本主義社会になっている。学校で基本的なものを学ぶ時代が到来する背景には、労働そのものの変容が影響していることが確認される。就労の前提としての就学が一般化していく局面、就労と就学の接合点がいったいどこにあるかについて、各地域におけるモノグラフが書かれていく必要があることが議論によって明らかになった。

また、一九九〇年代の教育改革を「人的資源論のサプライサイドエコノミクス」とする見方も紹介された。それは、第三次産業が中心になった現在のような資本主義段階では、たとえばＩＴ産業のように新しいソフトを作って新規の仕事を創造する状況がある、つまり供給サイドである求職者が仕事そのものを創り出していくことがあるということである。教育への投資とは、既存の労働と結びつけられてなされるだけでなく、未来の労働力の存在可能性への投資となる状況があることの確認であった。

教育による「連帯」の創造

最後に、本セッションで繰り返し語られた〈教育と連帯〉を結びつける社会的連帯をめぐる議論について整理しておきたい。

福祉国家は「自由」だけでなく「平等」も扱ってきたが、個々人が私的な利権だけに閉じこもらないようにする「博愛」(連帯)にこそ、福祉の実現を志向する立場からは注意が向けられてよいのではないか。すなわち、人びとの同意なしに成立しないものが福祉国家であるならば、コミュニティの担い手を形成していく教育において、貧困問題や他者に対する配慮を公的な課題として引き受けていく契機を見出す必要があるだろうという意見が出された。こうして、コミュニティ形成の次元から「福祉と教育」を再考する作業の重要性が確認されつつ、連帯をめぐる議論が、大きく分けて二つの文脈でなされていった。

一つは、いま求められている連帯の論理が、はたして、利害の見えやすい小さなコミュニティで賄える課題なのかどうかという問題だった。連帯の必要性はもっと大規模かつ広範囲に及んでいる面があるのではないか。つまり、私たちがおこなっている経済活動の一つひとつが、たとえば原発のように世界規模で起こっている課題であり、ローカルに見えてもグローバルな連帯を必要とするテーマなのではないかということである。こうして広い範囲を覆う開かれた連帯の論理を何によって捉えていったらよいのか、あるいは自分たちの欲望を抑制しながら再組織化していく道筋をつける必要があるのではないか、ということがコミュニティ形成の課題として確認された。

コミュニティが一つの括りを保ちうるためには、ある程度の排他性と拘束性が必要であり、流動しないことや閉じていることがそこに安定性を付与していく。しかし、今後、より広い範囲を網羅する開かれたコミュニティの想定が必要ならば、従来の国民国家による連帯では不十分ということにもなろう。今後のコミュニティ構想には、配分ではなく教育という形でしか届かない連帯の範囲が生じてくるのかもしれない。

もう一つは、人びとにとっての民主主義をどう再構築するかという問題が出された。それはすなわち、政治学などでも議論されている「向かいのおばちゃん」や「町内のおじさん」と当為民主主義的な関係を結べるか、という懸念である。

誰かが制度や社会を設計し、残りのみんなが服従するというルールが所与の社会であれば、「社会連帯を教育で」という議論は必要ない。数パーセントの人だけが教育を受けて、議論すればいいことになる。しかし、少なくとも、いまの社会は、「みんなが教育を受けて、みんなで社会の未来を決めましょう」というルールが浸透しており、要するに、福祉にせよ教育にせよ、自分たちで設計して選択しなくてはならない。運命のように、ある社会連帯を受け入れるのではなく、社会連帯を選ぶしかない。すべての人に教育が必要とされる由縁でもある。個人の主体は多様であることを前提としつつも、ある生活空間で共存する連帯の意識を教育で作っていく必要があるのではないか。以上のような議論が展開され、「福祉と教育」のつながりが強く意識されたセッションとなった。

おわりに

議論を経て、次の二点について考えさせられた。一つは、福祉・教育・労働の重なりを検討するなかで、昨今の福祉受給者批判をどう捉えるかが気になった。ワークフェアというかけ声のもとで、「勤勉」な労働者が「怠惰」な福祉受給者から搾取されているというバックラッシュが「ふつうの語り口」になって久しい。しかし、人は働くことで、あるいは教育を受けることで幸せを目指すことができるという「授産」の思想と、働かない者を悪と見なしできるだけ働かせようとする「自助」の思想の境目は、思いのほか見えづらい。ここに連帯の組み難さの一端があるように感じた。

二つ目には、弱い紐帯によるコミュニティを教育によって生成していくというイメージの難しさが印象に残った。境界のある領土を持たないコミュニティは、何を求心力として連帯できるのだろうか。他者の痛みを共有する倫理的な規範でさえも、固定された価値観として拒否されうる。にもかかわらず、教育によって民主主義を学び、教育によって連帯が形作られることが期待されている。教育の原理研究に俟たれている課題の重さを痛感した。

（塩崎美穂）

参考文献

トニー・ジャット（森本醇訳）『荒廃する世界のなかでこれからの「社会民主主義」を語ろう』みすず書房、二〇一〇年。

トニー・ジャット（森本醇訳）『ヨーロッパ戦後史（上）一九四五―一九七一／（下）一九七一―二〇〇五』みすず書房、二〇〇八年。

森建資『雇用関係の生成――イギリス労働政策史序説』木鐸社、一九八八年。

仁平典宏・山下順子『労働再審五　ケア・協働・アンペイドワーク』大月書店、二〇一一年。

マーク・オルセン（田原宏人訳）「新自由主義・グローバル化・民主主義――教育の課題」ヒュー・ローダー／フィリップ・ブラウン／ジョアンヌ・ディラボー／A・H・ハルゼー編（広田照幸・吉田文・本田由紀編訳）『グローバル化・社会変動と教育』東京大学出版会、二〇一二年。

第Ⅲ部

討議

1 二〇世紀福祉レジームの形成と教育をめぐる諸問題
――日本の経験に即して

森　直人

はじめに

本書第Ⅰ部・橋本提議が論じる「福祉国家」は二重写しになっている。なによりもまずそれは二〇世紀前半までに福祉資本主義の世界に兆し、中葉には明瞭に出現、第二次世界大戦後の経済成長のもと形成され、七〇年代以降現在にいたるまで再編の渦中にある特定の国家のあり方としてのそれである。しかしその向こう側には、一八世紀まで射程をのばし、カウフマンの言葉を借りて「人々の生活の質の保障に積極的にかかわろうとする」介入的国家として規定されるそれがある。

本章はまずこの二重写しの問題意識の来歴を、第Ⅰ部の著者自身によるそれとは異なる理路に基づき整理する。「教育社会（Education-based Society）」への編制過程の比較史から「世界史的な同時性」に照準した歴史叙述へと展開する流れを引き継ぐものとしてこれを整理する本章は、その問題提起を二〇世紀福祉レジームの形成プロセスを分析する図式に「教育」という構成要素を明示的に挿入する試論として引き取る。それは〈社会的〉な実践（福祉）と〈教育的〉な実践（教育）の分節化それ自体の揺らぎを視野に収めつつ、その布置の形成と変容のプロセスを問うものとなる。

そうした探究が照準すべき問題群の所在をいくつか浮かび上がらせたうえで、その分析視角のもとに二〇世紀日本の経験を位置づけ、既存の研究蓄積を参照しつつ議論を敷衍する。この作業は本書第Ⅱ部「福祉国家／社会国家への転轍」と「福祉国家・社会主義・新自由主義」との間を日本の経験に即した素描を通じて架橋しようとする試みでもある。

だが本章の論脈は「世界史的な同時性」から出立しながら、その議論を福祉レジーム論に接続させたことにより、再び個別国家単位の歴史＝問題把握へと閉じていく志向を帯びることにもなろう。最後にこの点に触れて、最低限の指摘にはとどまるだろうが、各国史の追究とその世界史的な同時性への不断の再投入をはかる意義を確認するために、若干の論点を提示する。

〈構造〉〈実践─主体〉〈機能〉――『叢書』前期

『叢書・比較教育社会史』（全七巻）[1]は、二〇〇二年に誕生した日本の「比較教育社会史」研究ネットワーク一〇年間の結実であり、第Ⅰ部橋本提議はそこでの問題構制の軌跡を引き取りつつ、さらなる展開／転回を可能にする鳥瞰図を作成しようとする試みである。本書の議論全体の構図を見通す視点を得るために、まずは『叢書』一〇年間の展開を跡づけ[2]、本章が射程に置く問題群の所在を明らかにする。

『叢書』初発の時点で教育社会史研究の問題系は二つあった。一つは「ブルデューらの再生産論の影響下で展開された、階層化された近代社会の編成とその再生産の場としての学校の機能をめぐる論点」に焦点を置く問題系である。[3] だが『叢書』はもう一方の問題系、すなわち「近代社会における国民国家の形成・展開と学校教育との抜き差しならぬ深い関係をとらえようとする志向」を選択した。[4]「国民国家」とあらためて銘打たずとも、焦点は国民国家を問う磁場にあった。身分秩序が織りなすミクロコスモスを否定して形成される国民国家との関係のもとに展開した「教育の制度化」が、均質性を仮構された国民を創出し、身分制にかわる近代的階層制社会への再編・移行をもたらし、ミクロコスモスから解放された身体／ジェンダー秩序を回収するプロセスを問い返す。[5] 近代という過渡期を通じて教育システムを自らの更新（存続と変容）を可能にする不可欠の基底として埋め込んだ「教育社会」へと編制されていく諸相を、「教育の制度化」の時代として描出する。『叢書』に先立つミュラーらが「教育の制度化」がもたらす教育の〈構造〉とその〈機能〉の問題に重心があったのに対し、[6]『叢書』の分析視角はマクロな〈構造〉を見据えつつ、そこには還元しつくせない〈実践－主体〉のミクロな位相へと傾斜した。

「教育の制度化」は物理的にも象徴的にも空間（国境）、文化（言語）、人びと（民族・階級・ジェンダー）の間を走るさまざまな〈境界線〉を新たに引き直す実践の構造化である。〈境界〉をめぐって惹起される亀裂・摩擦・軋轢が潜在／顕在し、利害と葛藤が渦巻く場として学校教育が成立する。結果としてもたらされる教育の〈構造〉への問いを第一義に据えつつ、同時にそうした「せめぎあい」が織りなす場面そのものに定位し、「統合と排除」「支配と従属」といった「二項対立的図式」からこぼれ落ちるものを掬い上げ、必ずしも「国家という装置に収斂していかない」重層的な諸相を描出しようとする志向を強く有した。[7] いわば〈構造〉の形成過程への〈実践－主体〉の契機の導入と、そのことによる微視的叙述への踏みとどまりである。「教育の制度化」の〈境界〉を引き直す実践に不可避に伏在する「隙間や亀裂、矛盾、対立など、創造的な解釈と利用の余地」にあって[8]、自発的・戦略的に振る舞う人びとにおける「教育の制度化」の根源的な暴力性への抵抗・葛藤・妥協・順応、あるいは「教育の制度化」が解放する近代的価値や生活機会へと投企する欲望・希求・戦略といったものを詳細に描き出すことは、結果として教育の供給が必ずしも国家独占へと一元的に収斂するものではなく、多様な〈主体〉からなる複合体の絶えざる再編成を通じて提供され続けた過程として捉え直す歴史像へとつながる。

その蓄積は教育の〈構造〉の形成過程を〈実践－主体〉との関連で叙述することに成功してきたといえるが、他方で〈機能〉を問う視点に弱さもあった[9]。いま〈構造〉〈実践－主体〉〈機能〉の三角形を描いてみれば、ミュラーら編ともあわせて、〈実践－主体〉と〈機能〉とを結ぶところに想定されうる問題群は十分掘り下げられることのないままであることに気づく。教育と福祉とを供給する複合的な〈実践－主体〉のありようを、両者の〈機能〉に見られる相補性／対立性の両義的側面に留意しつつ把握しようとする橋本提議の問題意識を、この図式上に位置づけることもできよう。

同時性、先進／後進性、異質性（経路依存性）
――『叢書』後期から橋本提議へ

国民国家という問題設定はあくまで〈境界〉の内側を問うものであった。しかし〈境界〉が画されるとき内／外は同時に構成される。したがって要請されるのは〈境界〉の内側の問題を外側との相関性のもとで把握し問題化する視点である。「近現代の教育史を国民国家論的次元でのみとらえることの制約が痛感されたところから出発」した『帝国と学校』を契機として、『叢書』の問題構制は「世界史的な同時性」に照準した叙述を志向する新たな局面へと移行する。[10]

「教育の制度化」を「列強による共同のプロジェクト」と見なす問題意識の鍵は「同時性／同時代性」である。[11]それは同時に「世界史的な同時性」の下位次元としての差異を先進／後進性として把握する視点ももたらす。大枠としての同時性の地平において「教育の制度化」が生起するタイミングと進展スピードの違いが、変動の環境条件の差異をもたらし、制度化の帰結に異質性・多様性をもたらす。「同時性」認識を契機として、グローバル化と経路依存性の問題とを同じ事象のコロラリーとして検討可能にする枠組みが用意される。『女性と高等教育』も「ジェンダーの比較教育社会史」に向けた橋頭堡である以上に、高等教育機会拡張のグローバルな同時性に焦点化したものである。また、『識字と読書』とあわせて、いずれも〈実践－主体〉の問題系を強く意識した叙述にもなっている。グローバル化と経路依存性、そこで形成された教育の〈構造〉を必ずしも国家の一元的な「支配」のもとに収斂するのではない、多様で錯綜した〈実践－主体〉の複合体として叙述する方法。その蓄積のうえに橋本提議はある。

橋本提議が「人々の生活の質の保障に積極的にかかわろうとする国家」という規定のもとに「福祉国家」の概念系を補助線として利用する視角は、「国民国家」論的関心から出立し「グローバルな同時性」に着眼する「帝国」論を経由して到達した地平にある。それはいままさにグローバルな同時性のもとで新自由主義のインパクトが「福祉国家」の再編を進展させる現状から問題意識を備給されつつ、以上に見た研究内在的な展開の延長上に設定されたものである。そこに込められた「広義の福祉概念が内包する教育的契機にも注目」する視点（本書12頁）は同時に、「福祉」と「教育」――と分節可能と仮定して――を担う〈実践－主体〉の次元に照準することによって、特定の実践や働きかけがどのような〈機能〉を果たしているかを俎上に載せるための設定でもある。「福祉の複合体」論への参照から教育（の制度化）もまた国家による一元的な独占ではなく多様なエージェントの複合的関係により展開してきた経緯に留意しつつ、どのように制度化されるかという〈構造〉の次元とは異なる位相で〈機能〉を問う、そういう問題設定がここにはある。橋本提議が指摘する「人生初発の格差是正／給付の一環／福祉施策の目的達成の手段」としての「教育」という前提視点（本書22頁）は、「福祉」と「教育」が〈実践〉や〈機能〉の面では相互浸透／相互媒介的な性質を有することへの注意を喚起する。

当初から意図された展開というよりは、軌跡を後からたどればそう見えるというほどの図柄を描いたにすぎないかもしれないが、それでもここから第Ⅱ部の議論を俯瞰すると、その論点は以下に整理される。「遠い淵源」と「ナショナリズム・世俗化・リベラリズム」では、近世国家から一八世紀国家、国民国家、帝国へといった介入主義的国家の転態に見られる同時性とその下位区分としての先進／後進性（構想・アイディアとしては存在しても制度化のタイミングが遅れるなど）、それゆえに帰結する〈構造〉の差異が議論の焦点となっている。他方、「福祉国家／社会国家への転轍」では、〈構造〉だけでなく〈機能〉における「福祉と教育の接合と差異化」、あるいは社会的実践と教育的実践の混淆と差異化（「社会的教育」「社会問題に対応する教育」「教育福祉官」）の問題に議論の焦点がある。さらに「福祉国家・社会主義・新自由主義」においては、「福祉国家の失敗／揺らぎ」という認識から教育を通じた「連帯する主体（の形成）」という課題を逆照射していると見てよいだろう。

しかしながら、こうして見ると議論全体の構図から、まさに「福祉国家と教育」という問題設定が二重写しになるプロセス、それこそ二〇世紀の第3・四半期までに福祉資本主義の世界に出現し、経済成長とともに展開したのち七〇年代以降現在にいたるまで再編の渦中にある、特定の時期の特定の国家形態としての「福祉国家」の形成そのものと教育との関連の問題が、実は十分検討の俎上に載せられていないように映る。

上に特定した意味での「福祉国家」を考察するにあたり、福祉レジーム論という新たなパラダイムをもたらした契機としてエスピン－アンデルセンの名を挙げることに異論の余地はないだろう。当初の「福祉国家レジーム」から「福祉レジーム」への用語の変遷のなかにすでに——国家に関心を限定するのではなく——国家と市場（とくに労働市場）と家族（コミュニティ）の相互関係として各レジームを理解すべきだとする含意がある。橋本提議の問題意識を二〇世紀の歴史叙述の課題として引き取ろうとする本章は、広田の提案にも沿って、「福祉国家」より「福祉レジーム」の語を採用することにしよう。

以下本章では、福祉レジーム形成の過程に「教育」という構成要素を明示的に組み込んだ叙述を試みようとした場合にどのような問題群が浮上するか、という論脈のもとに問題の所在を整序したい。それは「国家－市場－家族」が織りなす福祉レジームと「教育」とをいかに関連づけて理解しうるかという課題であると同時に、これも広田が指摘したように、橋本提議に欠けている労働／雇用の次元をそこに組み込み、「教育－労働／雇用－福祉のトライアングル」（本書240頁）がレジームとして——これを仮に教育＝福祉レジームと呼んでおく——、どのように接合しつつ配置されるかを検討するものである。

教育的／社会的実践の〈構造〉〈実践－主体〉〈機能〉

だが福祉レジーム論に立脚した国際比較には留意すべき陥穽がある。ヨーロッパの経験をもとに抽出されたレジーム類型に非ヨーロッパ諸国を位置づけようとする「パズル解き」は、不可避的に後者を「ハイブリッド」としてしか規定しえなくなる。[12] また当のヨーロッパ諸国においても「現実にはいずれかただ一つの次元で構成されている国家という純粋ケース」は存在せず「すべての国でシステムは混合化している」現実[13]を後景に退かせ、「脱商品化」スコアに基づいた尺度上に北欧を頂点とした一元的序列があるかのように擬制する。給付の包括性と普遍性を第一基準に置き、そこからの距離をもとに各国を序列評価する視線が仮構される。確かに脱商品化スコアそれ自体は量的一元的な基準ではある。だが、むしろ福祉レジーム論から引き継ぐべきは、福祉国家が歴史的展開のなかで資本制と密接な関係を結びつつ、その市場原理とどのような折り合いをつけたか、レジーム形成のプロセスに内在した論理と諸力のせめぎあいから帰結した質的差異の具体相を明らかにする視座である。そのような比較の作業を可能にする問題把握の地平をどのように設定できるか。

封建社会の転換から労働力の全面的な商品化をもたらした自由主義的近代へと続く長く大きな社会変動のもとで萌芽的な福祉国家への転態を促したのは、それまで生存を保障してきた後見関係から投げ出され溢れ出した無産の賃金労働者＝失業者の群れであった。こうした社会問題により危機に瀕した社会的統合を新たに再編し回復するため、「労働の自由」ゆえの困難（不安定性／従属性／社会的尊厳の欠如）に陥った大量の貧窮民を保護し包摂するための実践・技法と制度が編成されていく[14]。

それは大きく二つの問題領域の組み合わせとしてあった。一つは〈労働〉の問題領域、もう一つは〈扶助〉あるいは〈救済〉の問題領域である。前者は一九世紀自由主義がもたらした社会問題への対応として二〇世紀前半にかけて新たに整備されていく仕組みとなり、端的には社会保険制度という形に結晶化する。それは社会的保護の仕組みの基盤を、自由主義的な契約関係として位置づけ直された雇用＝賃金労働に置くことにより確保しようとする。他方、後者の社会扶助は、歴史を貫いて存在した第一次社会関係に基づく貧窮者への支援・救済の実践もしくはその機能的等価物の領域である。すでに触れた「福祉の複合体」論はこの領域での実践――〈社会的〉な実践――を、国家以外の多様なエージェントが支えたことを強調する。歴史的には後者が先行しながら、労働の全面的な自由化・商品化によって現前化した「労働可能な窮民」という矛盾を孕んだ存在が転轍機となり、福祉国家形成に向けた歩みとなる。この二つの問題領域がそれぞれの社会＝国家における先行の歴史的条件から、どれだけの範囲の対象をどのような条件のもとに包摂し、どのように分節＝接合されてきたかという経緯に応じて福祉国家のバリアントが生じる。

そこでもっとも重要な分割線となったのは労働可能／不可能の二分法であり、「労働可能な窮民」には仕事を（そして雇用＝社会保険による安全を）、「労働不適格な無能力者」には「救済を受ける権利」に基づいて扶助＝救済を、という二重性が福祉国家構想には刻印される。注意深く範囲を限定した「労働不可能」者への扶助による最低限生存の保障と引き換えに「救済を受ける権利」の一般化を否定して二つの領域をあくまで「別建て」にするか、それとも生存権の普遍的保障の上に「二階建て」で社会保険を積み上げるかといった違いはあるにせよ、形成されるレジームの差異はこのような〈労働〉と〈扶助〉の二つの領域の組み合わせ方の問題としてある。

窮民＝失業者としてひとくくりに隔離・収容された一群の人びとは治安／矯正の対象でもあった。「労働可能な窮民」には当初労働の義務に基づく強制＝矯正労働として、のちに「救済を受ける権利」に基づく授産（＝生業の扶助）の一環として、仕事が与えられる。残された「労働不可能」な人びと——高齢者／疾病者／障がい者／女性（子どもを抱えた寡婦など）／子ども（捨て子・孤児）など——は、「無能力」性の根拠に応じて分岐・専門化した制度／実践の対象として分節化される。

だが社会的実践（福祉）と教育的実践（教育）の境界線は自明ではない。たとえば「授産」は「生業を扶助」されれば「労働可能」な人びとを対象とする。ところが、「生業の扶助」を全面的に展開することは労働編成への介入の全面化（＝生産手段の社会化）を意味するから、自由主義に立脚する限り自ずとその領域は限定され、対象は選別されなければならない。それだけではない。「授産」という社会的実践の具体的場面では必然的に（最低限の）職業訓練が付随する。労働機会や手段の提供だけで「無能者」がすぐさま「労働可能」に転換するわけではないからだ。ここには社会的実践のなかから教育的実践がその対象者の選別を伴いつつ浮上するという局面がある。[15] 他方で、自覚的か無自覚か、あるいは自生的にか制度的にかはさておき、教育的実践のなかに社会的実践が埋め込まれていくという局面も存在する（教育に公的な「給付」の一環としての機能を見出す橋本提議の前提視点や小玉論文が言及する「社会的教育（学）」を見よ）。また、労働が社会的富の源泉として認識される程度に応じて、どこまでの範囲の人びとが「労働生産性」という観念の支配下に置かれるかも可変的である。

社会的実践と教育的実践という分節化それ自体がどのように揺らぎながらどんな〈実践—主体〉によって担われ、どのような布置連関のもとに制度化されて〈構造〉をなし、いかなる〈機能〉を果たすのか。それが橋本提議の試みを引き継ぎつつ福祉レジーム論に教育という要素を挿入し、その歴史的形成と変容の過程を俎上に載せる「教育＝福祉レジーム」形成史の対象である。

「(脱) 商品化」「(脱) ジェンダー化」と教育

周知の通りエスピン−アンデルセンの議論の力点は、福祉国家の指標として福祉支出にかえて「脱商品化」を置いたこと、その規定要因として政治勢力間の力学といった政治的要因を重視したことにあった。福祉国家への離陸を政府による福祉支出の量的拡大という点で見れば、その規定要因は人口構成（高齢化率）と経済発展であるが、そのような直線的発展の想定では福祉国家固有の特性は捉えられない。その性格規定には、それがどれだけ資本制（市場）を制御しうるかという労働力の脱商品化効果、言い換えれば、人びとをして市場労働に依拠することなくどれだけの水準の生活をどの程度の期間維持可能にするかを指標にとるべきである。現実に誕生した資本制を制御するレジームには互いに異なる複数のものが存在したが、エスピン−アンデルセンによれば、労働運動と左翼政党、さらに保守主義やカトリック勢力など「諸階級が政治的にいかなる連合を形成したかという歴史的展開こそが福祉国家のバリエーションをうみだした最も決定的な要因」であるという[16]。

こうした資本制との関連のみに依拠した福祉国家の性格規定を批判したフェミニストからは、「男性稼ぎ主モデル」など家父長制との関連から類型化する図式の提示が試みられた(17)。ここでは「脱ジェンダー化」が福祉国家の指標となる。ただし歴史的経緯からすれば脱商品化とは異なり、福祉国家の出現当初にはむしろ性役割分業に立脚したジェンダー化優位のレジーム形成がはかられた点には留意が必要である。ジェンダー化／脱ジェンダー化と福祉国家とは一意的関係にはない。にもかかわらず脱ジェンダー化効果を指標として福祉レジームを考察することが重要なのは、福祉国家が資本制（市場）とは異なるシステムとしての家父長制（家族）とどのような関係性を結ぶかという問題が射程に入るからである。

さらに橋本提議が視野に収める歴史の淵源にまでさかのぼれば、「教育の制度化」の過程はまずは労働力の商品化の拡大プロセスとしてあり、また今日の積極的労働市場政策の発想も、いかにして効率的な労働力の再商品化をはかるかというところにある。（再）商品化／脱商品化と（二重写しにされた）「福祉国家」との関係も一意ではない。高水準の脱商品化効果を持続するためには広範な労働力の不断の（再）商品化（＝福祉国家の歳入の極大化）が不可欠である。

商品化／脱商品化、ジェンダー化／脱ジェンダー化のどちらに対しても教育の機能は両義的であるし、教育がどのように制度化されるかはレジーム形成に異なるインパクトを与えるだろう。それは翻って資本制と家父長制への制御効果の違いとなり、世代再生産の場としての家族に異なる影響を持ち込むだろう。その問題を、既存の階級構造やジェンダー秩序の「再生産」の問題としてだけでなく、商品化／脱商品化、ジェンダー化／脱ジェンダー化の絶えざるせめぎあいのもとにあるものとして理解し、その歴史的展開／転回を捉えていくという分析視角が求められる。

教育変動と階級変動――タイミング・スピード・環境条件

エスピン－アンデルセンは福祉レジームの差異をもたらす政治的な勢力関係と各政治勢力間にどのような政治的連合が形成されたかという歴史的展開を見るにあたって、二つ注意を促している。一つは、福祉国家への転態が進展した二〇世紀初めの三〇年間に農業中心から工業中心への産業構造の転換、自営業から賃金労働への階級構造の転換が併行して急激に進行した事実である。もう一つは、労働運動の成長と政治勢力としての自己形成や他勢力との政治的な連合形成にどれだけの時間を要したかというスピードの問題である。[18] 福祉国家への離陸のタイミング――これ自体は人口要因と経済要因が規定する――で、労働者階級が政治勢力としていかに自己形成を果たしていたか（労働組合と左翼政党の関係）、また農民の賃金労働力化がどの程度進展しており、それが農民と労働者階級との政治的連合の成立にどう影響したか、そこで萌芽的に形成されたレジームがのちの新中間階級の成長をどのように取り込んだか、さらにこれら一連のダイナミクスがどの程度のスピードで展開したか、といった要素が重要な契機として注視される。

福祉レジームを規定する政治的要因の基底にあってその動向に影響を与えた産業構造の転換や階級構造の変容に、教育の制度化の過程と機能がどのようなインパクトをもたらしたか。これは「教育と社会階層・社会移動」を問う（歴史）社会学的研究の中心問題である。ただし、そこで問うべきは教育を通じた階級構造の「再生産」――階層研究の用語では「純粋移動」、相対的水準での移動格差の問題――ではない。一方で農業／自営業層の減少と雇用労働者とりわけマニュアル労働者の拡大といった階級構造と社会移動の絶対的な水準での変動と、他方で教育拡大とりわけ中等教育の拡大という教育変動との、二つの異なる領域での構造変動が生起したタイミングのズレ／重なり、さらにはそれぞれの変動が展開したスピードの違いが政治勢力の布置連関にどのような影響を与えたかが焦点となる。

レジーム形成のタイミングは国内要因だけでなく、国際的な環境条件との関連においても問われなければならない。福祉国家研究に見られる「福祉オリエンタリズム」を批判し日韓英の三カ国比較をおこなう武川は、比較研究が準拠すべき仮説構成を以下の三つに集約する。[19] すなわち、仮説Ⅰ「国内要因によって福祉国家への離陸の時期が決まる（収斂説的前提）」、仮説Ⅱ「離陸の時点における国際環境が福祉国家形成の初期条件となる（国際環境の重視）」、仮説Ⅲ「この初期条件がその後の福祉国家の発展を条件づける（経路依存説的前提）」である。離陸のタイミングが福祉国家の「黄金時代」か「危機の時代」か、あるいは「グローバル資本主義の時代」かという違いは、形成されるレジームに重要な差異をもたらす。

さらにいえば、レジーム規定要因としての政治要因は、政治イデオロギー・構想の次元と政治勢力の布置連関の次元とを分けて考えたほうがよい。そのことが、たとえば国家形態や制度の構想・アイディアとしては同時代的に共有されていても制度としての結実をみるには大きな時間差があるといった「世界史的な同時性」と「先進／後進性」の併存という問題をも射程に置くことにつながるだろう。

給付／規制と教育

最後に、教育を福祉レジームの比較分析に挿入する際に有用だと思われる視角をもう一つ指摘しよう。上述の武川によれば、福祉国家の目標達成の手段には少なくとも「給付」と「規制」の二つがある。[20] 従来の福祉国家研究では給付に関心が集まりがちであったが、典型的な社会政策である「労働者保護」などは規制（市民生活の安定や向上に寄与することを目的とした社会規制）による福祉機能を企図したものであるなど、福祉国家の端緒はむしろ規制にあるといえるかもしれない。給付と規制とは機能的に等価である場合もある（公的扶助による貧困の削減／労働市場の規制による貧困の削減）が、どちらの手段が優位かは国家により可変性と多様性がある。福祉国家の全体像を把握するには両者がどのような組み合わせで採用されているかを見なければならない。

この視角を採用すれば、「低福祉」国の代表であるかのようにいわれるアメリカが雇用差別の禁止など社会規制の面では強力な福祉国家と見なせるかもしれないなど、各レジーム固有の特性をより精確に把握できるようになる。あるいは、従来の給付（たとえば○○手当の支給）による福祉機能から規制（○○雇用の義務化）によるそれへの変化といった事象を、福祉国家の衰退ではなく、再編もしくは性格変容として考察することが可能になる。市民間の相互承認という価値に立脚したとき、たとえばマイノリティの社会的排除の現実に抗する福祉供給が給付によるべきか規制によるべきかについての回答は一意には定まらない多様性と可変性とがある。

そして、おそらく教育は規制の側面に多く関わる。というよりも、「世代」という変数を介して給付と規制という二つの手段の結節点をなすというべきか。社会移動という現象がなによりもまず親世代と子世代との世代間移動としてある点に即していえば、親世代への社会給付と子世代への社会規制とは相補的に捉えうる場合があるということである。前者が条件となって後者が初めて意味をなす、というように。教育という領域は、福祉レジームの給付と規制という二つの手段が交錯する結節点としてその形成・再編の要に位置するといえるだろう。教育＝福祉レジームのありようは、それぞれの社会＝国家がいかに世代をつなぐかという理念の表現でもある。

学校への社会的実践の埋め込みと日本型福祉レジーム

以上の試論が提示した――けっして網羅的なものではない、今後の彫琢が俟たれる――論点のいくつかについて、日本の経験を素描してみよう。

日本の場合に特徴的なのは、学校がときに「生活共同体」的との指摘を受けるほどに、その教育的実践にかなりの包括性が認められ、学習指導に限定されない広範な「生活」指導のなかに〈社会的〉な実践が――「教育の論理」のもと――多く埋め込まれているという事実である。教育的実践の専門家である教師には社会からの信頼をもとに職業指導や職業斡旋といった社会的実践を含めた広範な指導の権限が委任され、その遂行義務が課される。それらの実践が学校という教育機関に組み込まれていく際も、教師はそうした職務範囲の拡大を「教育愛」や「教育的な熱意」といった「教育の論理」のもとに引き受けていく。[21]

とりわけ一九二〇年代以降に中等教育段階以下の生徒への職業紹介・斡旋の機能が自生的に学校へと取り込まれ、第二次大戦後は明示的な制度化を伴いほぼ全面的に学校に委任されたシステムが確立したことは重要である。新規学卒労働市場における学校と企業との制度的リンケージ[22]に依拠した一括採用の雇用慣行が、「教育から職業への間断なき移行システム」として――取引費用理論的には不合理なはずの――マニュアル労働者まで含めて広範に成立する。「ホワイトカラーからブルーカラーへ」の下方展開としてのシステム形成の過程は、「教育の論理」（戦間期実業学校卒）や戦時動員体制の遺産としての「全国需給調整会議」を通じた学校と職業安定所との関係性の展開（戦後中卒）により進展し、労働者も新中間層も階級横断的に包摂するシステムの成立をもたらした。[23]

以上をいわゆる「日本的雇用慣行」「日本型雇用システム」の成立契機として重視するなら、それは一九二〇年代の萌芽から五〇年代には成立し、その後の高度成長の過程で洗練の度を高めていき、低成長期に入る七〇年代には確立したといえる。企業への忠誠と引き換えの長期雇用と定期昇給・定期人事異動を経ながらの年功賃金、さらに退職金・年金など生活保障の多くが新規学卒時の――職務ではなく――企業への正規の帰属をめぐる雇用契約に依存する。その正規メンバーは男性に大きく限定され強固なジェンダー化効果を帯びるが、それ自体が企業への献身的な勤続を捧げる夫とそれを支える無償の家事労働に従事する妻という家族モデルを可能にする。また、「間断なき移行」と入社後の企業内教育訓練を重視した職能形成システムの構築は、職業教育・訓練の機会の「企業内封鎖性」ともいうべき構造ももたらす。生活保障と福祉供給機能を企業と家族とに依存した、いわゆる日本型福祉レジームである。

学校という教育機関に職業紹介・職業斡旋という〈社会的〉な実践が埋め込まれ、それが「教育の論理」のもとに引き受けられ、遂行される。こうした実践の学校への委任を条件として学校と企業との間に形成された制度的リンケージが、企業と家族による福祉供給に依存した福祉レジームの編成と維持更新に接続する。この学校・企業・家族のトライアングルにより編成されたレジームの揺らぎが明らかになりつつある現在、これまでの教育的／社会的実践の布置連関とその機能とをあらためて問うことは、既存の日本型雇用システム論の範疇を超えて追究されてよい課題であろうと思う。たとえば近年の貧困層の増大にあって、家での食事にありつけない子どもたちが学校の保健室で養護教諭の確保した一本の牛乳とわずかばかりの菓子パンでかろうじて一日の始まりに空腹をまぎらす現実も、学校・教師に委任された裁量とそれを〈教育的〉な文脈で引き受けようとする使命感とに裏打ちされている部分がある。そのことは何を可能にし、何を抑圧するだろうか。これまでのレジームが前提にしていた各構成要素の機能のどこかに変容が生じた場合に、その負荷はどこにどう発現するだろうか。

日本の教育変動・階級変動と政治勢力の布置連関

上に述べた日本型雇用システム形成の観点からは一九七〇年代が日本の福祉レジーム形成の画期として理解されるべきである。この点は日韓英三カ国比較にあたり、それぞれ経済発展・高齢化と社会支出の規模を指標として福祉国家への離陸時期を特定してみても、日本のそれは一九七〇年代半ばにあると指摘されている[24]。その指摘によれば、国際環境から見るとこの時期は「福祉国家の黄金時代」の終焉と重なっている。福祉国家としての十分な成長がないまま「形成と危機の同時進行」を初期条件として離陸を迎えたことは、日本の福祉レジーム形成に固有の特徴――財源調達拡大への限界から帰結する社会支出の薄さ、社会給付における「受益者負担」のロジックに則った普遍主義と配給政策の同時追求、親福祉・反負担で政治勢力によらず合意される福祉の脱政治化――を帰結したという[25]。

しかしそれ以上に、国内要因を見たときの政治力学の基底をなす階級構造の変動と教育変動のあり方は、日本の福祉レジーム固有の編成をもたらす重要な規定要因であった。日本の福祉レジームが日本型雇用システムと密接な関連があるのは事実としても、大企業をモデルとして家族や企業の役割を強調した議論には留保が必要である。日本の福祉国家が離陸する時期は、急激な農民層の減少が進展した一方で、熟練度の高い工業自営層を一つの核とした非農自営層が一貫して分厚く存続したことが産業社会日本における階級構造の特徴だからである[26]。

産業化の開始から一九五〇年代の高度成長期を迎えるまで、産業構造の伝統部門がその基本的枠組みを維持したまま、拡大する近代部門と長期にわたって併存した。教育の制度化は伝統的セクターから人材を吸収して近代的セクターへと輩出する。にもかかわらず農民層は高度成長期まで、商工自営業層はそれ以後も分厚く存続した。

近代的セクターの拡大は伝統的セクターからの流入によるから、後者が長期にわたって持続するには両セクター間の移動が双方向性を持っていなければならない。すなわち、雇用社会の一貫した拡大過程にあって、非農自営業層は日本の労働者階級にとっての到達階級であり続けたのである。(27)

教育の制度化のプロセスを見ても、日本の近代という過渡期における特徴は「社会階層の混合とそれらの併存」である。産業構造上の伝統部門と近代部門、教育機会と階級構造の関係性など問題と場合に応じてさまざまな形をとる「混合と併存」の「長期持続」が、拡大と変化のスピードが次第に加速される「趨勢加速」をもたらす。(28)その大いなる過程の帰結として、第二次大戦後の高度成長期にピークを迎える階級変動と教育変動の「変化の同時性」とその「スピード」との特異性とがもたらされる。(29)

日本に先だって確立に至った福祉国家がいずれも数世代にまたがる期間にわたって農民層を減少させ、マニュアル職が一定の拡大後に停滞ないし減少局面に入ってから中等教育の拡大（＝ノンマニュアル職の拡大）を経験したのに対し、日本では中等教育の拡大と農民層の解体、マニュアル職の拡大、ノンマニュアル職の拡大をすべて同時に経験し、かつそのいずれの変動も急激に進行するという、変化の同時性とスピードとを特徴とした。その結果、世代間流動性の国際比較でも、労働者階級の世代間流動性の高さと、自営業層の世代間閉鎖性の高さ（と労働者階級の到達階級としての側面）とは際立っている。(30)これはノンエリートまで巻き込んだ学歴競争・昇進競争の大衆化と、高熟練の下請け零細企業群を一方の構成要素とする二重構造的な労働市場のありようとに支えられた日本型雇用システムの別様の表現でもある。

こうした事実は労働者階級が自ら政治勢力として成長する基盤を薄くする一方で、非農自営層が日本の福祉レジーム形成に影響を与える分厚い政治勢力たりえた可能性を示唆する。だがその非農自営業層も九〇年代以降は急速な減少局面にある。(31)社会支出の薄さと対比される公共事業支出による雇用創出への傾斜や、経済規制の強さの反面での社会規制の弱さ――年齢（新卒採用！）や性に基づく雇用機会格差の放置――などによって特徴づけられたレジーム形成の基盤そのものが変容過程にある現在、ポスト「日本型雇用システム」を展望する議論の一つの焦点は、この新たな前提のもとで社会規制の再編に教育がどう関連づけられるかにある。これら議論がまずは職業教育・職業訓練をめぐって生起したことは偶然ではない。

教育＝福祉政治イデオロギーの基底

日本型福祉レジームは日本の政治勢力の一翼としての労働運動が掲げた要求の結実でもある。一九世紀末の萌芽においてすでに、そして一九二〇年代の労働争議の簇生から二〇世紀中葉までの労働運動はいわゆる「人格承認の要求」――労働者に敬意を示し、差別的処遇を改め、職員と同等の地位と尊厳を認めさせる要求――を第一に掲げて闘った[32]。同じ企業の構成員《メンバーシップ》であることの確認を求めた運動は、戦時下・産業報国会体制を経て、敗戦後の経営民主化運動の一環としての工職身分差別撤廃要求へとつながる。

一九五〇年代の労働運動を受け、六〇年代以降には「シングルステータス」の職能資格制度が浸透していく。工員（労働者階級）と職員（新中間階級）の区別をつけない階級横断的な雇用慣行／雇用システム形成の重要な契機となった身分差別撤廃運動では、当該要求により相対的な地位低下を被るはずの職員層がむしろ積極的にそれを支持した。この「階級連合」の背景については、戦時体制下の「革新派」と世代的経験を共有した上層ホワイトカラーの思想的背景[33]や、「戦時からつづくインフレによって、職員と工員の待遇差別があまり意味をもたなくなり、職員も工員も共通の利害をもっているという感覚が生まれてきた現実」に、戦後民主化のイデオロギーが加わったことなどが指摘されてきた[34]。戦前・戦時・戦後の連続／不連続問題である。

総力戦体制が戦後にもたらした影響は二〇世紀の福祉レジームを検討するうえで重要な論点をなす。古くは財政支出における「転位効果」の指摘[35]や、あるいは社会改革構想や制度的な原型といった側面での福祉国家体制との連続性などの議論[36]、さらには国民への強制的同質化や包摂といった契機を強調するものをここに含めてもよいだろう。だがそのように明示的ないし制度的な連続性の指摘にとどまるならば、「連続／不連続」問題とあえて呼ぶほどの含意はない。少なくとも日本の経験に即していえば、第二次大戦とその敗戦からの一連の事象の連鎖がもたらしたものの射程は広く、その深度も深い。

戦時体制から敗戦直後にかけての数年間で一気に半世紀以上前の生活水準まで急落した窮乏化の経験は、敗戦という強烈な象徴性と実定性を伴った集合的記憶の刻印とあいまって、その後の日本社会における社会認識・社会構想の次元でのイデオロギー的基底をなすことで長く持ち越された。福祉国家への離陸期となった一九七〇年代に日本の社会科学や政策構想の言説において大きなキーワードになった「総中流（社会）」という言表とは、そのような文脈のもとで誕生し、流通する[37]。

高度成長期を通じて上昇した世論調査の「中流意識」の高さのみを唯一実証的に提示可能な根拠とした「総中流（社会）」論は、内実を反照的に与える上流・下流の消失を意味しつつ自らを名指す語義矛盾を内在させている点で一つのイデオロギーではあった。だが重要なことは、この問題設定が、肯定／否定と政治的立場の相違を超えて、一つの誤認と忘却を共有させたことである。すなわち、上昇後の中流意識の「高さ」は国際的に見て標準的な正常値であり普遍的な現象であること、換言すれば、日本に特殊なのはむしろ敗戦後の「低さ」であり、中流意識の「上昇」と見えたものが実は敗戦直後からの一連の歴史的事象の連鎖において失われていた社会の定常性が復元される過程であったことの閑却である。そのうえで、実際には正常＝標準《ノーマル》的でしかない数値に繋留し続け、そこに過剰な意味——戦後日本の達成如何——を読み込もうとする語りの饒舌がもたらされた[38]。

この共有された誤認を暗黙の基底として、「総中流の達成」を前提にした政策構想と「未完の総中流」を前提にしたそれとの対立的な共存(39)が、福祉国家の離陸と社会的諸制度の構築・再編期における政治イデオロギー的布置をなした。「総中流の達成」を言祝ぎポスト追いつき型近代化を志向する前者に対し、それを否定する後者がむしろ「目指すべきものとしての総中流」を温存し、福祉国家形成に向けた推進力を備給する。第二次世界大戦の敗戦体験の言語化されざる共有をイデオロギー的基底に置くことで作動するこの力学が、国際環境的には「形成と危機の同時進行」を条件とした日本の福祉レジーム形成に要請された「福祉国家形成の推進とその抑制との両立」を可能にする地平をもたらした。

互いに異なり対立的ですらある諸構想が明示的に語ることの基底において共有した前提認識は、政治的な選択をめぐる闘争の前段たる「選択肢の範囲」をめぐる暗黙の合意をなす。表面上の明確な断層を伴う「体制転換」の連続性を、転換後の明瞭な政治的対立図式が暗黙に共有した基底において捕捉する。こうした「政治化以前の政治」の深部への感度は、現在進展しつつあるグローバル化という事象にもまた選択肢の範囲をめぐる潜在的な事前の合意が諸勢力間に存在するのではないかという可能性に視野をひらく。グローバル化とは、単純に客観的な単一の変化というにとどまらない側面を持つ現実である。われわれが選択しうると考えている以上のものが選択可能かもしれないし、複数の選択肢だと見えているものが実は一つの合意の別様の表現かもしれない。橋本提議は行論で何度か再帰的近代化論の文脈への接続を試みるが、そこで要請されるべきは、この次元での政治イデオロギー的布置への感度とそこに照準する分析精度ではなかろうか。

おわりに

「世界史的な同時代性」から出立したはずの本章の議論は、その宛先を福祉レジーム論に据えたところから当初の視座を後景に退かせ、再び個別国家単位の問題把握へと閉じつつあるのではないか。だがいうまでもなくグローバル化は端的な事実として国境を超えた巨大な労働力移動を生み出している。福祉レジームという一国単位の思考法自体、すでに現実に追い越されている。

だがそもそも、われわれは個別国家単位であれ福祉レジームの形成に教育がどのように関わったかについて、まだ何も十分には知らない。にもかかわらず／それゆえに、経路依存性を等閑視した外からの制度・政策の移入に抗せずに、グローバル化ならぬグローバリズムを選択の余地のない宿命であるかのように受け入れているのではないか。だとすれば、一国単位の「比較」を通じて個別レジーム固有の特性をもっと掘り下げて理解すべき意義は失われてはいない。

あるいは今われわれが経験している事態は、封建社会から自由主義的近代への転換によって引き起こされたことの外延を拡張した——国民国家からリージョンへ——反復と見なせるだろうか。近接性と後見の原理に支えられた第一次社会関係から投げ出された貧窮者の群れを克服すべき社会問題と見なし、かつての社会的紐帯の基盤にかかわる社会的諸制度と実践の諸装置が国民国家を単位に編成されたことと、そのスケールを一段上げたパラレルな展開として、新自由主義的現代への転換のあとにある今日を捉えてよいだろうか。

もちろん同じではない。グローバル資本主義がもたらしたグローバルな社会問題への対応もやはりグローバル化の徹底に求めていくしかない長い過渡期が現在なのだとして、その行方を規定するだろう政治勢力の構成要素の数も性格も、かつての福祉国家形成期に比べて格段に複雑化・重層化する。リージョナル政府・国家政府、ＩＭＦ・世界銀行・ＷＴＯなどグローバリズム推進国際機関、国際非政府組織・労働組合等々、政治力学の構図は幾何級数的に多元化し、（国境を超えた）社会移動が帯びる意味もその函数としての政治勢力の形成も、かつてとは異なる水準の問題を構成するだろう。[40] だが、だからこそ過去に生起したことへの認識を研ぎ澄ます必要がある。

しかもそこでの教育の位置価はこれまで以上に高まっている。移民労働者家族の教育問題が深刻なテーマとして浮上しているだけではない。男性稼ぎ主モデルを可能にしていた家族賃金の消失と雇用の不安定化は、同類婚の傾向、世帯内ジェンダー平等化・結婚の不安定化に見られる階級間格差と折り重なり、所得格差の極大化と子どもの貧困率の上昇を招いている。解決の鍵は、女性の労働力化＝商品化の徹底を高品質の保育サービスの実現により推進し、とくに低所得層向け就学前教育の投資を充実することにある――それこそが子どものライフチャンスの衡平と経済的な効率とを持続可能な形で両立させるｗｉｎ－ｗｉｎ戦略なのだという。[41]「従来の教育投資論などよりはるかに「洗練された」形で投資効果を計量的に測定する教育経済学なる分野」（本書7頁）と橋本提議が名指す研究群の知見こそが、かつて福祉レジーム論の新局面を画した論者によりポスト福祉国家の最適解として主張される。このことをどう考えるべきか。

その論者自身がいうように、ここには従来の分配的正義に依拠したのとは異なる平等概念への転換がある。[42] あるいはそれは古典的な機会均等のトリレンマ[43]の解消を「家族の自律性」への抵触により図ろうとすることなのではないか。それとも逆に、このことは不利を抱えた脆弱な家族の自律性を強化することにつながるのだろうか。

「ヘッドスタート」称揚の再来ともいうべき事態を前にした戸惑いとともに、二〇世紀福祉レジームの形成と教育をめぐる諸問題がすでに解決済みの過去ではなく、現在のわれわれの喫緊の課題として横たわっていることを確認して本章を閉じよう。

（付記）本章は平成二三〜二五年度日本学術振興会科学研究費助成事業基盤研究（C）「教育「支援」とその「排除性」に関する比較史研究」（研究代表者：三時眞貴子　課題番号：二三五三一〇〇〇）による研究成果の一部である。

注

（1）昭和堂から全七巻。刊行順に、望田幸男・田村栄子編『身体と医療の教育社会史』二〇〇三年、望田幸男・橋本伸也編『ネイションとナショナリズムの教育社会史』二〇〇四年、望田幸男・広田照幸編『実業世界の教育社会史』二〇〇四年、松塚俊三・安原義仁編『国家・共同体・教師の戦略――教師の比較社会史』二〇〇六年、駒込武・橋本伸也編『帝国と学校』二〇〇七年、香川せつ子・河村貞枝編『女性と高等教育――機会拡張と社会的相克』二〇〇八年、松塚俊三・八鍬友広編『識字と読書――リテラシーの比較社会史』二〇一〇年。以後文中で七巻全体を指すときは『叢書』、各巻個別に言及する場合は『帝国』『女性』などと略記する。また、『身体』から『教師』を前期、『帝国』から『識字』を後期として扱う。

（2）この部分の検討は、比較教育社会史研究会二〇〇七年春季大会シンポジウム「歴史のなかの教育と社会――比較教育社会史研究の来し方行く末」での報告「比較ー教育社会ー史の問題構制――「教育の歴史社会学」の視点から」に加筆修正した。

（3）『ネイション』、二頁。本研究会初期のメンバーがそれに先立ち翻訳にあたったD・K・ミュラー／F・リンガー／B・サイモン編（望田幸男監訳）『現代教育システムの形成――構造変動と社会的再生産一八七〇〜一九二〇』晃洋書房、一九八九年など。

（4）『帝国』、三七八頁。

（5）各論点が焦点となったのは順に、『ネイション』、『実業世界』、『身体』においてである。

（6）注3参照。

(7)『ネイション』、二二四頁、二八八頁。
(8)『教師』、一二頁。
(9)『実業世界』は「経済システムと教育システムのリンケージの形成」(六頁)に着目し、「社会変動を経験する社会システムにおける、機能的な調整・再編成の歴史という側面と、諸社会集団の葛藤・妥協の歴史という側面」(九頁)に照準するという点で、『叢書』では例外的に教育の〈機能〉への自覚的な焦点化を試みる分析枠組みが模索された論文集である。
(10)『帝国』、三七八頁、二頁。
(11)同前、四頁。
(12)武川正吾『連帯と承認――グローバル化と個人化のなかの福祉国家』東京大学出版会、二〇〇七年、一二一～一二二頁、一六一頁、一六七～一七〇頁。
(13)G・エスピン－アンデルセン(岡本憲芙・宮本太郎訳)『福祉資本主義の三つの世界――比較福祉国家の理論と動態』ミネルヴァ書房、二〇〇一年、五五頁。
(14)ロベール・カステル(前川真行訳)『社会問題の変容――賃金労働の年代記』ナカニシヤ出版、二〇一二年。
(15)あるいは福祉と教育の境界がテクノロジー相関的にゆらぐ側面にも留意すべきである。ある時点でのテクノロジー水準では障がいとされたハンディが補助機器の性能向上により障がいではなくなるなど。
(16)G・エスピン－アンデルセン『福祉資本主義の三つの世界』、一～四頁。
(17)D. Sainsbury ed. *Gendering Welfare States*, London, Sage, 1994. D. Sainsbury ed., *Gender and Welfare State Regimes*, Oxford, Oxford University Press, 1999. 大沢真理『現代日本の生活保障システム――座標とゆくえ』岩波書店、二〇〇七年など。
(18)G・エスピン－アンデルセン『福祉資本主義の三つの世界』、一〇〇頁、一一五頁。
(19)武川『連帯と承認』、一八三頁。
(20)同前、六頁。
(21)石岡学『「教育」としての職業指導の成立――戦前日本の学校と移行問題』勁草書房、二〇一一年、一五五～一六三頁。菅山真次『「就社」社会の誕生――ホワイトカラーからブルーカラーへ』名古屋大学出版会、二〇一一年、一六八～一七一頁。

（22）J. E. Rosenbaum and T. Kariya, "From High School to Work: Market and Institutional Mechanisms in Japan", *American Journal of Sociology*, 94 (6), 1989, pp. 1334-1365, esp. pp. 1336-1338.
（23）菅山『「就社」社会の誕生』、第二章第Ⅱ節および第五章第Ⅰ節。
（24）武川『連帯と承認』、一八七～一八八頁。
（25）同前、一九八～二〇〇頁。
（26）国際比較から日本の自営業層に熟練職が多く非熟練が少ないことについてはH. Ishida, "Entry into and Exit from Self-Employment in Japan", in R. Arum and W. Müller eds., *The Reemergence of Self-Employment: A Comparative Study of Self-Employment Dynamics and Social Inequality*, Princeton University Press, 2004, pp. 348-387.
（27）原純輔・盛山和夫『社会階層――豊かさの中の不平等』東京大学出版会、一九九九年、八一～八四頁。鄭賢淑『日本の自営業層――階層的独自性の形成と変容』東京大学出版会、二〇〇二年、一三二～一三七頁。
（28）菊池城司『近代日本の教育機会と社会階層』東京大学出版会、二〇〇三年、三六一～三七〇頁。
（29）苅谷剛彦「高度流動化社会――一九九〇年代までの戦後日本の社会移動と教育」直井優・藤田英典編『講座社会学一三　階層』東京大学出版会、二〇〇八年、一一〇～一一七頁。
（30）H. Ishida, "Industrialization, Class Structure, and Social Mobility in Postwar Japan", *British Journal of Sociology*, 52 (4), 2001, pp. 579-604, esp. pp. 586-588.
（31）ただしこれには法人化の進展が影響している点に留意。この点を考慮した推計では九〇年代に入っても継続的な増加が見られるという指摘もある（鄭『日本の自営業層』、一〇一頁）。また産業化の進展とともに自営業層を減少させた欧米主要各国において七〇年代から増加に転じた国が見られる点についてはArum and Müller eds., *The Reemergence of Self-Employment*. ただし「増加」の内実については非熟練・半熟練の比率の高さや事実上の「請負労働者」化、「サブ・プロレタリアート」化などの指摘がある。その背景として新自由主義的な経済再建プログラムの影響を指摘したものにJ. Myles and A. Turegum, "Comparative Studies in Class Structure", *Annual Review of Sociology*, 20, 1994, pp. 103-124, esp. pp. 110-111.
（32）アンドルー・ゴードン（二村一夫訳）『日本労使関係史一八五三～二〇一〇』岩波書店、二〇一二年、四九～五〇頁、三五八

〜三六〇頁。トマス・C・スミス（大島真理夫訳）「恩恵への権利」『日本社会史における伝統と創造〔増補版〕――工業化の内在的諸要因一七五〇〜一九二〇年』ミネルヴァ書房、二〇〇二年、二五三〜二九二頁。

（33）菅山『「就社」社会の誕生』、二〇一〜二〇二頁。

（34）兵藤釗『労働の戦後史（上）』東京大学出版会、一九九七年、四四頁。

（35）A. T. Peacock and J. Wiseman, *The Growth of Public Expenditure in the United Kingdom*, Princeton University Press, 1961, pp. 26-30.

（36）高岡裕之『総力戦体制と「福祉国家」――戦時期日本の「社会改革」構想』岩波書店、二〇一一年。

（37）森直人「「総中流の思想」とは何だったのか――「中」意識の原点をさぐる」東浩紀・北田暁大編『思想地図 vol.2――ジェネレーション』日本放送出版協会、二〇〇八年、二三三〜二七〇頁。

（38）同前、二六二〜二六三頁。

（39）たとえば前者は「新中間大衆政治の時代」（『中央公論』第九五巻第一五号、一九八〇年）を書いた村上泰亮と、村上もメンバーの一人とする政策構想フォーラムの議論を想起のこと。他方、後者は『「中流」の幻想』（講談社、一九七八年）を書き村上泰亮を舌鋒鋭く批判した岸本重陳がその同じ論脈のうえに「福祉なくして中流なし」（『公明』第二〇〇号、一九七八年）を宣する構図を想起のこと。

（40）さらに相互依存度を増すグローバル経済にあっては、ある国における北欧的な「優しい」資本主義路線の採択が、アメリカ的「冷徹な」資本主義を他国に押しつけ、そこでの技術的革新の成果に「タダ乗り」することによって初めて成り立つものなのかもしれない。仮にそうだとすれば、レジームの分岐は必然であり、必要でさえある。この論点については以下を参照。D. Acemoglu, J. A. Robinson and T. Verdier, "*Can't We All Be More Like Scandinavians?: Asymmetric Growth and Institutions in an Interdependent World*", Massachusetts Institute of Technology Department of Economics Working Paper Series, Working Paper 12-22, 2012. その主張の当否については、今後の経験的な検証と議論の蓄積をまちたい。

（41）G・エスピン－アンデルセン（渡辺雅男・渡辺景子訳）『福祉国家の可能性――改革の戦略と理論的基礎』桜井書店、二〇〇一年、三七〜四〇頁。G・エスピン‐アンデルセン（大沢真理監訳）『平等と効率の福祉革命――新しい女性の役割』岩波書店、第四章。

(42) G・エスピン‐アンデルセン、前掲書、二〇〇一年、四三頁。

(43) J. S. Fishkin, "Liberty versus Equal Opportunity", in E. F. Paul et al. ed., *Equal Opportunity*, Basil Blackwell, 1987, pp. 32-48, esp. pp. 37-38.

2　東欧近現代史から見た「市民社会」

姉川雄大

はじめに

第Ⅰ部の提議と第Ⅱ部の討論を通じて強調されたのは、福祉国家とそこにおける教育を歴史的に検討するにあたって多層性や複合性を重視し、福祉と教育の担い手としての中間領域・中間団体に着目することの重要性であった。そのうえで、国家と中間諸団体など多様な担い手が福祉領域を形成してきたとする福祉の複合体論を公教育にも適用した、いわば教育の複合体という視点が提示されたといえよう。ここではこれを受けて、とくに東欧近現代史の視点から、市民社会・公共圏の歴史的研究における論点の深化を試みたい。

しかし、福祉の、あるいは教育の複合体における担い手の多層性を強調するだけでは、新自由主義ときわめて親和的な議論になるということは、第Ⅱ部で広田照幸が述べている通りである。倉敷伸子が指摘するように、政治性と歴史性を捨象したところで複合性や多層性を指摘することに積極的な意味は考えられない[1]。本章の検討においては、とくにこの問題意識から右記の論点に接近する。

もう一つ、本章は第Ⅱ部の秋葉報告において提示された論点にも言及する。秋葉報告はオスマン帝国の近代化を特殊性ではなく、非特殊性において議論するということに挑戦している。特殊な近代だったのかどうかということは、暗黙のうちに、西欧史と同様の議論ができるかどうかという観点から判断されており、ここで提示されたのは、ヨーロッパの「普遍性」という問題をどう見るか、という論点だと言い換えられよう。東欧近現代史の視点から市民社会を考えることがこの点への接近でもあるのは、近世から現代にかけての東欧史研究において、西欧近代に対するその位置づけが主要な論点の一つであり、市民社会の発展がどう観察されるかということがその指標だったからである。

東欧革命・市民社会・新自由主義

一九八〇年代以降の市民社会概念への注目は、東欧の反体制知識人（異論派）や亡命者たちの運動と、それに続く一九八九年の東欧革命（あるいは体制転換）のインパクトによるものであり、また逆に彼らの運動を支えた理念が市民社会であった[2]。つまり、東欧革命は市民社会の成果であるとともにそれ自体が市民社会の（「再」）創造であり、とくに一九八九年以降は東欧以外においてもそれが市民社会の存在証明と見なされていた。これは歴史意識においては後述するように、かつて東欧にも存在したが失われた、市民社会の伝統への回帰、あるいはその回復が一九八九年だということになる。

しかし東欧革命を「民主化」としてのみ捉え、それを市民社会の実現とすることは、一九八九年前後の東欧を正確に表現しているだろうか。この間に実際に起こったことに注意しなくてはならない。社会主義からの体制転換の過程を、サライ・エルジェーベトは「新資本主義」化であると観察する。そこでおこなわれた私有化は、単なる社会主義からの転換というばかりでなく、国家の関与、旧エリートの権力資源の変換による新エリートへの移行を伴いつつ、排他的に多国籍企業と国内企業の所有者に対しておこなわれるという傾向を持っていた[3]。このような私有化の過程を中心として、さらに「それまで存在していた政治的、経済的、エコロジー的、そして社会心理学的な制約を、資本の集中と国際化の進展によって解体[4]」する全般的な過程であったとサライが述べる「新資本主義」化とは、要するに新自由主義化にほかならない。サライは主にハンガリーを対象に分析しているが、一九八九年以後の東欧全体の新自由主義化のなかでも目立っている例として、東欧諸国間における租税競争を挙げておこう。この税制改革において付加価値税の導入と法人課税率の低下に加え、とくに象徴的なのは所得税率の定率化（フラット・タックス）であり、これは九〇年代のエストニアなどバルト諸国をはじめとし、二〇〇〇年前後からはスロヴァキアを中心に東中欧諸国でも多くの国で導入された[5]。

福祉の分野でもこの傾向は明らかである。フェルゲ・ジュジャは主にハンガリーを例に一九八九年以後の東欧諸国の福祉制度改革について、「世界銀行に強く勧告され国内の自由主義者もそれに執着していた、チリ型の改革の、幾分緩和されたヴァリアント[6]」である多柱型年金制度の導入をはじめ、労働者の権利の弱体化や、健康、教育、居住に関わる領域の公的支出抑制と民営化などに言及している[7]。ここで重要なのは、福祉分野における改革を通じて、東欧諸国のEUへの参入と新自由主義化の一致が明白に観察されるということである。EUに参入する東欧諸国は、ヨーロッパ的社会政策モデルではなく、アメリカ型への改革を推進しており、EUはこれを是としていた。確かにEUは、参入する諸国に対して比較的強力な市場経済の存在を条件として求めており、東欧諸国における「「過剰な」福祉支出は「市場適応的な」態度・実践の強化と矛盾する」と考えたからではないか、とフェルゲは指摘する。[8]これは先述した税制改革においても同様である。東欧の租税競争はそれ自体がグローバルな租税競争とヨーロッパ単一市場の深化の過程にあった、EUの拡大に伴う変化だったからである。[9]

このように、市民社会の希求であり、またその実現とされてきた東欧革命と統合欧州への参入とは、その実が「新自由主義革命」[10]にほかならなかった。民主化が希求されていたということはいうまでもないが、しかし体制転換によって「民主主義者は自由主義者へと」転換した、というサライの指摘は軽く受けとめられるべきではない。[11]ここで問題は、民主化を希求する市民社会は、なぜ転換したのか、あるいはそれは転換ではなく、市民社会の考え方自体に内包された問題が考えられるのではないか、ということである。また、そのことと「ヨーロッパ」という枠組みの関係も批判的に考えられなければならない。ここに現在、市民社会を歴史的に検討する課題があるのではないか。次に、市民社会の歴史的検討の課題がどのように考えられているかを簡単に整理したうえで、歴史研究における東欧革命・市民社会・ヨーロッパという問題への取り組みを見ていきたい。

市民社会・公共圏の歴史研究

一九八〇年代以降の歴史学における市民社会・公共圏研究は、ハーバーマスの公共圏論の受容と批判として始まった。クレイグ・キャルホーンは公共圏の歴史的検討の課題について、旧東欧諸国の「理性的・批判的な反体制運動が小さな運動のサークルを超え」た際の「困難」を考えれば、問題は依然として、大衆政治時代の理性的・批判的な意志形成がいかに可能かということにあると述べ、ハーバーマスの問題意識の継承を表明する。[12]他方でジェフ・イリーは「一八世紀のブルジョワジーの求めによる、社会的・ジェンダー的な排他性のなかにあった、理性的という言説」の権力性に注目し、公共圏概念が「ブルジョワ的公共圏の自由主義モデル」（ハーバーマス）

に限定されてはならないと批判する[13]。

ハロルド・マーのまとめによれば、イリーをはじめとする歴史家たちはより多様な社会集団やジェンダーの問題を視野に入れることにより、公共圏を「不断に利害が争われ、権力闘争がおこなわれる、多様性」の空間として扱うことが有益だと考えるようになってきた[14]。つまり、すでにスタティクに存在する公共圏ではなく、闘争と葛藤の場であり権力と排除が働く場としての、あるいは掛け金としての公共圏が論じられているのである。このように公共圏を広く考えるからこそ、近世社会における「村の公共圏」[15]や身分的な公共概念としての近世「国民」概念[16]、さらには「ファシスト的公共性」[17]や「内務省的公共性」[18]といった分析が可能になる。逆にいえば、すでに論点はそこに働く排除や権力の分析になっているのであって、公共圏が存在するということ自体はなんらかの葛藤の場や掛け金が存在しているという指摘にすぎず、歴史的検討としては無意味なのである。

東欧革命前の異論派の議論を踏まえたうえで、公共圏研究の課題を提示したのはチェコ史研究者の篠原琢である。篠原は「一九八九年の東欧に、突如として「市民社会」が声を上げたかのような印象を世界に残したのは……異論派の意識的な運動の結果であった」と述べたうえで、市民社会があったことのみを論じ、それが権力の作動する場だったことを論じないことの問題性を、やはり異論派の市民社会論に見出してこう指摘する。

> 異論派の運動は、かつてあったはずの公共圏の再興ではなく、公共圏を律した文化規範の歴史的な批判……へ結びつかなければならなかったはずである。一九九〇年代以後の旧東欧諸国におけるあまりにもナイーヴなヨーロッパ中心主義的傾向の強さはそれが実現しなかったことをよく物語っている[19]。

ここで「歴史的な批判」の対象とされる「文化規範」とは、市民社会の「国民」的規範である。篠原は、近代チェコにおいて公共圏・市民社会が「国民社会」としてしか存在しなかったことや、市民社会の「自治」の「共同体」の例として挙げられる中間団体としての自治体の公共圏とは、世襲貴族（彼らこそ近世において「国民」である）の近代における在地支配の拠点として構想されたうえに、国民的規範の獲得が問題とされる場だったことなどを挙げ、このような規範が「作用する複雑な権力関係、相互作用こそを問題にしなければならない」とする。[20] 市民社会と国民的排他性については、一九世紀オーストリアのアソシエーションを事例として、市民社会を体現していた自由主義者たちの排他性こそが国民主義の排他性の起源であった、ということも論じられている。[21]

篠原はまた、この間の市民社会論が内包していた「ヨーロッパ」性の問題も指摘している。異論派の議論においては、市民社会は「中央ヨーロッパの伝統」として論じられていた。つまり異論派は、彼らが実現しようとしていたのが「多文化的で多元的な中央ヨーロッパの「伝統」における、民主的で寛容で自由な市民社会」だ、という自己認識を持っていたのである。[22] この「中央ヨーロッパ」は「デフォルメされた近代化、経済的後進性、政治的急進主義、ねじれた国民形成」によって自滅し、「法治と民主政と寛容という正常な、あるいは堅固な中産階級に支えられた市民社会の創設に失敗」した「特有の道」（西欧と異なり正常ではない、逸脱した近代化の道）を歩んでしまったとも論じられた。[23] これを脱して市民社会に回帰するということは、西欧と同じ道に戻ることを意味する。すなわち、「一九八〇年代に始まった中央ヨーロッパの議論は、本質的に「ヨーロッパ論議」なのであり、その本質において強力な西欧への志向性を持っていた」[24] のである。

このように、市民社会は、それ自体が社会的（階級的）・ジェンダー的な排他性や国民的規範による排除を含んで成立した。市民社会論・公共圏論はこの批判ではなく、過去に実在し、または現在と未来に実現しつつある、スタティクで理想的な、すなわち普遍的・西欧的な市民社会を論じていた。政治と個別性が普遍性に覆い隠されているこの「市民社会」像は、西欧中心主義とも新自由主義とも、確かに親和的といえよう。市民社会と排除の問題をさらに具体的に考えるために、次はハンガリー近現代史における自由主義と人種主義の問題を見てみよう。ここでもやはり「西欧」の問題を考えることになるとともに、中間団体に支えられた福祉国家を市民社会と排除という問題との関連で考えることにもなる。

ハンガリー史における市民社会と排除

ハンガリー近現代史に関する内外の記述において、他の東中欧諸国と同様、一九世紀までの自由主義の発展の後進性と、その結果としての戦間期権威主義体制という、「特有の道」によって特徴づけられる歴史把握にどう対するかが基本的な論点の一つであった。「特有の道」論批判の文脈では、近代ハンガリーの地域社会における市民の結社の活況と、そこに成立した公共圏を論じたものや、[25]「自由主義的な人間像」の「経済的かつ道徳的な性格」の展開を解き明かしたジャーニ・ガーボルの諸論考が代表的なものだろう。[26]

この傾向は福祉史の領域においてとくに顕著であり、この領域が現在「特有の道」論批判の主戦場といってよい。その意図に沿って、同時代の西欧と同様の自由主義的発展、つまり社会問題の発生とその認識を受けた社会的自由主義の展開が、前世紀転換期から戦間期にかけてのハンガリーの歴史のなかに見出されてきた。研究者によっては、戦間期ハンガリーの社会政策について、質量ともにほぼ西欧と同様の水準であったと論じる。[27]

しかし、「特有の道」論批判の、あるいは西欧と東欧の二分法の克服という議論は、西欧と同様だった、という結論にとどまりうるものなのだろうか。タラ・ザーラはこの問題について、以下のように述べている。

［東欧の―引用者］逸脱というパラダイムから逃れることは、東欧を西欧のように「近代的」で、発展していて、民

主的である、ということを意味しない。このようなアプローチでは、「民主政」「自由主義」「近代」がスタティクな理想型だという古い枠組み自体を認めることになる。[28]

この「民主政」「自由主義」「近代」を「市民社会」と言い換えれば、これまで論じてきたことと重なる。西欧と東欧の二分法の単なる反転であるような、この枠組みを認めてしまえば、二分法と「同じように、すべての歴史が欧州統合に導かれるような、歪んだ（そして過剰に勝利に満ちた）歴史記述」[29]になる、というのだ。ザーラは、二分法でも西欧並みの東欧市民社会でもなく、近代の西欧と東欧の社会が直面した矛盾や暴力にこそ目を向けるべきだという。

ここで再び、東欧の市民社会とそこにおける排除の問題に戻ることもまた、ザーラの指摘に応じることになるかもしれない。市民社会における階級的、ジェンダー的、国民的な排除に触れてきたが、さらに福祉国家の問題を考える際には、世紀転換期以降の人種的排除の問題に触れなくてはならない。ハンガリーの市民社会と人種主義の関係という問題、さらにその問題と「福祉の複合体」の関係を理解するための事例を紹介したい。

一九世紀ハンガリーの自由主義は、教育を受けた自由な専門職とその養成機関の開放、また専門職の団体のギルドからアソシエーションへの転換をもたらした。このことがユダヤ教徒のこれらの職業における割合の大きさをも導くのだが、さらにそのことの帰結が、人種主義の主戦場としての専門職である。一九二〇年の「ヌメルス・クラウズス（定員制限）」法は事実上大学の専門職養成におけるユダヤ「民族」の割合を制限し、一九三〇年代後半の反ユダヤ法は、医師・法律家・技術者におけるユダヤ「教徒」（一九三八年：第一次ユダヤ法）とユダヤ「人種」（一九三九年：第二次ユダヤ法）の割合を厳しく制限した。また、この過程において、医師・法律家・技術者の自由な専門職のアソシエーションこそが、反セム主義の拠点ともなったのである。[30]

「福祉の複合体」においてはどうだろうか。一九四〇年から一九四四年まで実施された、「全国民衆家族保護基金」（以下、ONCSA）の例を見てみよう。ONCSAこそは、第二次世界大戦以前のハンガリーにおける社会政策の頂点とされる施策であり、それまでおこなわれていなかった農村の貧困（失業と、とくに居住）問題に取り組んだものである。しかし、ここで被援助者に提供された住居とは、没収ユダヤ財産であり、また被援助者は在地社会を代表する者たちが「政治的傾向、人種、態度」などを含めた基準により選択していたともされる。[31]シクラ・ドロッチャはこれを指して「援助の出入り口における人種的選別」と述べる。[32]ONCSAに関して重要なのは、ONCSAの実施機関の機関紙で「社会は国家の意志形成において、またしたがって国家の社会政策（の公論形成）において、その実行におけるのと同じように、参画するもの」であり、その「参画は不可欠である」[33]と述べられているように、社会と国家の協働による実現が最初から目指されていたことである。先に挙げたシクラは、このような在地社会の関与こそが、この政策が人種的排除の政策でもあったことを支えていたのだ、ということを示唆する。[34]

ここで問題となるのはもちろん、市民社会が実在したことや、福祉における中間領域の役割といったものではない。まさに「複合体」であることにおいて排除の政策が機能すること、それが東欧近現代史においてもっとも「西欧」的とされる局面で観察されることこそが、歴史的・批判的検討の主題となるべきなのである。

おわりに

第Ⅰ部の提議とそれに応じた第Ⅱ部の討論では、福祉国家を広い射程に置いた批判的検討と、中間領域の複合性・多層性の検討の重要性が指摘されてきた。それに対してここでは、市民社会（論）をその「本場」ともいえる東欧に視点を据えて検討してきた。

複合性を指摘し、市民社会の「存在」を素朴に論じることだけでは、新自由主義と親和的であるから無意味なのではない。無意味であるからその親和性に抗しえないのである。ここで挙げてきたような市民社会の批判的検討は、すでに中間領域研究を主題としておらず、国民的、人種的、市民的（規範的）、ジェンダー的などの規範や排除を生じさせる、権力や暴力の機能をこそ主題としているのである。また新自由主義と市民社会論の親和性は、市民社会に内包されていた政治を覆い隠す普遍性の神話への加担という局面でこそ発生したのである。このことは、素朴な複合性の称揚が単に無意味であるという以上のことを示している。

ザーラが指摘するように西欧とそれ以外の二分法も、逆に「普遍的」西欧との共通性を素朴に指摘することも、同様に普遍性の神話につながるのであれば、東欧の市民社会論の示したこのような問題は、すでに東欧に限られたものではない。篠原がすでに二〇〇〇年前後に示し、ザーラが最近になって繰り返した問題提起は、残念ながらいまだに古いものになっていないのではないか。

注

（1）倉敷伸子「セーフティネット史研究の現在——社会経済史学会編『社会経済史学の課題と展望』（有斐閣、二〇〇二年）所収論文より」『エコノミア』第五四巻第二号、二〇〇三年、一〇七〜一一〇頁。

（2）Craig Calhoun, “Civil Society and the Public Sphere”, *Public Culture*, 5, 1993, p. 267.

(3) Szalai Erzsébet, *Az újkapitalizmus és ami utána jöhet…*, Új Mandátum, 2006, pp. 98-100.（新資本主義とその後に来たりうるもの）

(4) サライ・エルジェーベト（吉橋弘行訳）「「新資本主義」の危機と東欧」世界史研究所第二回世界史懇話会（二〇〇五年六月二日）資料、http://www.history.l.chiba-u.jp/~riwh/meeting/20050602_meetingA.pdf（閲覧：二〇一二年九月）。

(5) Dorothee Bohle, "Race to the Bottom? Transnational Companies and Reinforced Competition in the Enlarged Europen Union", in Bastiaan va Apeldoorn, Jan Drahokoupil, and Laura Horn eds., *Contradictions and Limits of Neoliberal European Governance: From Lisbon to Lisbon*, Palgrave Macmillan, 2009, p. 180.

(6) Zsuzsa Ferge, "The Changed Welfare Paradigm: The Individualization of the Social", *Social Policy & Administration*, 31(1), 1997, p. 36.

(7) Zsuzsa Ferge and Gábor Juhász, "Accession and Social Policy: The Case of Hungary", *Journal of European Social Policy*, 14 (3), 2004, pp. 234-236.

(8) Ferge and Juhász, "Accession and Social Policy", p. 249.

(9) Arjan Vliegenthart and Henk Overbeek, "Corporate Tax Reform in Neoliberal Europe: Central and Eastern Europe as a Template for Deepening the Neoliberal European Integration Project?", in Apeldoorn, Drahokoupil, and Horn, *Contradictions and Limits of Neoliberal European Governance*, p. 159.

(10)「新自由主義革命」が、東欧の体制転換ばかりでなく、南アフリカ（「新自由主義的解放」）、イラク、中東・北アフリカ諸国などとも連なる世界史的現象である点について、小沢弘明「新自由主義下の中東・北アフリカ」『現代思想』二〇一一年四月臨時増刊号（総特集：アラブ革命　チュニジア・エジプトから世界へ）、二二〇頁。また、東欧への拡大についてではないが、欧州統合それ自体を新自由主義の文脈においたものとして、フランソワ・ドゥノール、アントワーヌ・シュワルツ『欧州統合と新自由主義——社会的ヨーロッパの行方』（小澤裕香、片岡大右訳、創論社、二〇一二年）。

(11) Szalai Erzsébet, *A civil társadalomtól a politikai társadalom felé résztanulmány: Munkástanácsok 1989-1993*, T-Twins, 1994, p. 153（『市民社会から政治社会へ——個別研究：労働者評議会一九八九～一九九三年』）. またキャルホーンも、共産圏の

崩壊に伴い「東欧の多くの民主主義者は市民社会の言説からシフトしてい」き、「多くの東欧の人びとは、……市民社会的な民主主義のニーズを作り出すことができるのは本当に資本主義だけなのか、という問題を問わないまま、民主主義は資本主義に基礎を置かなくてはならないということを前提にしている」と述べる（Calhoun, "Civil Society and the Public Sphere", p. 268）。

（12）Calhoun, "Civil Society and the Public Sphere", p. 278.

（13）Geoff Eley, "Nations, Publics, and Political Cultures: Placing Habermas in the Nineteenth Century", In Craig Calhoun ed., *Habermas and the Public Sphere*, The MIT Press, 1992, pp. 289-339.

（14）Harold Mah, "Phantasies of the Public Sphere: Rethinking the Habermas of Historians", *The Journal of Modern History*, 72 (1), 2000, pp. 158-161. マーは、政治的フィクションとして公共圏を考えることにより、ある特定の集団がそこでいかに自らの特殊な利害を「普遍的」であると表明するのか、ということを明らかにできると考える（Mah, "Phantasies of the Public Sphere", p. 168）。この「普遍性」の標榜という問題は、篠原琢の議論に依拠しながら後述する、市民社会の「ヨーロッパ性」という論点を考える際に示唆的である（注22を参照）。

（15）秋山晋吾「一八世紀末トランシルヴァニア・ザラトナ郡における「共同体」——正当化・主体化の戦略と村の公共圏」小沢弘明編『千葉大学社会文化科学研究科研究プロジェクト報告集』通巻一三八号、千葉大学大学院社会文化科学研究科、二〇〇七年、七～二六頁。

（16）篠原琢・中澤達哉編『ハプスブルク帝国政治文化史——継承される正統性』昭和堂、二〇一二年。

（17）佐藤卓巳「ファシスト的公共性——公共性の非自由主義モデル」『岩波講座　現代社会学第二四巻　民族・国家・エスニシティ』岩波書店、一九九六年、一七七～一九二頁。

（18）渋谷望「「内務省化」による公共性の再定義」『未来』第四三四号、二〇〇二年八月、一～四頁。

（19）篠原琢「文化的規範としての公共圏——王朝的秩序と国民社会の成立」『歴史学研究』第七八一号、二〇〇三年、二四頁。

（20）同前、一七頁。

（21）Pieter M. Judson, *Exclusive Revolutionaries: Liberal Politics, Social Experience, and National Identity in the Austrian Empire, 1848-1914*, The University of Michigan Press, 1996.

(22) Taku Shinohara, "Central European Discourses from Historical Perspective", *The Emerging New Regional Order in Central and Eastern Europe*, Slavic Research Center, Hokkaido University, 1997, p. 36. 篠原は、多様性を「中央ヨーロッパ」の特殊性として主張しつつ、これを「市民社会」という普遍性の証左とすることの矛盾と、その矛盾が顧みられなかったことについても指摘している。もちろんここで篠原によって、「市民社会」が「実在し」、かつ「普遍的」であった、と主張されているわけではなく、その逆である。

(23) Shinohara, "Central European Discourses from Historical Perspective", p. 38.

(24) *Ibid.*, p. 40.

(25) Bősze Sándor, „*Az egyesületi élet a polgári szabadság…*" *Somogy megye egyesületei a dualizmus korában*, Somogy Megyei Levéltár (Somogy Almanach, 53), 1997 (『「アソシエーション生活は市民の自由……」二重君主国期ショモジ県のアソシエーション』).

(26) Gyáni Gábor, *Történészdiszkurzusok*, L' Harmattan, 2002 (歴史家の言説).

(27) Béla Tomka, *Welfare in East and West: Hungarian Social Security in an International Comparison, 1918-1990*, Akademie Verlag, 2004.

(28) Tara Zahra, "Going West", *East European Politics & Societies*, 25 (4), 2011, p. 789.

(29) *Ibid.*, p. 787.

(30) Mária M. Kovács, *Liberal Professions and Illiberal Politics: Hungary from Habsburgs to the Holocaust*, Woodrow Wilson Center Press / Oxford University Press, 1994.

(31) Hámori Péter, "Utak az országos nép- és családvédelmi alaphoz (mi is az a modern szociélpolitika?)", in Szilágyi Csaba ed., *Szociális kérdések és mozgalmak Magyarországon* (*1919-1945*), Gondolat, 2008, pp. 25-53 (「全国民衆家族保護基金への道、近代的社会政策とはいったい何なのか?」『ハンガリーにおける社会問題と社会運動　一九一九年～一九四五年』).

(32) Szikra Dorottya, "A szociálpolitika másik arca. Fajvédelem és produktiv szociálpolitika az 1940-es évek Magyarországon", *Századvég*, Új folyam 48(2), 2008, pp. 39-79 (「社会政策のもう一つの顔――一九四〇年代ハンガリーにおける人種防衛と生産

的社会政策」）.

（33）Teczes László, “Az önkéntes társadalmi munka”, *Nép és családvédelem: Az Országos Szociális Felügyelőség közleményei*, 1 (2), 1941, pp. 41-42（「自発的な社会の労働」『民衆・家族保護』）

（34）Szikra, “A szociálpolitika másik arca”.

3　新自由主義時代の教育社会史のあり方を考える

岩下　誠

はじめに

橋本提議とそれへの応答がもっとも鋭く対立したのは、二〇世紀後半を対象とした部分であった。そこでの争点は歴史的なものであると同時に、現在進行している福祉国家の再編と新自由主義の台頭が、いかなる要因によってどの程度の強度をもって進行しているのか、という現状認識をめぐる差異でもある。提議と応答のどちらが妥当な現状認識なのかということは、ここでは問わない(1)。一八世紀から一九世紀を主たるフィールドとする筆者として試みたいのは、二〇世紀後半の福祉と教育をめぐって提出された論点をより広範な時代の歴史叙述へと適用する可能性を検討し、あわせて今後の教育社会史が取り組むべき課題を提示することである。以下の議論では、とりわけ児童労働史の研究動向を念頭に置く。児童労働史研究は、広田が指摘する「労働＝雇用」の問題と、橋本が重視する国民国家を超えたグローバルな影響関係の次元の双方を、教育と福祉をめぐる歴史研究に組み込む可能性を有していると考えるからである。

福祉国家と教育

福祉国家と教育というテーマそれ自体は目新しいものではない。むしろ、通俗的なイメージに反して、戦後日本の教育学や教育史研究において、福祉国家批判ないし福祉国家における教育批判というテーマはある種の一貫性を持って存続してきたとすらいいうる。第Ⅱ部1で指摘したように、日本における従来の教育学が福祉国家に対して取ってきたスタンスは、けっして福祉国家の全面的な擁護というわけではなかった。一九七〇年代までの革新派の議論では、「一八世紀的近代／一九世紀以降の現代」という時代区分に基づきながら、福祉国家形成と並行して進展した公教育制度の整備およびそれを支える思想と、啓蒙と市民的自由を基礎とする一八世紀的な教育思想との断絶を強調するという側面が明確に打ち出されていた。その意味では堀尾輝久をはじめとするいわゆる「戦後教育学」は、当時もっとも洗練された福祉国家（教育）批判であったといえる。もっとも、そこで実際に批判の対象となっていたのは、福祉と教育の関係というよりも、教育統制の正統性をめぐる問題であった。思想や良心の自由といった私的領域を公的介入から守るための市民的権利の延長線上で構想されていたはずの教育の公共性が、公共の福祉を標榜する福祉国家のもとで国家的中立性へと読み替えられ、教育への国家介入（実際には支配階級という特定の利害集団による介入）を正統化する構造を生じさせたことが主たる批判の対象であった。(2)

このような議論が、一九七〇年代までの教育をめぐる左右の政治的対立という歴史的文脈を背景としていたことは、多くの論者が指摘する通りである。

八〇年代以降の教育社会史は、こうした政治的対立の枠組みから移行し、教育の社会的機能をよりトータルに把握しようとした。橋本伸也が明快に整理しているように、この時期から現在にいたるまでの教育社会史の主要なパラダイムは、国民国家論、規律化論、文化的再生産論の三つとして成立してきたが(3)、いずれも現代福祉国家における教育を階級間の支配関係の再生産装置として見なすという狭義の階級史観を超えて、福祉国家における教育が果たしてきた社会的機能を問い直す視点を提供した。問題は教育統制のあり方をめぐる政治的葛藤ではなく、教育一般――とりわけ近代から現代において学校教育という形で公的に制度化される――が持つ原理的・構造的な保護主義／介入主義の問題へとシフトしたといえる。福祉国家を資本主義の延命措置とするマルクス主義的批判ではなく、福祉国家そのものへの批判、福祉国家の理念を現実が裏切らざるをえないという批判である。そこでは、教育は福祉国家の持つ保護主義的・介入主義的機能の重要な一部として把握された。

以上のような従来の福祉国家と教育をめぐる議論に対して本書が新しい視点を打ち出しているとするならば、それは新自由主義改革の段階的な変化と、それに応じた社会政策における教育の位置づけの変化という同時代的な状況認識に由来している。具体的には、ニューレイバーに代表されるような新しい新自由主義体制において、教育は単純に財政的基盤を失ったり市場化したというわけではなく、むしろ職業訓練や市民性の形成と結びつきながら拡充をはかられると同時に、従来の無条件の福祉給付に代表される社会保障の領域を再編しつつあるということである。橋本や広田が部分的に論じているが、山口毅や仁平典宏は、この点にとりわけ着目し、とくに新自由主義的な政策のなかで、教育と福祉が深刻なトレード・オフの関係に陥っているという論点を提出している(4)。

こうした立場からの議論を要約すると、以下のようになる。新自由主義に基づく市場化によって、福祉国家が形成してきた公教育の財政的・制度的基盤が掘り崩されているという一般的なイメージがある。確かに一九八〇年代のサッチャー政権による教育改革のように、初期の新自由主義的教育政策は教員組合への攻撃を主要な目的としていたため、教育費の削減ないし抑制という前提のもとで相互の競争と合理化を促進するという部分を持っていた。また、日本の教育改革を進めた一部の論者に、あからさまな優生思想に基づきながら公教育全体のスリム化とエリートへの優先的資源配分を唱えた人びとがいたことも確かである。

しかし、歳出削減を至上目的とする初期の新自由主義と異なり、ニューレイバーに代表されるような現在の新自由主義においては、むしろ教育は最重要の政策課題として位置づけられている。実際の教育予算が増額されるという財源の手当てとならんで重要なのは、こうした政策が「結果の再配分から可能性の再配分へ」という形で、すなわち従来の無条件の給付にかえて職業訓練を中核とした教育供給によって福祉を代替したり、福祉受給の条件とするワークフェアと、市民社会を中核としつつ能動的な社会参加を促進する参加民主主義の奨励・促進（シティズンシップ教育）を採用するようになったということである。したがって、「新自由主義が教育を掘り崩す」という単純な想定は誤っている。実際に生じているのは新自由主義における教育の拡大と、それと連動する既存の社会保障の後退である。しかしこの弊害は大きい。失業問題が個々の求職者の能力ではなく労働市場の流動化という構造的な問題である以上、職業訓練は投資の割に限定的な効果しか持ちえないし、そもそも教育の効果がどのように測定されるのかも不確定である。[5]また従来の社会権の代替として、社会生活への参加を、またその参加に必要なスキルや徳性を教育によって身につけることを要件として「市民であること」を再定義することは、教育には必ず一定程度の失敗が生じるため、つねに特定の人びとを「非市民」として排除することになる。[6]したがって、福祉国家を再編し新しく社会を構想するために重要なのは、職業訓練やシティズンシップ教育をいかに充実させていくか、ではない。必要なのは教育にできることを見定めたうえで適切な限界設定をおこなうと同時に、教育の外部に、教育とは無関係に生存が保障される社会保障の領域（たとえばベーシック・インカムなどのセーフティネット）を確保していくことである。

こうした議論は新しい。それは、福祉国家批判の立場から、福祉政策の一つとしての教育の抑圧性や権力性を論じてきた従来の議論とは異なり、福祉国家擁護の立場からの教育批判であるから、というだけではない。この議論が提起している重要な論点は、教育の役割や機能をトータルな生存保障――あるいは「福祉＝幸福wellbeing」――という視点から、教育以外の領域との関係性を考慮しつつ再設定しなければならないという社会構想の視点である。八〇年代以降の福祉国家批判と連動した教育批判の多くが教育内部のオルタナティヴを提示するにとどまっていたり（「近代教育」にかえて別の教育を！）、あるいは結果として新自由主義的な政策を呼び込んでしまった（脱学校化社会）りしたことと対照的に、このような議論は教育の限界設定という教育批判と新自由主義とは異なる社会構想とを接合する手がかりを与えているように見える。

生存保障の歴史と教育

こうした問題提起の重要性を踏まえたうえで、教育社会史研究が引き取るべき論点とはどのようなものになるだろうか。第一に、このような議論が示唆しているのは、生存保障というトータルな観点から教育の機能を問い直すべきだということ、もう少し精確に言い換えるならば、人びとが生を営むことを支えるさまざまな手段のなかの一つとして教育を位置づけ、それが他の手段とどのように関わりながら具体的に人びとが生きることに寄与したかを歴史的に明らかにしていくということである。

もっとも、もし雇用が福祉をある程度代替するものであるとするならば、従来の教育と雇用に関する膨大な研究蓄積もまた、福祉と教育の比較社会史の一部として捉えられるのかもしれない。教育と職業との接続は、教育社会史のメインテーマの一つであり続けてきた。ミュラー＝リンガーによる中等教育システムに関する研究をはじめとして、日本でも望田幸男や村岡健次らに主導された比較教育社会史研究会の大きな貢献の一つは、資格社会化、専門職社会化と教育システムとの関係を明らかにし、教育および教育資格を媒介として近代における社会編成の変容の過程を解明したことであった(7)(8)。

しかしこうした研究は、一八七〇年代前後以降の、しかも中等教育以上を対象としたエリート教育に偏ったものであることも事実である。人口の大多数を占める労働者階級に視点を移すならば、教育がどこまで階層移動や雇用に寄与したのかははっきりしていない。一九世紀を通じて教育あるいはリテラシーの獲得がマクロな意味での経済成長をもたらしたとする根拠は乏しいし、個人のレベルでも社会移動はもちろんのこと、実際の収入増に結びついたという根拠が乏しい。教育やリテラシーの獲得が一国全体の経済成長を促進したという機能主義的な想定は疑問視されるようになっており、むしろ現在では一九世紀の公教育制度の発展や識字率の高まりは、経済成長の原因であるというよりはむしろ経済成長の結果であると考えられるようになっている。同様に、一九世紀全般を通じてリテラシーを必要とする職業の増加は限定的なものであり、個人のレベルにおいてもリテラシーの獲得を通じた社会移動は階級間の移動というよりも、階級内部での移動にとどまっていた(9)。

このことは、文化的再生産論の枠組みから教育の選抜配分機能を対象とするだけではなく、機能主義的な観点から教育の社会化機能に着目したとしても、一八・一九世紀の民衆にとって教育が持った意味を解明することは限界があるということを意味している。したがって、国民国家論や規律化論が教育社会史の主要な領域を構成するようになった要因の一つは、この時期の教育——とりわけ民衆教育や基礎教育——の大部分が都市化や工業化、職業構造といった社会経済的な要因に着目するだけでは説明できないということに求められるのかもしれない。しかしこうした研究は、「上からの」アプローチである点で、ある種の制約を伴っている。「どのように・どの程度国民化されたか／規律化されたか」という視点からは、人びとの生の営みにとって教育がどのような意味を持っていたのかを明らかにすることは難しい。国民国家論と規律化論の枠組みに依拠する限り、民衆が教育と関わる際の主体的な側面は、「受容か／抵抗か」という二元的な図式に収斂してしまいがちである[10]。

もっとも、近年の研究のなかには、教育やリテラシーを獲得することが労働者の人生にとってどのような意味を持っていたのかを、下から迫ろうとするものもある。労働者階級の自叙伝研究の先鞭をつけたヴィンセントは、近年の著作のなかで、郵便流通量などの国際比較に基づきながら、名目的なリテラシー（識字率）ではなく、機能的リテラシー（リテラシーの活用）という側面を描き出すことに成功している[11]。同じく労働者階級の自叙伝やインタヴュー調査をもとにしたローズの研究もまた、ヴィンセントの先駆的著作と同様に、けっして職業的・経済的な意味にとどまらない労働者階級の知的生活の持つ多様な文化的側面を明らかにしている[12]。こうした研究から浮かび上がってくるのは、職業的・経済的な有用性をまったく持たない知識こそを「有用な知識」として仲間とともに求め、それを頼りとして厳しい社会的現実において自らの生の意味を充当しようとした一九世紀の独学者たちの姿である。さらに時代は前後するが、こうしたレスペクタブルな労働者たちよりも困難な現実を生きる貧民の世界においても、近年では「貧民の手紙」などを史料とし、彼らがさまざまな手段を利用しつつその場その場での生存維持《メイクシフト》をはかろうとする主体性に焦点が当てられてきている[13]。窮状を訴え、自らを救済されるに値する貧民として表象するための手紙のフォームに対するリテラシーを持つということが、メイクシフトのための重要な手段であった。

こうした議論を教育社会史研究の課題として引き取るならば、一方での選抜配分（文化的再生産論）、他方での社会化（国民国家論、規律化論）という両極の間にあって、いまだ歴史的に明らかにされていない教育の機能があるのではないか、ということになる。生存保障や生存維持といった視点から教育の機能をあらためて問い直すことは、教育社会史の領域を拡大すると同時に、労働力の商品化が進展しつつあった近代において、脱商品化の領域がいかに維持され、あるいは変容したかを明らかにするという歴史的意義をも有するだろう。本書では沢山論文が、また『叢書・比較教育社会史』では『国家・共同体・教師の戦略』『識字と読書』の巻がこうした潮流に位置づけられるが、こうした試みはより適切な道具立てを整えつつさらに展開される必要がある。この点で沢山も言及している、「生存の歴史学」を提唱する大門正克の議論は教育社会史研究にとってもきわめて示唆に富む。「生存」というテーマは、労働に注目するだけでは人びとの存在を根源的に問うことはできないのではないかという反省のもと、労働と生活（再生産）を統一的に捉える概念として提起されている。この概念枠組みは、主体と構造をめぐる歴史認識論や社会経済史と文化史の乖離といった歴史学の方法論の再審にとって有効性を持つが、それだけでなく、新自由主義時代において歴史学が取り組むことが要請されているテーマでもある。[14]近年の論考で、大門は湯浅誠の貧困論、とりわけ「五重の排除」のなかの「教育課程からの排除」「自分自身からの排除」に注目しつつ、教育課程を含めて生存概念や貧困概念を構成すべきであるという問題提起を歴史学の課題として引き取り、一九六〇年代から七〇年代の大阪の夜間中学の検討を通じて、社会的に排除された人びとが教育を通じて知識とともに自己の尊厳と相互承認を獲得していく様子を描き出している。[15]「生存の構成要素、あるいは労働と生活の概念を鍛えなおすためにも、教育の果たす歴史的役割の多面的な検討が欠かせない」という大門の問題提起は、主体の問題を運動と抵抗に還元してきたのではないかという反省とともに、教育社会史研究が重く受け止めるべき論点ではないだろうか。

教育と福祉の分節化

福祉と教育のトレード・オフという議論から示唆されるもう一つの問題は、教育と福祉（そして労働）の切り分け方そのものが歴史的なものであるということである。本書で小玉や内山が指摘しているように、行政的な区分から両者の分節化と序列化がおこなわれる場合があるにしても、両者の区分は必ずしも制度的な問題に還元されるわけではない。また、教育は商品化機能のみを有するものであると想定することもできない。広田が論じているように、教育には労働力の商品化と脱商品化という二つの相反する機能が備わっているが、このことによって教育が福祉国家ないし福祉レジームのなかで果たす役割は複雑なものとなる（エスピン－アンデルセンの福祉レジーム類型論において教育がうまく位置づいていないのは、こうした理由によるのかもしれない。そこで各レジームを類型化するための指標となる脱商品化スコアは、基本的に所得給付に基づいたものであり、教育給付は除外されている。また、福祉レジーム類型と労働規制のあり方にも直接的な対応が見出せない[16]）。

ここで児童労働史の研究動向を手がかりに、教育、福祉と労働という区別の問題を考えてみよう。近世において、教育、福祉と労働は未分化な状態であった。第Ⅰ部および第Ⅱ部1で議論の対象となった近世国家における重商主義的な政策において、怠惰な貧民を規律化し、有用な労働力へと形成し直すことによって救貧政策とするという動向が見られた。たとえば、近代教育思想の源泉として位置づけられるジョン・ロックは、名誉革命後の政府機関である「交易植民局」の求めによって救貧法改革案を上程している。その骨子はまず、貧民を労働が不可能な「救済に値する者」と、労働が可能であるにもかかわらず怠惰ゆえに物乞いなどをしている「救済に値しない者」に分けたうえで、前者を勤勉な労働者への育成と雇用確保を施して救済し、後者には徹底的な取り締まりと処罰を下すというものであった。前者の手段として設置される「労働学校」は三歳から一四歳までの教区救済を必要とするすべての子どもを収容し、職業教育と宗教教育を施して勤勉な労働者に育成する。ロックにとって「真の貧民救済とは、彼らのために仕事を見つけ出し、他人の労働に依存して怠惰に生きることがないように配慮してやること」にほかならなかった[17]。現在のワークフェアと見紛うような政策は、すでに一八世紀初頭において提言されており、福祉、教育、労働は一体の社会政策パッケージであった。一九世紀前半まで、「子どもが労働に従事している」ことではなく、むしろ「子どもが労働に従事していない」ことこそが問題視されていた[18]。教育と労働をいかにリンクさせるかが問題となっていたのである。

しかし、一九世紀を通じて、教育、福祉と労働との相互の関係は大きな変容を遂げる。従来子どもが従事していた農業労働とは区別された賃労働としての工場労働が「児童労働」としてあらためて発見され社会問題とされ、工場法の段階的な整備・拡充による児童労働の規制と、強制就学の法制化の二つに代表される公的介入が進展する。もっとも児童労働が衰退した理由は、こうした公的介入にのみその要因が帰せられるわけではない。産業構造の変容に着目するならば、初期工業化段階を経た後には、基幹産業に対する児童労働の重要性は薄れたという指摘がある。またこれと関連した家族戦略的観点からすると、子どもを労働させるかわりに教育を受けさせることは、ある時点から合理的な選択となる。初期工業化において児童労働は世帯全体の収益を増加させ、その一員である子どもの福利にも貢献したが、産業構造の変化に伴い児童労働の経済的意味が減少するにつれ、教育投資の価値が高まったからである、という説明がなされることもある[19]。

しかし考えてみれば、就学強制と教育の無償化、家族手当や児童手当といった政策から「学童としての子ども期」が創出されたことによって、学校教育が、子どもを一定期間労働市場に依拠せず生存させる、強力な脱商品化機能を果たしたことは明らかであるように思われる。同時に、あらゆる子どもを包摂すべく組織化された学校は、学校給食や健康診断といった福祉・医療サービスの拠点としても機能した。とりわけ学校給食は、児童の欠食という慈善事業の領域で取り扱われていた問題を、教育の論理を梃子として救貧法制の領域から切断したうえで、教育を実効的なものにするための「障害の除去」を目的とする公的介入の端緒を開いたという画期性が評価されてきた。こうした政策の背景に帝国主義的利害関心や専門職・官僚制支配の拡大を見出すことはたやすいし、当初の学校給食が有償かつ親義務の遂行不能事例に限って公的介入を認めたにとどまっており、普遍的無償サービスとはなっていなかったという限界を指摘することもできる[20]。しかし、特定の歴史的社会的条件のもとでは、教育と福祉が相互促進的に機能することがありうるということ、さらに教育の論理から福祉供給構造の変化や再編の動きが起こりうるということは、あらためて注目されてよい。

もっとも同じ現象をジェンダーや世代の関係から考察すると、別の事態が浮かび上がってくる。子どもの脱商品化は成人労働力の商品化と裏表の関係にあったのではないか、と解釈することができるからである。ラヒカイネンによれば、前世紀転換期に児童労働規制の動きが強まったのは、長期不況への対応に迫られた経営者側がより合理的な労働管理の方法を追求する過程で、児童労働の不経済性が注目され、それにかえてより効率的な労働管理のあり方が模索されたことによる[21]。就学強制と児童労働規制を中核とする子どもの脱商品化が、成人労働力の商品化の徹底という社会経済的要因からも生じてきたのだとすれば、教育の持つ脱商品化機能を手放しで礼賛するわけにはいかない。さらに、児童労働への規制やその減少という命題そのものに対して、いくつもの留保が必要である。児童労働はマクロ経済においてはサービス業のような労働市場における周縁的な場へと移ったとはいえ決して消滅したわけではなかったし、世帯経済というミクロな場面においては、二〇世紀半ばまで重要な位置を占め続けた[22]。さらに重要なのは、賃労働という形でのみ児童労働を理解するならば、多くの女子が従事した家事労働の問題を射程に入れることができなくなるということである。こうした点への反省から、現在の児童労働史研究では、賃労働（「狭義の児童労働」）だけではなく、生産に携わるものの賃金の発生しない農業労働や、非生産的な家事労働をも含めた「広義の児童労働」概念の必要が提唱される場合があるが、史料の制約からその実態を明らかにするためにはきわめて多大な困難が予想される[23]。ともあれ、成人の完全雇用を前提とした福祉国家形成が子どもと女性の「商品化」を犠牲にした「男性稼ぎ主モデル」において成立したとするならば、教育領域で生じた脱商品化の機能に対する歴史的評価は、より多角的な側面から検討されなければならないであろう。

グローバルな視点をいかに導入するか

橋本提議で提出されながら十分な検討がおこなわれていないもう一つのテーマが、国民国家という単位を前提とした比較という段階をいかに超えていくかということであった。こうした論点は、福祉国家への収斂から最分岐へと進んでいる現在の状況が、国民国家が排他的な教育政策のエージェントとなりえなくなりつつあるという認識を踏まえたものである。この点で、政治的な次元を重視する橋本と経済的な規定要因の存在を強調する広田の間では、強調点の相違がありつつも、問題意識はむしろ共有されている。

しかし、橋本提議を受けた個々の論文は、基本的に国民国家を単位としつつ、国民国家内部での多様性や複合体の存在を強調する議論になっている。もちろん、こうした議論が国家主導で進行した一九世紀の公教育史という単線的なイメージを大きく修正するものであり、国家の役割を相対化するものであることは重要である。任意団体に注目する前田論文は、世俗国家に対するカトリック教会のプレゼンスを強調してきた八〇年代以降のフランス教育史の書き換えをさらに前進させると同時に、イギリスをはじめとする他のヨーロッパ諸国とフランスとを比較可能にする枠組みを提供している点でも画期的である。また秋葉論文は、非ヨーロッパ圏における研究の深化・拡大を示すとともに、「教育の複合体」という枠組みがある程度非ヨーロッパ圏にも適用可能ではないかという見込みを提起している点で、きわめて重要な貢献をしている。

しかしここで問題となるのは、国民国家内部での国家（政府）の役割が相対化され、内部での多様性が強調されたのに比べて、国民国家の外側にあってこれを規定する要因への視点がやや弱いのではないかということである。一八世紀には理念的な、一八七〇年代以降には実質的な公教育制度の展開が広くヨーロッパおよびそれに隣接する各国に生じるが、このように同時代的にグローバルな教育変動が生じる要因と過程の検討は、橋本提議に応答した各論文で十分になされているとはいえない。

　福祉国家形成と教育という視点からすれば、一八・一九世紀を対象とした論者たちがまずは国民国家という枠組みのなかで議論を展開することには妥当性がある。教育はまさにこの国民国家形成の重要な機能の一つであったからである。さらに倉敷伸子や高田実が明快に指摘しているように、福祉機構全体を構造化する国家の役割を捨象するならば、そこでの歴史叙述は平板な福祉社会論にとどまり動態的な複合体論にならないばかりか、中間団体に福祉を転嫁する新自由主義と親和的な議論になりこそすれ、それへの有効な批判にはなりえない(24)。しかし、国民国家形成の時代は、世界システム論からすれば、西ヨーロッパを中核とした世界システムがほぼ世界のすべてを周辺ないし半周辺として組み込んでいく段階にあたる。さらに秋葉も指摘するように、近年の帝国史研究において植民地から本国への影響や規定性といった視点が打ち出されていることを考慮すれば、一八・一九世紀における教育や福祉の問題を国民国家の枠内に閉じてしまうわけにはいかない。

　ここで再び児童労働史研究に立ち戻るならば、そこでも同型の議論が提起されていることを確認できる。かつての児童労働史研究で重要なテーマだったのは、「西ヨーロッパにおける児童労働の衰退」がいかに生じたか、ということであった(25)。しかし児童労働史を牽引してきたヒュー・カニンガムによれば、現在問われているのは、児童労働の衰退ないし減少ではなく、児童労働の「不均衡な存続」である。一九世紀ランカシャーの綿工業を支えた綿花生産は、児童を含む奴隷を使役したアメリカ南部プランテーションによって、そして後にはインドとエジプトの児童労働によって支えられた。植民地ではないが地中海の戦略拠点としてイギリスの影響下にあったシチリア島では、化学工業の発展に伴う硫黄生産の必要性が高まり、硫黄を鉱山から運搬する労働力として児童が使役され、一九世紀末までに、全労働力の二〇パーセント以上を占める八万人の児童が労働に従事した。同時に、植民地は本国の孤児や浮浪児を福祉の名のもとに送り出し、労働に従事させる場でもあった。一九世紀において、ニューヨークを拠点とする児童援助協会は中欧諸国を中心に六万人の子どもを農業労働者として送り出し、イギリスでは一九世紀末から二〇世紀初頭にかけて八万人の子どもがカナダへと半ば強制的に移民させられた。

こうした事実は、ナーディネリのように、西ヨーロッパの児童労働の減少を経済成長と第二次産業革命による児童労働の価値の減少という一国内部の社会経済的な要因に帰す説明[26]に対して根本的な修正を迫るものである。仮に児童労働が工業化と経済成長を主たる要因として減少したのだとしても、中核地域での児童労働の減少が周辺や半周辺での児童労働の存続や増加と結びついていたのだとすれば、一国史的な観点からのみ児童労働の増加や減少を論じることには大きな限界があることになる。カニンガムは次のように述べる。

児童労働史家はもっとグローバルな視点を持つ必要がある。そして先進工業世界における革新が、そこから数千マイル離れた地域において、どのような影響を与えるのかを理解する必要がある。われわれは帝国史の行間を読む必要がある。というのも、帝国史研究者たちが実証してきた本国と植民地との経済的なつながりにおいて児童労働の存在が示唆されているにもかかわらず、帝国史研究者たちは児童労働というテーマに格段の関心を払ってはいないからである。ほとんどの歴史家は、グローバリゼーションが二〇世紀末から二一世紀初頭にかけて生じた新しい現象だ、などというナイーヴな見解を斥けるであろう。しかしわれわれは児童労働を理解する際、そうした知見を用いてはこなかった。発展途上経済の安価な労働力を使用することでマニファクチュアのコストを削減するという今日われわれに馴染みのプロセスは工業化の初期段階にまでさかのぼることができる、ということはこれまで認識されてこなかったのである。[27]

児童労働がグローバルな経済構造という観点からも考察されなければならないとするならば、児童労働を実質的に規制した就学の普及を考察する際にも、同様の観点を組み込まなければならないということになろう。

帝国史やグローバル・ヒストリーと新自由主義との親和性を指摘する批判もあるが、他方でグローバルな観点から生存保障という枠組みを軸に教育史を描いていくということは、歴史叙述をおこなう「われわれ」がどこまで連帯の範囲を拡大できるかという可能性を問うことでもある。本書で広田と長嶺がともに指摘しているように、教育には労働力の商品化や選抜配分といった機能のほかに、市民性や社会的連帯を育むという機能が期待されてきたし、そうした側面が福祉国家の存立条件を構成してきた。そして現在、こうした連帯の範囲が国民国家という枠を超えて形成されることが求められているとするならば[28]、過去になされた同様の試みをあらためてたどり直してみることも必要だろう。こうした観点からすれば、本書に収められた論文の多くが注目した中間団体の一部は、国民国家の枠を超えて活動したアクターとして捉え直すこともできる。ミッションや国際的な任意団体を帝国のソフトパワーとして解釈することも可能だし必要なことでもあるが[29]、他方で歴史的な制約のなかで国家を超える連帯への模索がどのようになされたのかを探求する試みが並行してなされるべきである[30]。

おわりに

人的資本形成と能動的市民形成を中核とした自立・自律した個人の創出という新自由主義的な教育理念のなかに、目新しいものなど何一つない。もし新しい点があるとすれば、冒頭で挙げた議論が主張しているように、それは福祉国家が担保してきた脱商品化と生存保障の領域を縮減する形で、教育を梃子とした社会編成がおこなわれつつあるというその社会的布置の方にある。そしてまた、戦後教育学とそれを批判したポストモダン教育論がともに新自由主義的な論理に回収され、それに対抗する理念を持ちえていないとするならば[31]、そうした教育学の貧困に教育社会史研究は相応の責任を負っていることになろう。八〇年代以降の教育社会史研究は福祉国家批判であるが、他方で福祉国家の相対的な安定性を隠れた前提にしてきた部分があり、そこで得られた知見は必ずしも現状を分析するツールとして有効ではなくなってきている。本章では児童労働史研究と生存の歴史学を参照しつつ、再生産と国民化・規律化という従来の枠組みでは収まりきらない教育機能の歴史的多様性を明らかにする手がかりを模索した。「生存の構成要素としての教育」を歴史的に明らかにしていくという教育社会史の課題が、同時に人びとの生存を脅かす新自由主義への批判的検討と対抗原理へと接続していくことを期待して、結びとしたい。

（付記）本章は平成二三〜二五年度日本学術振興金科学研究費助成事業基盤研究（C）「教育「支援」とその「排除性」に関する比較史研究」（研究代表者：三時眞貴子　課題番号：二三五三一〇〇〇）の研究成果の一部である。

注

（1）「政治的要因と経済的要因のどちらを重視するか」「福祉国家の縮小か再編か」という橋本と広田の差異は、ＥＵという国民国家を超えた強力なリージョン権力の影響をまともに受けている東欧諸国に視点を置くのか（橋本）、グローバル化による影響が相対的に少なく、まだ国内政策によって事態に対処しうる可能性がある日本に視点を置くのか（広田）という差異に由来しているのかもしれない。

（2）堀尾輝久『現代教育の思想と構造』岩波同時代ライブラリー、一九九二年（初版一九七一年）。

（3）橋本伸也「歴史のなかの教育と社会――教育社会史研究の到達と課題」『歴史学研究』第八三〇号、二〇〇七年。

（4）大多和直樹・山口毅「進路選択と支援――学校存立構造の現在と教育のアカウンタビリティ」本田由紀編『若者の労働と生活世界――彼らはどんな現実を生きているか』大月書店、二〇〇七年。湯浅誠・仁平典宏「「意欲の貧困」が提起する問い」本田『若者の労働と生活世界』。仁平典宏「〈シティズンシップ／教育〉の欲望を組みかえる――拡散する〈教育〉と空洞化する社会権」広田照幸編『自由への問い五　教育――せめぎあう「教える」「学ぶ」「育てる」』岩波書店、二〇〇九年。

（5）大多和・山口「進路選択と支援」。

（6）仁平「〈シティズンシップ／教育〉の欲望を組みかえる」。

（7）デートレフ・K・ミュラー／フリッツ・リンガー／ブライアン・サイモン編著（望田幸男監訳）『国際セミナー・現代教育システムの形成――構造変動と社会的再生産　一八七〇―一九二〇』晃洋書房、一九八九年。

（8）望田幸男編『国際比較　近代中等教育の構造と機能』名古屋大学出版会、一九九〇年。村岡健次『近代イギリスの社会と文化』ミネルヴァ書房、二〇〇二年。橋本伸也他著『近代ヨーロッパの探究四　エリート教育』ミネルヴァ書房、二〇〇一年。望田幸男・広田照幸編『実業世界の教育社会史』昭和堂、二〇〇四年。

（9）デイヴィド・ヴィンセント（北本正章監訳）『マス・リテラシーの時代』新曜社、二〇一一年、第三章。

（10）もっとも、フーコーに依拠した従来の規律化論を不十分なものとして単に棄却するのではなく、より具体的な実態においてさらに検証を進めるべきだとする方向性もありうる（田中拓道「ヨーロッパ貧困史・福祉史研究の方法と課題」『歴史学研究』第八八七号、二〇一一年）。これに対応するものとして、たとえばクラスルーム史研究の進展などが想起される。フーコー図式をそのまま援用した初期の粗雑な研究とは異なり、近年の研究は机や椅子といった具体的な教具の導入と普及を、単に文化史的な視点からではなく社会経済史的な視点や教育当局の動きなどの教育政治の側面と接合させようとしている点で新たな展開が見られる（Frederik Herman, Angelo Van Gorp, Frank Simon and Marc Depaepe, "The School Desk: From Concept to Object", *History of Education*, 40 (1), 2011）。しかしこうした視点自体は、われわれはフーコーの輸入以前に、佐藤秀夫の研究によってすでに手にしていたはずではなかったか。日本における学校文化史の最良の成果が、フーコーが流行する以前に制度史研究の大家の手によってなされたということが銘記されるべきである（佐藤秀夫『教育の文化史』全四巻、阿吽社）。

（11）ヴィンセント『マス・リテラシーの時代』、第三章。

（12）Jonathan Rose, *The Intellectual Life of the British Working Classes*, Yale University Press, 2002.

（13）長谷川貴彦「ポスト・サッチャリズムの歴史学――歴史認識論争と近代イギリス像の変容」『歴史学研究』第八四六号、二〇〇八年。

（14）大門正克「序説「生存の歴史学」――「一九三〇～六〇年代の日本」と現在との往還を通じて」『歴史学研究』第八四六号、二〇〇八年。

（15）大門正克「「生存」を問い直す歴史学の構想――「一九六〇～七〇年代の日本」と現在との往還を通じて」『歴史学研究』第八八六号、二〇一一年。

（16）三浦まり「労働市場規制と福祉国家――国際比較と日本の位置づけ」埋橋孝文編著『講座・福祉国家のゆくえ第二巻　比較の中の福祉国家』ミネルヴァ書房、二〇〇三年

（17）ジョン・ロック著／マーク・ゴルディ編（山田園子・吉村信夫訳）『ロック政治論集』法政大学出版局、二〇〇七年。

（18）Hugh Cunningham, *The Children of the Poor: The Representations of Childhood since Seventeenth Century*, Blacwell, 1991. もっともこうした政策は首尾よく実現したわけではなかった。子どもが就労可能なマニファクチュアはいまだ限定的な普及しか見せておらず、労働と教育を統合させた勤労学校のような機関は、その生産物の質が劣悪であったため市場的な価値を持ちえないケースも多かった。

（19）クラーク・ナーディネリ（森本真美訳）『子どもたちと産業革命』平凡社、一九九八年。

（20）宮腰英一「二〇世紀初頭イギリスにおける学校福祉立法の成立過程とその社会的背景――「学校給食法」（一九〇六）の成立をめぐって」『東北大学教育学研究年報』第三四集、一九八六年。

（21）Marjatta Rahikainen, *Centuries of Child Labour: European Experiences from the Seventeenth to the Twentieth Century*, Ashgate, 2004.

（22）Hugh Cunningham, "The Decline of Child Labour: Labour Markets and Family Economies in Europe and North America since 1830", *Economic History Review*, LIII（3）, 2000.

（23）Kristoffel Lieten and Elise van Nederveen Meerkerk, "Child Labour's Global Past, 1650-2000: An Introduction", in Kritoffel Lieten and Elise van Nederveen Meerkerk ed., *Child Labour's Global Past, 1650-2000*, Peter Lang, 2011, pp. 16-17. これは歴史的な問題であると同時に、現代的な問題でもある。国際労働機関（ＩＬＯ）が定義する児童労働のカテゴリーは賃労働をベースとしており、親の家業を手伝う子どもたちは、発展途上国の働く子どものなかでもっとも大きな集団を形成するにもかかわらず、児童労働の統計には現れない（Anette Faye Jacobsen, "Child Labour in Developing Countries", in Paula S. Fass et al. ed., *Encyclopedia of Children and Childhood: In History and Society*, Macmillan Reference. Vol. 1, pp. 157-159)。

（24）倉敷伸子「セーフティネット史研究の現在――社会経済史学会編『社会経済史学の課題と展望』（有斐閣、二〇〇二年）所収論文より」『エコノミア』第五四巻第二号、二〇〇三年。高田実「「福祉の複合体」の国際比較史」高田実・中野智世編著『近代ヨーロッパの探求一五　福祉』ミネルヴァ書房、二〇一二年。

（25）Cunningham, "The Decline of Child Labour".

（26）ナーディネリ『子どもたちと産業革命』。

（27）Hugh Cunningham, "Child Labour's Global Past", in Lieten and Meerkerk, *Child Labour's Global Past*, p. 67.

（28）マーク・オルセン「新自由主義・グローバル化・民主主義」ヒュー・ローダー他編（広田照幸他編訳）『グローバル化・社会変動と教育一――市場と労働の教育社会学』東京大学出版会、二〇一二年。

（29）Joyce Goodman and Jane Martin ed., *Gender, Colonialism and Education: The Politics of Experience*, Woburn Press, 2002. 堀内真由美『大英帝国の女教師――イギリス女子教育と植民地』白澤社、二〇〇八年。

（30）Dominique Marshall, "The Construction of Children as an Object of International Relations: The Declaration of Children's Rights and the Child Welfare Committee of League of Nations, 1900-1924", *The International Journal of Children's Rights*, 7, 1999. Dominique Marshall, "Children's Rights in Imperial Political Cultures: Missionary and Humanitarian Contributions to the Conference on the African Child of 1931", *The International Journal of Children's Rights*, 12, 2004.

（31）岩下誠「現代の子ども期と福祉国家――子ども史に関する近年の新たな展開とその教育学的意義」青山学院大学教育学会『教育研究』第五三号、二〇〇九年。

あとがき

当初、『近現代世界における国家・社会・教育』というタイトルのもとに構想された本書の狙いは、そこに示された広大にして茫漠とした主題をめぐって何か確定的で正統的な認識枠組みを提示することにあるわけではない。むしろそれは、行方の知れないグローバルな大転換の時代のなかで教育をめぐる歴史的考察のための新たな視座を得るために、専門分野や対象とする時代と地域、そして世代を超えた研究者間の相互批判的な対話を試みるところにある。その意味において本書は、「序」でも述べられている通り「現代の論争に新しい局面を開くための挑戦」なのである。そこでは、比較教育社会史研究会が過去一〇年間にさまざまの分野の研究成果に学んで蓄積してきた知見を前提に、さらにそこから次のステップに向かうことが目指されている（比較教育社会史研究会の一〇年間の成果については『叢書・比較教育社会史』（全七巻）および『比較教育社会史研究会通信』第一〇号、二〇一一年、を参照。後者は関西学院大学リポジトリで閲覧・ダウンロードできる。http://kgur.kwansei.ac.jp/dspace/handle/10236/7243）。そして、その際の方略として採用されたのが「福祉国家と教育」という補助線であり、最終的にはこれが本書のタイトルとして採用されることになった。

そうした挑戦を内実あるものとするためにまず、「無謀」で荒削りな試みにならざるをえないことを十二分にわきまえたうえで、あえて時間的・空間的にかなり広がりのある対象を包括的に論じた「提議」（第Ⅰ部）を私が用意して、主として近現代ヨーロッパに関わる歴史像構築のための試論を提供することとした（そのために、私の研究室で編者三名による長時間の予備的な議論の場を持った）。ついで二〇一二年三月二四日にお茶の水女子大学でおこなわれた公開の研究会の場（各部の扉を飾った写真は、その雰囲気を伝えるためのものである）では、「提議」で試みられた問題提起に対して、個別的な時期と地域の経験を踏まえた批判的な「応答と対論」（第Ⅱ部）を展開した。さらに、「提議」と討論のなかで深めきれなかった理論的論点を追加的に設定して考察を加えるとともに、本書にいたる一連の過程を総括し教育社会史研究のさらなる課題と展望を大胆に提起した「討議」（第Ⅲ部）の執筆をも依頼した。このように二重・三重の討論と相互批判の仕掛けを用意することで、たとえ手探りの域は超えられないにせよ、「短い二〇世紀」の後の混沌とした世界的変動の時代に教育と学校が経験した歴史的変容に有意義にアプローチする手がかりを得たいというのが、私たちが企画を発意した際の意図であった。伝統的教育史学はもとより、「社会史」的転回以降のそれも含めて、近現代教育史を論ずる際に暗黙裏に前提とされた認識枠を一歩でも二歩でも超え出たものとすること、これがこの試みに参加したすべての人びとに共有された総意だったのである。したがって、総説的に見える「提議」は「西洋近代教育史概説」として構想されたものでは毛頭ないし、それに続く諸論考も、特定の時代・地域の専門的な知見に依拠しながらも、手堅い個別実証研究の枠からはずいぶん前に進み出て、「提議」の妥当性と有効性を批判的に検証するものとなった。新たな視野を得るための方法論や枠組みを模索するために苦闘した論考もそこにはある。その結果、難点は多々残されているとはいえ、緻密な個別実証研究の成果を集めた通常の研究書や論集には見られぬような、共通の問題意識と挑戦的態度に貫かれた相互連関的な論考を収めた、凝集性のある書物に仕上がったのではないかと思う。分野や世代を超えた研究者集団の手でこうした成果が得られたことは、多分野間の対話と交流の場として比較教育社会史研究会を組織してきた私にとって率直に喜ばしいことであった。もとより、本書の示した研究上の挑戦の成否については、読者との交流を踏まえたさらなる熟慮と討議を通じて一つひとつ確かめる必要があるのだが。

一連の討論の場とならんで本書の編集過程もまた、提議者・編者としての役回りをあてがわれた筆者にとって、これまでの本作りの経験とはまったく異なる、きわめて刺激的なものとなった。「提議」で示された論点の妥当性を確認し補強するだけでなく、むしろ足りぬところ及ばぬところを指摘し批判する議論が眼前に突きつけられたことは、これまで味わったことのないような緊張感をもたらした。専門的な個別論文を適宜配列したうえで微調整を施し、それらを束ねた公約数的な序章を用意して済ませるという具合にはいかないからである。すべての報告と討論の録音を文字に起こし、それに基づいて作成された執筆メモや草稿を交換するなかで頻繁にメールのやりとりを繰り返したのだが、そのこと自体が論争的対話の場として機能して、編者と執筆者の双方が自己の思索を深化させることができた。本書に収められた論考の中には議論やこうしたやりとりを受けて当日の報告内容を大きく修正したものもある（そのため、「討論のまとめ」との間で若干のズレをきたした場合がある）。これはきわめて希有で、興奮を伴う貴重な経験であった。以下では、「あとがき」としての本来の領分を踏み越えることになるが、これらのやりとりのなかで語られたことを踏まえつつ、より敷衍した形で本書中に示されたいくつかの批判的論点への応答を試みてみたい。

＊　＊　＊

「提議」中でいささか悲観的に聞こえなくもないトーンで語られた現状把握に対して、エスピン–アンデルセンの「福祉レジーム」論を援用して「福祉国家の復興・再生」を志向する広田照幸氏がおこなった批判と、それを発展させた森直人氏の議論をめぐって三者間でなされたやりとりは、上述の経験の好事例である。第Ⅲ部で森氏が示した論点のうちのいくつかは三者間のやりとりを通じて書き加えられたものなのだが、さらにそれを踏まえて、私なりに「提議」中の主張を補強するならば、以下のようになる。

「提議」でも紹介したことだが、ヨーロッパ現代史家のトニー・ジャットが遺著中で強い口調で語ったような、個別の国民国家を単位とした福祉国家再生を求める議論に心惹かれるものがあるのは間違いない。社会主義というオルタナティヴがさしあたって消失したもとでは、唯一残されたオプションはそこにしかないようにも見える。「反新自由主義国民連合」を基盤とした「新たな福祉国家戦略」を提唱する政治学者の渡辺治氏（「二つの国民的経験と新自由主義をめぐる対抗の新段階」）もまたそうした可能性を追求しており、「変革の扉を押し開くために――新自由主義への対抗構想と運動主体の形成」を掲げた『歴史学研究』増刊号（第八九八号、二〇一二年一〇月）の劈頭にこの論文が掲載されたことは、この種の戦略が対抗理念として批判的社会科学や歴史学の世界でそれなりの支持を集めていることを示すものでもあろう。だが、渡辺氏の議論を一読した際に痛感させられたのは、新自由主義的政策体系を展開させる日本国内の政治的構図の解明におけるいつもながらの卓抜さ（再度の政権交代が、そこで提示された主要論点をすでに無効化させてしまったが）とは対照的な、国際的文脈に関する考察の乏しさである。所与のものとしての「アメリカ帝国主義によるヘゲモニー下のグローバル経済」が抽象レベルで想定されるだけで、そこからさらに踏み込んだ国際的要因の動態的構造把握がなされていないのである。

新自由主義の世界的広がりを考えたとき、このことは決定的な弱点といわなければならない。新自由主義は単に夢想された観念やイデオロギーとしてのみ存在するわけではなく、これを系統的に推進する国家間連合や協調のための装置、民主主義的正統性の不在にもかかわらず超国家的な強制力を行使する国際機関、国境を超えた移動をやすやすと重ねながら利潤追求をはかる「投資家」や多国籍の企業群、新自由主義を公理化しこれとは異なる価値やシステムの可能性を想起すらできない研究者・理論家の国際ネットワークなど、網の目のように張り巡らされた強固な実体的基盤（コングロマトリット）が作動しているからである。個別国家はこれらの折り重なった拘束のなかで、政治的な選択幅を極端に縮小させられている。一例としてEUを取り上げるならば、今日にいたる欧州統合の長い道のりの随所に新自由主義的契機が強固に埋め込まれていたことは以前から指摘されていたが（たとえば遠藤乾編『ヨーロッパ統合史』名古屋大学出版会、二〇〇八年）、むしろ第二次大戦後の統合過程の総体を新自由主義的プロジェクトそのものとして捉えかえし、「社会的ヨーロッパ」の困難と不能を指摘する議論（たとえばフランソワ・ドゥノール、アントワーヌ・シュワルツ、小澤裕香・片岡大右訳『欧州統合と新自由主義——社会的ヨーロッパの行方』論創社、二〇一二年）が提起されていることも想起しておきたい。そのＥＵこそが、その他国際機関などとも手を携えて冷戦終結後の体制転換諸国における急激で徹底した市場化を誘導し強制する主体であった。

また、世界規模で進められた新自由主義改革はすでに、これまでとはおよそ比較にならぬほどの資本やモノ、そして労働力の国際的流動性をもたらしており、たとえば体制転換プロセスを終結させてすでにＥＵに加盟した東中欧諸国では、労働力のＥＵ域内自由移動原則に基づき、国民総人口中の数パーセントから場合によってはもっと多くの人びとが短期・長期の移民労働者として国外で劣悪な条件下に就労するという現実も生じている。その際、ＥＵの労働政策により、北欧などの欧州内先進諸国で就労した東中欧出身労働者がホスト国の労働者保護法制の適用外にとどめられて、出身国と同等の相対的に劣悪な条件下に置かれることになっていることを想起しておこう。このように、故国を離れた労働移民とその家族の生存や良好な労働条件は何によって担保されるのかという一事からすぐに了解される通り（このことが、日本における外国人労働者にとってはより深刻な状況を呈していることを銘記しておきたい）、それぞれの「国民」国家を単位とした福祉国家再生シナリオにどれほどの妥当性があるのかは慎重な判断が求められるであろう。かつての先進国における福祉国家的な繁栄と幸福が、第三世界の貧困と因果連関的に抱き合わせであったという事実も忘れられるべきではない。こうしたことを想起したとき、民主主義的政体を組織する際の単位がいまのところ国民国家である以上、対抗と連帯のための橋頭堡としての国民国家の「利用」可能性に十分に配慮する必要が依然残されているとはいえ、対抗的な「グローバリズム」、すなわち新自由主義の席巻に対峙しうるような国際的連帯への展望を抜きにした一国的発想にとどまっているわけにはいかない。確かに、目下の状況のもとではその萌芽や糸口を見出すことさえ至難だが、世界の構図はすでにそこに立ちいたっているのである。

新自由主義の推進母体の一つであるOECDの実施するPISAで好成績を収めたフィンランドが、新自由主義的教育政策を強く批判しているはずの教育学者らによって高く評価されるという日本で顕著に見られた奇妙な捻れもまた、新自由主義を制度化・実体化させる国際的な構造への眼差しの弱さと深く結びついているように思われる。国際社会におけるフィンランド教育への注視は、北欧福祉国家モデルへの過度とも思える規範視(これは新自由主義プロジェクトとしての欧州統合の性格の軽視と通底する)とともに、新自由主義が席巻する世界の構図を見誤ったことから生じたものであろうが、実際には、学力試験における好成績がそのまま「知識基盤社会」(社会科学的概念としての有効性をめぐって異論もありうるが、「知識資本主義」と呼ぶのが妥当だろう)モデルに即した経済的な国際競争力の強さに直結させられており、まさにそのことが教育分野でフィンランドが浮上し注目される主因であったことには、もっと注意が払われねばならない。「提議」での論点の繰り返しになるが、総じてグローバル化を進展させている複合的要因を単色の平板な背景図柄のようなものとして配置して済ませるのではなく、世界規模の新自由主義的教育改革の動因として、より構造化された検討の対象に据えるような枠組みを用意する必要がある。

「福祉の複合体」に倣って私がヒューリスティックな効果を狙って「提議」中で導入し、本書中の多くの箇所で言及されることになった「教育の複合体」という仮設的アイデアに対して厳しい批判を加えた姉川雄大氏とのやりとりもまた、思考を触発し多方面への発展可能性を与えてくれるものであった。姉川氏の議論は、社会主義からの体制転換を遂げたハンガリー（ないし東欧）の歴史的経験を踏まえて、市民社会や市民的公共性のような昨今の思想・言論界で称揚されがちの諸概念を批判的に再吟味し、それらが新自由主義イデオロギーと親和的なものになりかねないことを指摘するとともに、「教育の複合体」論が期せずしてそうした轍にはまりかねないことに警句を発するものであった。「教育の複合体」は、伝統的「公教育」史観を相対化し歴史の実相を把捉する点で便宜であることから、記述的なモデルとしてこれを撤回する必要はないと考えられるが、しかしこれをあたかも価値的・当為的な理念型として扱うことに危うさが伴うのは確かだから、その意味では大いに傾聴に値する指摘である。

姉川氏との間で語られた論点のかなりはEUをめぐる評価など、森・広田両氏とのやりとりとも重なるものであったが、ともに旧社会主義圏を研究対象とする姉川氏と私とに共通する固有の関心から導かれた論点もあった。以下、実際のやりとりを敷衍して箇条書き的に列挙すると、相互連関的な以下のような諸点に整理することができる。

①「西側」ではそれ以前からすでに進行していたことだが、社会主義体制解体後にマルクス主義的な意味での「階級」概念がことごとく放擲され、かわって「市民」が浮上したことのいかがわしさと危うさ。ロシアでも東中欧諸国でも、もっぱら革命と社会主義以前の市民社会的な発展可能性を追求・確認することが近現代史の主要テーマの一つになっており、社会主義はもっぱら（西欧モデルの）「正常」な歴史的発展経路からの「逸脱」として把捉される。東中欧諸国にとってそれは、外部から押しつけられたものでもあった。最近のロシアで見られる社会政策史、慈善・福祉史の急速な発展もこうした史学史的展開に起因する部分があるのかもしれない。その結果、本来なら「階級」論的に扱われるべき論点までが不可視化され、雲散霧消した可能性もある。

②東中欧諸国が「全体主義」論のレトリックを用いてナチズムと社会主義を一括りにした現代史像を構築し、ナチズム以上に社会主義に力点をおいてこれを断罪するとともに、「全体主義」による悲劇的経験をEUなどの場で「ヨーロッパ共通の記憶」として公定化させる努力を重ねる一方、全体主義に対立するものとしての西欧型「自由民主主義」を手放しで称揚してきたこと。東中欧諸国で新自由主義的改革を推進する勢力が「全体主義」論の旗手でもあることは、おそらく偶然ではない。

③以上二点で指摘したような展開は、塩川伸明氏が『冷戦終焉二〇年——何が、どのようにして終わったのか』（勁草書房、二〇一〇年）などで指摘した通り、冷戦終焉が社会主義体制の自壊による西側の「自由民主主義の勝利」として達成されたことに起因し、しかも西側の「自由民主主義」自体がサッチャー・レーガン以来の急速な新自由主義的展開を遂げていたことと符合して、体制転換に際してこれとは異なる民主主義のあり方を追求する途が封じられていたこと。

④以上を教育の文脈に引きつけて敷衍すると、現代教育改革のキー概念である「シティズンシップ教育」の想定する「民主主義社会の市民」という理念型は、一面化できない多様な可能性を孕んでいるにせよ、ソ連・東欧における社会主義体制の崩壊（とアジアにおける「社会主義」の市場主義的変容。『新自由主義——その歴史的展開と現在』〔渡辺治監訳、作品社、二〇〇七年〕の著者である経済地理学者デヴィッド・ハーヴェイは「改革開放」以降の現代中国を新自由主義国家として位置づけるが、監訳者の渡辺氏はこれに異論を呈している）を前提に、勝利を謳歌する新自由主義化させられた自由民主主義社会における「市民性」を想定したものではないのかということ。

「提議」において、福祉国家とならんで社会主義体制の歴史的位置づけの再審（けっして「再評価」や無邪気な「復権」ではないことを断っておこう）を求めた際には、むろん以上の諸点が無視されていたわけではない。しかし、これらに明示的に言及しなかったところに、姉川氏が指摘したような曖昧さが潜んでいたことは否定すべくもない。目下、私は姉川氏を含む国内外のロシア・東中欧研究者とともに現代史認識に関わる「歴史と記憶の政治」をめぐる共同研究を計画中であり、今後、そのなかで「全体主義論」的歴史像を切り口としてこれら諸点についてより具体的に論じていくことになるのだろうが、教育社会史研究として引き受けるべき論点が上述のところに多々含まれているのも確かであろう。

と、ここまで書いてきて、突然、記憶の奥から一つの感覚が甦ってきた。もう二〇年近く前にハイエクの『隷属（隷従）への道』を読んだ際のいわくいいがたい違和感である。いまだ新自由主義批判がさほど大規模には展開されていない時期のことではあったが、臨時教育審議会・大学審議会以来矢継ぎ早に押し寄せる大学改革の嵐に翻弄されこれに抗いながら、ポスト冷戦・ポスト社会主義の時代の批判的な社会構想の行方を考えたくて、仮想敵の正体を知るために手にしたのである。ところがこれを一読するや、「全体主義」論を振りかざし、自由市場における自由な個人による合理的判断への信頼溢れる筆致に、あまりの通俗性と陳腐さを嗅ぎ取り辟易したのだった。続いてアマルティア・センによる「合理的な愚か者」という卓抜なキャッチコピーを目にして、違和感の正体を見出すことができたと溜飲を下げたものの、当時、自身の研究テーマをロシア史に即したより実証的な歴史研究へと沈潜させており、この時生起したはずの問題群は研究上の主題としては封印してしまった。考えてみるに、ここ数年、比較教育社会史研究会で共同研究として取り組み、本書の「提議」ととりわけこの「あとがき」のなかで縷々述べてきたことは、この時の封印を解いて、かつて抱いた違和感以来の宿題に遅ればせながら取り組むための作業だったかのようである。だが、私的な感傷はともかく、ここで大事なことは、ハイエク的信念の広まりと深まりがますます世界の混迷を増進させる一方、このことへの違和感を共有し対峙しようとする人びとの輪もまた拡大してきたという事実である。そのような二つの次元での時代状況の変容のなかで、二〇年前にはおよそ考えられなかった本書のような試みも可能となったのである。

＊　＊　＊

本書は、日本における教育社会史研究の新段階を画するための里程標となるべきものである。少なくとも願望としては、そのようなものでありたいと思う。一九八〇年代以降、望田幸男・村岡健次らの第一世代によって開拓された教育社会史は、二一世紀最初の一〇年間に『叢書・比較教育社会史』全七巻の編者を務めた第二世代を中継ぎとして、いまや主力は第三世代へと移行しつつある。この四半世紀以上に及んだ研究史の過程では、欧米で教育社会史が誕生し日本でこれが受容された際の時代的文脈がすでに過去のものとなり、初発の時点では想定しえなかったような新たな事態や様相が生起してきたし、教育社会史研究のなかで取り上げられるべき論題も大いに変化してきた。比較教育社会史研究会の場で、しばらく前までさほど注視されることのなかったイスラーム世界が比較史の対象として主題的に取り上げられ、新自由主義と福祉国家の変容が論題化させられたのも、「短い二〇世紀」以降の世界と時代の変化を受けとめたことによるものであった。こうした時代状況と研究関心の変移を背景に、『叢書・比較教育社会史』のいわば「展開篇」として、本書とならんで『保護と遺棄の子ども史』および『近代・イスラームの比較教育社会史』（いずれも仮題）からなる三巻の刊行が予定されている。シリーズ名称は引き続き従前と同じく『叢書・比較教育社会史』を用いることとしたが、これら三巻は、第二世代が中心となって編みいったん完結させた全七巻からなる成果を受け継ぎながらも、その後に第二世代と第三世代との協働によって見出され蓄積されてきた研究上の新展開の成果を世に問うことを意図したものである。同時にそれは、今後、第三世代が主導するであろう自立的研究を促進する橋頭堡となることを目指している。そこでは、世代交代を現実世界の要請する切実な問題群に切り込む新しいアプローチを開拓するための契機とすることが期待されているのだが、そうした発展可能性と方向性については、すでに本編最終章で岩下誠氏が端緒的な形で論じている通りである。

最後に、通常とは異なる本作りのために協力を惜しまれなかった執筆者の方々、『叢書・比較教育社会史』全七巻の版元で、引き続き新シリーズ刊行を認めてくださった図書出版・昭和堂と編集部長の鈴木了市氏、編集実務に当たっていただいた編集部の神戸真理子さんに心よりお礼申し上げたい。さらに、すでに退職されたとはいえ、本書を含む三巻からなる新シリーズの企画化のためにご尽力くださったのは元編集部の松尾有希子さんである。記して謝意としたい。

（付記）本書は平成二一〜二三年度科学研究費補助金・挑戦的萌芽研究「「子ども」の保護・養育と遺棄をめぐる学際的比較史研究」（研究代表者・橋本伸也、課題番号二一六五三〇八七）による研究成果の一部である。

二〇一三年　盛夏

編者を代表して　橋本伸也

長嶺宏作（ながみね・こうさく）（第Ⅱ部 7）

生年：1976 年

所属：日本大学国際関係学部助教

主な業績：『現代アメリカの教育アセスメント行政の展開』（共著）東信堂、2009 年。『アメリカ教育改革の最前線――頂点への競争』（共著）学術出版会、2012 年。「『効果ある学校』の制度化――アメリカにおける『体系的改革』の理念」『研究紀要』（日本大学文理学部人文科学研究所）第 76 集、2008 年。

森直人（もり・なおと）（第Ⅲ部 1）

生年：1970 年

所属：筑波大学人文社会系准教授

主な業績：『再検討 教育機会の平等』（共著）岩波書店、2011 年。「「総中流の思想」とは何だったのか――「中」意識の原点をさぐる」東浩紀・北田暁大編『思想地図』vol. 2、日本放送協会出版、2008 年。「家計からみた近代日本の階層文化と教育戦略――1920 年代からの展開」『季刊家計経済研究』第 77 号、2008 年。

姉川雄大（あねがわ・ゆうだい）（第Ⅲ部 2）

生年：1974 年

所属：千葉大学アカデミック・リンク・センター特任助教

主な業績：「二重君主国期ハンガリーにおける体育と自由主義ナショナリズム――育てるべき市民の道徳と軍事化」『東欧史研究』33 号、2011 年。

討論のまとめ・執筆者

杉原薫（すぎはら・かおる）　鹿児島大学教育学部講師

長谷部圭彦（はせべ・きよひこ）　上智大学・明治大学・駒澤大学・青山学院大学非常勤講師

稲井智義（いない・ともよし）　福井大学大学院教育学研究科特命助教

塩崎美穂（しおざき・みほ）　日本福祉大学子ども発達学部准教授

2005。『江戸の捨て子たち　その肖像』吉川弘文館、2008年。『近代家族と子育て』吉川弘文館、2013年。他多数。

前田更子（まえだ・のぶこ）（第Ⅱ部3）
生年：1973年
所属：明治大学政治経済学部准教授
主な業績：『私立学校からみる近代フランス――19世紀リヨンのエリート教育』昭和堂、2009年。「19世紀前半フランスにおける初等学校と博愛主義者たち――パリ、リヨンの基礎教育協会をめぐって」『明治大学人文科学研究所紀要』第70冊、2012年。R.D.アンダーソン『近代ヨーロッパ大学史――啓蒙期から1914年まで』（共訳）昭和堂、2012年。

秋葉淳（あきば・じゅん）（第Ⅱ部4）
生年：1970年
所属：千葉大学文学部准教授
主な業績：『オスマン帝国史の諸相』（共著）山川出版社2012年。「近代帝国としてのオスマン帝国――近年の研究動向から」『歴史学研究』798号、2005年。「タンズィマート以前のオスマン社会における女子学校と女性教師――18世紀末～19世紀初頭イスタンブルの事例から」『オリエント』第56巻1号、2013年。

小玉亮子（こだま・りょうこ）（第Ⅱ部5）
生年：1960年
所属：お茶の水女子大学大学院人間文化創成科学研究科教授
主な業績：『現在と性をめぐる9つの試論――言語・社会・文学からのアプローチ』（編著）春風社、2007年。『ドイツ過去の克服と人間形成』（共著）昭和堂、2011年。「幼児教育をめぐるポリティクス――国民国家・階層・ジェンダー」『教育社会研究』第88集、2011年。

内山由理（うちやま・ゆり）（第Ⅱ部6）
生年：1979年
所属：首都大学東京大学院博士課程
主な業績：「ロンドン学務委員会と欠食児童」『日英教育研究フォーラム 』第14号、2010年。「20世紀初頭ロンドンにおける教育福祉サービスに関する研究」『社会事業史研究』第43号、2013年。「20世紀初頭ロンドンの児童保護委員会に関する一考察」『教育科学研究』第27号、2013年。

編者紹介

広田照幸（ひろた・てるゆき）（序・第Ⅱ部8）

生年：1959年

所属：日本大学文理学部教授

主な業績：『陸軍将校の教育社会史――立身出世と天皇制』世織書房、1997年。『日本人のしつけは衰退したか』講談社現代新書、1999年。『ヒューマニティーズ　教育学』岩波書店、2009年。他多数。

橋本伸也（はしもと・のぶや）（第Ⅰ部、あとがき）

生年：1959年

所属：関西学院大学文学部教授

主な業績：『エカテリーナの夢ソフィアの旅――帝制期ロシア女子教育の社会史』ミネルヴァ書房、2004年。『帝国・身分・学校――帝制期ロシアにおける教育の社会文化史』名古屋大学出版会、2010年。『ユーラシア世界3 記憶とユートピア』（共著）東京大学出版会、2012年。R.D. アンダーソン『近代ヨーロッパ大学史――啓蒙期から1914年まで』（共監訳）昭和堂、2012年。他多数。

岩下誠（いわした・あきら）（第Ⅱ部1、第Ⅲ部3）

生年：1979年

所属：青山学院大学教育人間科学部准教授

主な業績：『教育思想史』（共著）有斐閣、2009年。『子どもの世紀――表現された子どもの家族像』（共著）ミネルヴァ書房、2013年。「アイルランド公教育の成立をめぐって――研究動向と課題」『教育学研究』第79巻第3号、2012年。

執筆者紹介（執筆順）

沢山美果子（さわやま・みかこ）（第Ⅱ部2）

生年：1951年

所属：岡山大学大学院社会文化科学研究科客員研究員

主な業績：『出産と身体の近世』勁草書房、1998年。『性と生殖の近世』勁草書房、

叢書・比較教育社会史　福祉国家と教育——比較教育社会史の新たな展開に向けて

2013年11月15日　初版第1刷発行
2015年10月1日　初版第2刷発行

編　者　広田照幸
橋本伸也
岩下誠

発行者　齊藤万壽子

〒606-8224　京都市左京区北白川京大農学部前
発行所　株式会社　昭和堂
振替口座　01060-5-9347
TEL（075）706-8818／FAX（075）706-8878

印刷　亜細亜印刷

ISBN978-4-8122-1333-9
＊乱丁・落丁本はお取り替えいたします。
Printed in Japan

叢書・比較教育社会史（全７巻）

望田幸男・田村栄子 編
身体と医療の教育社会史
本体三八〇〇円＋税

望田幸男・橋本伸也 編
ネイションとナショナリズムの教育社会史
本体三八〇〇円＋税

望田幸男・広田照幸 編
実業世界の教育社会史
本体四〇〇〇円＋税

松塚俊三・安原義仁 編
国家・共同体・教師の戦略
——教師の比較社会史
本体四〇〇〇円＋税

駒込武・橋本伸也 編
帝国と学校
本体四二〇〇円＋税

香川せつ子・河村貞枝 編
女性と高等教育
——機会拡張と社会的相克
本体四二〇〇円＋税

松塚俊三・八鍬友広 編
識字と読書
——リテラシーの比較社会史
本体四二〇〇円＋税

（展開篇・全３巻）

広田照幸・橋本伸也・岩下誠 編
福祉国家と教育
——比較教育社会史の新たな展開に向けて
本体四二〇〇円＋税

橋本伸也・沢山美果子 編
保護と遺棄の子ども史
本体四二〇〇円＋税

秋葉淳・橋本伸也 編
近代・イスラームの教育社会史
——オスマン帝国からの展望
本体四二〇〇円＋税

昭和堂刊

昭和堂の HP は http://www.showado-kyoto.jp です。